AF346762

LES BARRICADES.

IMPRIMERIE DE E. DUVERGER,
RUE DE VERNEUIL, N° 4.

LES
BARRICADES
Scènes historiques.

MAI 1588.

Mais, dites moi, que signifie
Que les ligueurs ont double croix.
C'est qu'en la ligue on crucifie
Jésus-Christ encore une fois.

(Ancien quatrain.)

A PARIS,

CHEZ BRIÈRE, LIBRAIRE-EDITEUR,
RUE SAINT-ANDRÉ-DES-ARTS, N° 68.

1826.

AVANT-PROPOS.

Ce n'est point une pièce de théâtre que l'on va lire, ce sont des faits historiques présentés sous la forme dramatique, mais sans la prétention d'en composer un drame.

Je me suis imaginé que je me promenais dans Paris au mois de mai 1588, pendant l'orageuse journée des Barricades, et pendant les jours qui la précédèrent; que j'entrais tour à tour dans les salons du Louvre, dans ceux de l'hôtel de Guise, dans les cabarets, dans les églises, dans les logis des bourgeois ligueurs, politiques ou huguenots, et chaque fois qu'une scène pittoresque, un tableau de mœurs, un trait de caractère sont venus s'offrir à mes yeux, j'ai essayé d'en reproduire l'image en esquissant une scène. On sent qu'il n'a pu résulter de là qu'une suite de portraits, ou, pour parler comme les peintres, *d'études*, de *croquis*, qui n'ont pas le droit d'aspirer à un autre mérite que celui de la ressemblance.

Toutefois, ces scènes ne sont pas détachées les unes des autres; elles forment un tout : il y a une action, un développement de laquelle elles concourent; mais cette action n'est là en quelque sorte que pour les faire naître et leur servir de lien. Si j'eusse voulu faire un drame au contraire, il eût fallu songer avant tout à la marche de l'action; sacrifier pour la rendre plus vive, la peinture d'une foule de détails et d'accessoires, piquer la curiosité par des réticences, mettre en relief, aux dépens de la vérité, quelques personnages et quelques événemens principaux, et ne faire voir les autres qu'en perspective: j'ai préféré laisser les choses telles que je les trouvais, introduire dans mon premier plan tous les hommes et tous les événemens à mesure qu'ils se présentaient, ne combinant rien, et ne me faisant pas faute d'interrompre souvent l'action par des digressions et des épisodes, ainsi que cela arrive dans la vie réelle. Je me suis résigné à exciter moins vivement l'intérêt pour copier avec plus d'exactitude.

Après avoir tracé ces esquisses, je croyais que l'idée d'un semblable essai n'était encore venue à personne et que je ne pourrais justifier ma tentative par aucune autorité; je me trompais: un homme qu'on n'est pas habitué à voir envisager l'histoire sous son aspect dramatique, le président Hénault, a conçu cette même idée, et l'a réalisée, il y a bientôt quatre-

vingts ans, en composant une tragédie en prose,
intitulée, *François II.*

Qu'on me permette de citer quelques passages
de la préface qui précède cette tragédie.

« ..... Le grand défaut de l'histoire, dit le prési-
« dent Hénault, est de n'être qu'un récit; et il faut
« convenir que les mêmes faits racontés, s'ils étaient
« mis en action, auraient bien une autre force, et
« surtout porteraient bien une autre clarté à l'esprit.
« En voyant la tragédie de Henri VI, par Shaks-
« peare, j'eus de la curiosité de rapprendre dans
« cette pièce tout l'historique de la vie de ce prince,
« mêlée de révolutions si contraires l'une à l'autre,
« et si subites, qu'on les confond presque toujours
« malgré qu'on en ait... J'avoue que cent fois j'ai su
« ces faits, et cent fois je les ai oubliés. J'ai donc lu
« Shakspeare dans l'intention de me les bien repré-
« senter : j'ai vu les principaux personnages de ce
« temps-là mis en action, ils ont joué devant moi ; j'ai
« reconnu leurs mœurs, leurs intérêts, leurs passions
« qu'ils m'ont apprises eux-mêmes ; et tout à coup,
« oubliant que je lisais une tragédie, je me suis cru
« avec un historien, et je me suis dit : pourquoi
« notre histoire n'est-elle pas écrite ainsi? et com-
« ment cette pensée n'est-elle venue à personne?.....

« L'histoire nous instruit, à la vérité ; mais elle nous
« instruit froidement, parce qu'elle ne sait que nous
« *raconter*, et souvent elle le fait confusément, quel-
« que ordre qu'ait pu y apporter l'historien, parce
« qu'elle ne séjourne pas assez sur les événemens,
« qu'un fait chasse l'autre, et qu'un personnage fuit
« presque aussitôt qu'il a été aperçu. La tragédie a un
« défaut contraire, tout aussi grand pour qui veut
« s'instruire, et dont pourtant, avec raison, elle fait
« sa première règle : c'est de ne peindre qu'une ac-
« tion principale, et, ainsi que la peinture, de n'avoir
« qu'un moment ; parce qu'en effet, c'est par ce secret
« qu'elle recueille tout notre intérêt, qui se réfroidit
« quand l'imagination se promène sur plusieurs ac-
« tions différentes. Ainsi l'histoire peint froidement,
« par rapport à la tragédie, une suite longue et exacte
« d'événemens ; et la tragédie, vide de faits, par com-
« paraison avec l'histoire, nous peint fortement le
« seul événement qu'elle a entrepris de nous repré-
« senter.

« Ne pourrait-il pas résulter de leur union quelque
« chose d'utile et d'agréable ?... »

(1) Nous devons à la lecture de cette préface le Marguillier
de Saint-Eustache, comédie historique vive et spirituelle,
qui a paru il y a sept ou huit ans. C'est le seul essai de ce
genre que je connaisse écrit en français.

Je n'ajouterai rien à ce qu'on vient de lire : je ne crois pas qu'il me fût possible de trouver des argumens plus solides et plus ingénieux en faveur de cette nouvelle manière d'écrire l'histoire.

L'événement qui fait le sujet de ces scènes est, à ce qu'il me semble, un des plus dramatiques que présente l'histoire de la Ligue, un de ceux qui mettent le mieux au jour les caractères des personnages et les combinaisons de la politique du temps ; mais il a le défaut de n'être, pour ainsi dire, qu'un préambule : l'action reste en suspens, et ne trouve son dénoûment que dans deux événemens bien autrement grands et dramatiques : la mort de MM. de Guise à Blois, et la mort de Henri III à Saint-Cloud. Je comptais d'abord ne pas séparer ces trois sujets, et en former une espèce de trilogie ; mais je me suis défié de mes forces, et j'ai voulu attendre que le public eût décidé si cette première partie en méritait une seconde.

INTRODUCTION.

HISTOIRE ABRÉGÉE DE LA LIGUE,

DEPUIS SON ORIGINE JUSQU'A LA JOURNÉE DES BARRICADES.

(1576 — 1588.)

Dès l'an 1562, vingt-six ans avant la journée des barricades, le cardinal de Lorraine étant au concile de Trente conçut le plan d'une *sainte ligue*, ou association de catholiques, qui devait avoir le triple but de défendre à main armée l'église romaine en France, de faire rendre au frère du cardinal, François duc de Guise, la lieutenance générale du royaume, et de l'aider à monter au trône, dans le cas où la race des Valois viendrait à s'éteindre. La mort du duc, assassiné devant Orléans par Poltrot, ne permit pas au cardinal d'exécuter son plan.

Cinq ans après, Henri de Lorraine, duc de Guise, fils aîné de François, et alors âgé de dix-huit ans, fit, pour la première fois, composer une formule de serment, par laquelle les signataires s'engageaient à sacrifier leurs biens et leurs vies à la défense de la religion catholique envers et contre tous, excepté contre le Roi, la famille royale et les princes de son alliance. Cette formule fut signée par la noblesse de Champagne et de Brie, provinces dont Henri était gouverneur, et le 25 juillet 1568, l'évêque et le clergé de Troyes la signèrent également. L'association est nommée dans la formule *sainte ligue, ligue chrétienne et royale* [1].

Jusqu'à l'année 1576 cette association resta secrète et ne franchit pas les limites de la Champagne. Les massacres de la Saint-Barthélemy [2] avaient suffi pour occuper les catholiques et pour satisfaire l'ambition des Guises. D'un autre côté, l'inventeur de la Ligue, le cardinal de Lorraine, étant mort en 1574, ses plans semblaient devoir s'éteindre avec lui ; mais Henri de Guise n'oublia pas les instructions de son oncle, et le nouveau roi, Henri III, lui donna bientôt l'occasion de les mettre à profit.

Henri III accoutumé depuis son enfance à haïr les huguenots ne perdit pas un moment, dès qu'il fut roi, pour entrer en guerre avec eux. Au

(1) Voyez le *Journal d'Henri III*, tom. III, pag. 31 , édit. de 1744.
(2) Le 24 août 1572.

mépris de sages conseils, l'édit de pacification de
1573 fut rompu : mais les huguenots étaient en
force, les soldats du roi furent battus, et, après
deux ans de mauvais succès, Henri se vit réduit à
faire enregistrer par le parlement un nouvel édit
de pacification [1]. C'était le plus favorable qu'eussent encore obtenu les huguenots. On leur permet-
tait l'exercice public de leur religion par tout le
royaume, excepté à Paris et à deux lieues à l'entour. Il y était dit en outre que les prêtres et moines
qui s'étaient mariés ne pourraient être inquiétés
pour ce sujet et que leurs enfans seraient légitimes.

A la nouvelle de cet édit, les catholiques jetèrent de grands cris : l'indignation n'eût pas été
plus grande si le Roi eût apostasié. On disait dans
le peuple que *la messe s'en allait bas, que c'était
fait des vrais prêtres et de la vraie foi ;* les gentilshommes catholiques accusaient le roi de s'entendre avec le Béarnais et commençaient à se ré-
pandre en menaces : Henri de Guise jugea l'occasion bonne pour réaliser le plan d'association. Un
de ses chauds partisans, le sieur de Humières,
riche et puissant seigneur de Picardie, convoqua
à Péronne presque tous les nobles et magistrats
de cette province, et leur donna lecture d'un traité

____

[1] Le 14 mai 1576.

en douze articles, fait au nom de la Très-Sainte-Trinité, et contenant à peu près les mêmes sermens que la formule signée à Troyes huit ans auparavant. On y promettait également obéissance au Roi et à sa famille; mais ce n'était pas moins sans sa permission qu'on s'associait et l'on jurait de poursuivre à outrance tous les ennemis de l'église romaine, *sans acception de personne*. Tous les seigneurs et magistrats présens au rendez-vous donnèrent leur signature [1]. De Péronne l'acte de la nouvelle association se répandit dans toute la Picardie. On en fit passer des copies en Champagne, en Brie, dans la Bourgogne, dans le Lyonnais, et jusque dans le Haut-Poitou; tous ceux à qui la nouvelle paix était odieuse s'empressèrent de donner leur nom et leur serment.

A Paris, on choisit pour solliciter les signatures un bourgeois nommé la Roche-Blond, qu'on savait tout dévoué à la maison de Guise et à la messe. La Roche-Blond s'associa Pierre Labruyère, parfumeur, et Mathieu Labruyère, son fils, conseiller au Châtelet. Ils eurent grand succès auprès des docteurs, prêtres et prédicateurs. En moins de huit jours

---

(1) Maimbourg, dans son *Histoire de la Ligue*, donne le texte de ce traité de Péronne, et les noms de deux cents gentilshommes qui le signèrent. Voy. Maimbourg, *Hist. de la Ligue*, in-4°, pag. 529.

tous les curés de Paris leur avaient donné parole.
Ils enrôlèrent aussi bon nombre de gens de petite
condition, mais ils trouvèrent moins de zèle parmi
les riches bourgeois et les gentilshommes de haute
naissance. Ceux d'entre eux qui s'associaient refu-
saient d'assister aux assemblées et de conférer avec
les autres ligués, de peur d'être découverts.

Le roi à qui l'on apprit ces intrigues, en fut très
satisfait : il ne voyait dans cette union catholique
qu'une arme de plus contre les huguenots, sans se
douter que cette arme devait se tourner contre
lui-même. Toutefois un événement, qui fit alors
beaucoup de bruit, commença à lui ouvrir les yeux.

Au mois de novembre 1576, un nommé Jean
David, gascon, misérable avocat au parlement de
Paris, homme d'intrigue et de mauvaise vie, revenant de Rome où il était allé au mois de juin de
la même année avec Pierre de Gondy, évêque de
Paris, tomba malade à Lyon et y mourut. On
trouva dans sa valise une pièce dans laquelle il est
dit que les descendans de Hugues Capet ont régné
jusques-là illégitimement et par le fait d'une usur-
pation maudite de Dieu : que le trône de France
appartient aux princes lorrains, qui sont « la vraie
postérité de Charlemagne [1]. » Puis on y voit en-

(1) La maison de Lorraine prétendait descendre des Carlo-
vingiens. Dès l'an 1535 elle avait fait fabriquer une généalogie

core que, lorsque le duc de Guise « qui aura bien-
« tôt exterminé les huguenots se sera rendu maître
« des principales villes du royaume, et que tout
« pliera sous la puissance de la ligue, il fera faire
« le procès à Monsieur, comme à un fauteur mani-
« feste des hérétiques, et après avoir rasé et con-
« finé le roi dans un couvent, il recevra, avec la
« bénédiction du pape, la couronne ; fera recevoir
« le concile de Trente ; soumettra les Français,
« sans aucune restriction, à l'obéissance du Saint-
« Siége, et abolira toutes les prétendues libertés
« de l'église gallicane [1]. »

L'on montra cette pièce au roi, il en parut effrayé, et écrivit à quelques gouverneurs de provinces pour qu'ils eussent à arrêter les progrès de
l'union ; mais comme il ne persistait pas long-temps

qui, à l'aide de titres falsifiés, établissait cette descendance.
Quatre ans après la mort de l'avocat David, le duc de Guise,
qui sans doute n'était pas content de la généalogie de 1535, en
fit fabriquer une nouvelle par François Rosières, prieur de
Bonneval. Cet ouvrage parut in-folio, en 1580 ; en 1583, l'auteur fut condamné à faire amende honorable, et son livre fut
interdit par arrêt du Parlement. Voy. la réfutation de cette
généalogie, au tom. 1 des *Mémoires de la Ligue*, pag. 11.

(1) Voyez *Mémoire de la Ligue*, tom. 1, pièce première ;
voyez aussi Maimbourg, *Histoire de la Ligue*. Cette pièce
parut imprimée l'année même où elle fut découverte, 1576.
Les catholiques voulurent en vain accuser les huguenots d'en
être les auteurs, son authenticité est certaine.

dans un même dessein, quinze jours après il envoya des ordres contraires ; il fit même plus : par acte du 11 décembre 1576, il donna son adhésion à l'union catholique, et l'autorisa, mais, à la vérité, seulement dans les provinces de Champagne et de Brie.

Quelques jours après, les états-généraux s'ouvrirent à Blois. Le roi n'ayant pas le cœur de dire tout haut qu'il ne voulait pas de ligue dans ses états, usa de politique, et recourut à une voie détournée que lui avait suggérée Jean de Morvillier, son garde-des-sceaux, homme habile mais timide. Il se déclara en présence des états et de tout le royaume, chef de la sainte ligue ; lui-même il écrivit son nom en tête de la liste, et passant la plume aux seigneurs de sa maison et de sa cour, il les engagea à signer comme lui. « J'ai détrôné mon cousin de Guise, « disait-il le soir à Morvillier, me voilà roi des « ligueurs à sa place. » Pour montrer à ses nouveaux sujets qu'il n'avait pas pris un faux titre et qu'il voulait les servir franchement, il envoya à Paris, vers la fin de janvier [1], Nicolas Lhuillier, prévôt des marchands, pour faire signer la formule du serment de la ligue à tous les habitans de cette ville. Mathieu Labruyère qui avait déjà

_____

[1] 1577.

l'expérience de ce genre de mission fut chargé d'exécuter l'ordre du Roi. « Le vendredi, 1er fé- « vrier, dit l'Estoile, les quarteniers et les dixai- « niers alloient par les maisons des bourgeois porter « la ligue, et faire signer les articles d'icelle. Le « premier président de Thou, et quelques autres « présidens et conseillers la signèrent avec restric- « tion ; les autres la rejetèrent tout à plat ; la plu- « part du peuple aussi [1]. » Le roi fut surpris de cette résistance, et envoya demander au premier président les motifs de ses restrictions. Dès qu'il les eut appris : « Nous avons attendu trop tard, « dit-il, nous aurions dû plutôt consulter M. de « Thou. »

Tous les hommes sages blâmaient la conduite de Henri ; on disait qu'un roi se dégradait en prenant le titre de chef de parti, et qu'il devait avoir pour étouffer les factions un autre moyen que de se dé- clarer le premier factieux de son royaume. Toute- fois il faut avouer que l'expédient n'était pas mau- vais : Henri voulait gagner du temps, et il y réussit. A la vérité, il fut aidé par un événement qu'il n'a- vait probablement pas prévu. Le pape Grégoire XIII, malgré les instances des ligueurs, ne voulut jamais sanctionner publiquement leur union. Ce refus,

____

(1) *Journal de Henri III.* tom. 1, an 1577.

joint à la déclaration du Roi, calma tout d'un coup
l'ardeur des confédérés : les assemblées secrètes de-
vinrent plus rares ; on ne trouva plus de nouveaux
signataires, et parmi les anciens, quelques-uns se
dédirent, les autres restèrent en repos et en silence. Pendant huit années consécutives, c'est-à-
dire jusqu'en 1585, il n'est plus question de la
sainte ligue ; elle paraît complètement assoupie et
inanimée.

Toutefois son véritable chef (car le Roi ne l'é-
tait que de nom), le duc de Guise n'abandonnait
pas ses desseins. Pendant ces huit années, « il n'est
« pas croyable, dit un écrit du temps, combien
« cet esprit turbulent, ambitieux, et courageux
« par conséquent, souffrit néanmoins de choses, se
« laissa ravaler et gourmander en diverses sortes,
« pour ne se faire point soupçonner de ses projets
« lesquels durant la paix et autorité absolue du Roi,
« il déguisoit si habilement, que même il en étoit
« méprisé de beaucoup de gens qui ne connoissoient
« pas les raisons de cette opiniâtre patience, mar—
« que d'un long et profond dessein [1]. »

Quelque habile qu'il fût à cacher ses menées,
elles ne laissaient pas d'éclater de temps en temps

---

[1] **Excellent et libre discours.** *Mém. de la Ligue*, tom. III,
pag. 11.

au grand jour. A la mort de l'archiduc don Juan, bâtard de Charles-Quint [1], on trouva dans ses papiers un traité secret entre lui et le duc de Guise, par lequel ces deux jeunes princes se promettaient secours mutuel pour s'élever, à la faveur du parti catholique, l'un sur le trône des Pays-Bas, l'autre sur celui de France. Philippe II, trop politique pour faire un crime au duc de Guise de cette conspiration contre sa couronne, lui fit dire au contraire qu'il se mettrait volontiers au lieu et place de don Juan, pour aider la maison de Lorraine à brouiller les affaires de France. Après quelques années de pourparlers, les offres de Philippe furent acceptées et un traité conclu [2]. Guise y promettait son secours pour calmer la révolte des Pays-Bas; le roi d'Espagne s'engageait à fournir au duc les moyens de « mettre à fin le conseil héréditaire « que le cardinal de Lorraine avoit jadis enté en sa « maison. »

Les deux nouveaux alliés avaient un ennemi commun, qui faisait empêchement aussi bien à la soumission des Pays-Bas, qu'à l'élévation d'une quatrième dynastie en France, c'était Monsieur, frère du Roi, duc d'Anjou, auparavant duc d'A-

(1) En 1578.
(2) En 1582.

lençon. Il venait d'être élu duc de Brabant, et ses armes victorieuses en Belgique menaçaient fortement l'autorité déjà ébranlée de Philippe dans la Hollande et dans le reste des Pays-Bas ; d'un autre côté il était l'héritier présomptif de la couronne de France ; il ne manquait ni de courage ni de talens ; la fleur de la noblesse marchait sous ses ordres, il avait dans l'état un parti puissant, enfin il était jeune et pouvait encore donner des héritiers à la maison de Valois. La première pensée de Guise et de Philippe devait être de se délivrer de lui.

« Au commencement d'août (1582), dit l'Es-
« toile, furent découverts à Bruges , où étoit lors
« Monsieur, environ trente espagnols, qui, sous
« la conduite d'un nommé Balduin, flamand ita-
« lianisé, avoient conspiré de faire mourir ledit
« seigneur duc d'Anjou, dont les uns furent tués,
« les autres pendus, roués et exemplairement pu-
« nis. Balduin se voyant arrêté se donna de sa
« dague quelques coups dans l'estomac, dont il
« mourut tôt après. Salcède le jeune, né en France,
« fils de ce vieil Salcède, espagnol, qui avoit tant
« fait la guerre au cardinal de Lorraine et qui
« fut tué par ceux de Guise en 1572 le jour de
« Saint-Barthélemy, étant trouvé complice, fut
« arrêté prisonnier et lui fut commencé son pro-

« cés. » Ce Salcède déclara qu'il avait agi par l'instruction de MM. de Guise ; qu'eux et le roi d'Espagne étaient auteurs de la conspiration , et de plus il découvrit tout au long leurs projets pour éteindre la famille royale et usurper les droits des princes du sang. Toutefois les Lorrains répandirent le bruit qu'à sa dernière confession, au moment d'être tiré à quatre chevaux en place de Grève , il avait rétracté toutes ses révélations , « ce que le « Roi ayant appris , ajoute l'Estoile , il s'écria : « Oh ! le méchant homme, voire le plus méchant « dont oncques j'aie ouï parler ! ce disoit le Roi « pour ce que à la dernière *question* où il avoit « assisté derrière une tapisserie, il lui avoit ouï « affirmer et jurer que tout ce qu'il avoit dit contre « eux (les Guises) étoit vrai, comme beaucoup « aussi l'ont cru et le croyent encore, vu les tra- « gédies qui se sont faites depuis par les accusés. « — On compte cette mine pour la première de « la Ligue qui ne put jouer[1]. »

Les déclarations de Salcède jetèrent d'abord le Roi dans une grande perplexité ; mais comme il avait le don de croire facilement ce qu'il désirait et de s'étourdir sur les dangers à venir , il ne tarda pas à se persuader que toute cette conspiration

____

(1) *Journal de Henri III*, année 1582 , mois d'août.

n'était qu'une fable inventée par son frère pour lui faire peur et le forcer à se mettre sous sa tutelle. Cette idée dissipa ses frayeurs et lui permit de s'abandonner avec plus d'aveuglement que jamais à cette vie lâche et méprisable , dont une moitié était consacrée aux plus honteuses débauches, et l'autre aux plus ridicules dévotions.

Deux années s'écoulèrent ainsi pendant lesquelles, à défaut de nouvelles conjurations, Guise et les siens , pour perdre de plus en plus le Roi dans l'esprit de ses peuples , firent pleuvoir sur lui et sur ses deux mignons, d'Épernon et Joyeuse, les plaisanteries, les sarcasmes , les écrits et les placards injurieux qu'ils allaient afficher jusque sur les murs du Louvre. Le malheureux monarque devint bientôt l'objet de la risée et du mépris nonseulement de ses ennemis, mais des meilleurs royalistes et de ses courtisans eux-mêmes.

Enfin l'événement tant désiré arriva. Le 10 juin 1584, le duc d'Anjou mourut à Château-Thierry , soit d'un flux de sang, comme le dirent les médecins , soit de poison, comme la plupart le crurent [1].

(1) C'est l'avis de Bongars. Il est dit aux *Mémoires de Nevers* que ce qui causa la mort de ce prince fut un bouquet empoisonné que lui donna une de ses maîtresses avec laquelle il vivait à Château-Thierry depuis ses défaites en Flandre.

Ici commence une nouvelle période dans l'histoire de la Ligue. Elle va sortir tout à coup de son sommeil de huit ans, plus audacieuse, plus fortement organisée, et n'aspirant plus seulement à défendre la foi catholique, mais à imposer au royaume un souverain choisi par elle.

Aussitôt que le duc d'Anjou fut mort, on se fit cette question par toute la France : Qui sera maintenant l'héritier du Roi?

Henri III était encore d'âge à avoir des enfans[1], mais, depuis dix ans, il était allé bien des fois, lui et sa jeune épouse, pieds nus et le sac de pénitent sur le dos, demander un héritier à Notre-Dame de Chartres[2]; or Notre-Dame était sourde, et Miron le médecin du Roi disait que tous les pélerinages du monde n'y pourraient rien.

A défaut d'héritier direct la couronne appartenait à Henri, roi de Navarre, premier prince du sang.

« Nous ne voulons point d'un huguenot pour Roi! » tel fut le cri de tous les catholiques *zélés*,

____

(1) Il n'avait que trente-quatre ans.

(2) Le lendemain de Pâques, 11 d'avril, le roi et la reine partirent de Paris à pied et allèrent à Chartres pour obtenir mâle lignée par l'intercession de la belle dame, et revinrent à Paris le 24 bien las. (*L'Estoile*, ann. 1583 ; voyez aussi 9 mars 1584, *etc.*)

de ceux qui plaçaient dans leur affection le bien de l'Eglise avant celui de l'État. Si l'édit de pacification de 1576 les avait révoltés, on juge quelle fureur dut exciter en eux l'appréhension de voir un jour le Béarnais sur le trône. En quelques semaines la ligue fut ressuscitée par tout le royaume. Les comités, les assemblées secrètes se formèrent de nouveau, les enrôlemens recommencèrent. Les prédicateurs dans leurs chaires, les directeurs dans leurs confessionnaux, les curés dans leurs prônes, les professeurs dans leurs leçons, déclarèrent ouvertement que c'était un devoir pour les fidèles de repousser du trône un hérétique qui ne manquerait pas, une fois qu'il y serait assis, d'abolir la foi catholique ; que par conséquent si le Roi osait vouloir de lui pour son héritier, il fallait s'opposer au Roi.

Tous les catholiques ne tenaient pas ce langage. Il y en avait bon nombre qui tout en détestant l'hérésie, portaient au fond du cœur un religieux respect aux règles de l'état et très peu d'affection aux princes étrangers : ceux-là disaient : « Il faut reconnaître le roi de Navarre, car il est l'héritier légitime ; espérons qu'il abjurera. » Ils furent nommés *politiques* [1] ou royalistes, et ce dernier nom leur

______

(1) Ce nom de *politiques* était déjà en usage depuis dix ans,

convenait en effet, car leur but était le salut de la royauté ; leur loi, les principes monarchiques ; ils étaient royalistes par excellence, plus royalistes que le Roi. Dans leurs rangs on comptait presque tout ce qu'il y avait de gens de bien, d'hommes de sens et de quelque savoir parmi les parlementaires et les riches bourgeois.

Voilà donc les catholiques divisés, eux qui jusque là n'avaient eu qu'une même pensée, qu'un seul but, la haine et la destruction de l'hérésie. Voilà trois grands partis en présence, les *zélés*, les protestans, et les *politiques*.

Parmi ces derniers il y avait, comme dans tous les partis, des différences d'opinion : les uns ne voulaient du Roi de Navarre que s'il abjurait, les autres l'acceptaient sans restriction ; ceux-là consentaient à faire cause commune avec les huguenots, ceux-ci voulaient en demeurer séparés aussi bien d'intérêts que de croyances.

Mais c'était dans le parti opposé qu'on trouvait le plus de nuances différentes. Les amis du duc de Guise étaient sans comparaison les plus nombreux, mais les uns consentaient à ne lui donner le trône qu'après la mort du Roi ; les autres moins patiens voulaient qu'on se débarrassât du Roi et que le Duc fût

mais, de même que celui de *ligueurs,* ce n'est qu'en 1585 qu'il devint populaire.

couronné sur-le-champ : quelques-uns proposaient qu'avant d'être placée sur la tête du Duc, la couronne passât sur celle du vieux cardinal de Bourbon qui n'avait que deux ou trois ans à vivre et qu'on obligerait à reconnaître monsieur de Guise pour héritier. Enfin le duc de Guise et le cardinal n'avaient pas seuls des prétentions : le roi d'Espagne était beau-frère de Henri III; le duc de Savoie était son oncle par alliance; le duc de Lorraine avait, comme Philippe II, épousé une de ses sœurs : or ces trois princes soutenaient qu'en dépit de la loi salique leurs enfans, rejetons du sang royal, devaient être préférés à un étranger. Toutefois, comme cet étranger avait à lui seul deux fois plus de partisans qu'eux tous, ils ne contestaient pas bien hautement ses droits, ou même ils les favorisaient, espérant qu'au jour de la victoire il leur en saurait gré et leur donnerait part au butin.

Le seul point sur lequel tous les zélés étaient d'accord, c'était d'enlever la couronne de France au roi de Navarre. Point de Béarnais, telle fut la devise de la ligue. Mais ce n'était pas assez qu'ils s'entendissent, sinon dans leurs affections, du moins dans leurs haines : pour qu'une association composée de tant d'élémens divers pût agir avec énergie et marcher sans se dissoudre, il fallait lui donner un centre, ou pour mieux dire, une ame qui imprimàt au reste du corps des mouvemens uniformes et réguliers. C'est dans ce dessein qu'on imagina d'organiser à Paris un comité particulier, composé d'hommes dévoués qui devait correspondre directement avec monsieur de Guise, et se charger de faire exécuter ses ordres par les autres ligués de la capitale et des provinces. Le sieur de Mayneville, un des aides-de-camp du Duc, fut envoyé de Nancy pour choisir les membres de cette ligue parisienne, et pendant ce temps les signatures allaient pleuvant par toute la France sur les listes de la Sainte-Union, et le duc de Guise, sans ordre ni autorisation du Roi, levait une armée à ses frais ou plutôt à ceux du roi d'Espagne, et portait la guerre en Flandre. Le Roi fut étonné de cette audace, mais comme le Duc, au lieu de le menacer, s'éloignait de France, il n'en conçut pas de crainte, et le laissa guerroyer comme bon lui semblait.

Mayneville, arrivé à Paris, s'adjoignit d'abord Charles Hottman, receveur de l'archevêché, puis un nommé Bussy-Leclerc qui de maître en fait d'armes était devenu procureur, La Chapelle-Marteau, maître aux comptes, Crucé, ancien avocat, et Compan, marchand. Ces six hommes furent les fondateurs de ce fameux comité des *Seize*, qui par la suite se composa de quarante membres, et qui fut ainsi appelé, comme on voit, du nombre non pas des personnes, mais des quartiers de la ville.

Le comité était à peine organisé que Bussy-Leclerc proposa l'admission d'un nouveau membre : c'était un lieutenant de la prévôté, nommé Nicolas Poulain, son ami depuis vingt ans. Cet homme a laissé un journal où se trouve consigné tout ce qui lui advint depuis le jour où il se fit ligueur jusqu'à la journée des Barricades [1]. Voici comment il raconte la manière dont il fut initié au comité :

« Le deuxième de janvier, fut à moi Nicolas
« Poulain envoyé de la part du parti de messieurs
« de la ligue de Paris, maître Jean Bussy-Leclerc,
« procureur, qui me connoissoit de vingt ans et
« plus, et avec lequel j'avois ordinairement fré-
« quenté. Après m'avoir parlé de plusieurs affaires,
« il me fit entendre qu'il se présentoit une belle oc-
« casion, où si je voulois il y avoit moyen de ga-
« gner une bonne somme de deniers pour se mettre
« à son aise, et d'acquérir la faveur de plusieurs
« grands seigneurs et personnages de la ville de
« Paris : qu'il avoit moyen de me faire avancer,
« pourvu que je fusse fidèle en ce qui me seroit

(1) Procès-verbal d'un nommé Nicolas Poulain, lieutenant de la prévôté de l'Ile de France, qui contient l'histoire de la ligue, depuis le 2 janvier 1585 jusqu'à la journée des barricades, 12 mai 1508 (imprimé à la suite du Journal de Henri III).

« donné en charge pour le salut de la foi catholique.
« Ce que je lui jurai et promis. Sur cette assurance
« il me fut donné jour par le dit Bussy - Leclerc
« le lendemain en son logis. Le dit jour, sur les huit
« heures du matin , je me transportai au logis du dit
« Bussy où étoient aucuns de la ville et avec eux un
« gentilhomme nommé le sieur de Mayneville qui
« leur étoit envoyé (comme ils disoient) par le duc
« de Guise pour communiquer de leurs affaires et
« entreprises : en la présence duquel me fut dit par
« le dit Bussy, que la religion catholique étoit per-
« due si on n'y donnoit ordre et prompt secours ,
« pour empêcher ce qui se préparoit pour la ruiner ;
« qu'il y avoit plus de dix mille huguenots [1] au fau-
« bourg Saint-Germain, qui vouloient couper la
« gorge aux catholiques, pour faire avoir la cou-
« ronne au roi de Navarre, et qu'il y en avoit bon
« nombre tant au faubourg que dans la ville, qui
« tenoient son parti, moitié huguenots, moitié po-
« litiques; que plusieurs du conseil et de la cour
« du parlement favorisoient le roi de Navarre, à quoi
« il étoit besoin de pourvoir; qu'il étoit donc très

---

(1) Il y en avait tout au plus mille ou douze cents qui , malgré les édits du roi , étaient restés à Paris cachés dans la maison de leurs amis , les uns parce que leur santé ne leur per-
mettait pas de quitter la ville , d'autres parce que des affaires
ou telle autre cause les y retenaient.

« nécessaire que les bons catholiques prissent les ar-
« mes secrètement ; qu'ils avoient de bons princes
« et grands seigneurs pour les soutenir , à savoir
« les ducs de Guise, de Mayenne, d'Aumale et
« toute la maison de Lorraine, et qu'en leur faveur
« le pape, les cardinaux, évêques, abbés et tout
« le clergé joint avec messieurs de Sorbonne, les
« assisteroient , aussi bien le roi d'Espagne , le
« prince de Parme et le duc de Savoye. Qu'à la vé-
« rité le Roi favorisoit le roi de Navarre , et qu'à
« cet effet il lui avoit envoyé d'Épernon pour
« faire sous main la guerre aux catholiques, mais
« qu'il y avoit déjà un bon nombre d'hommes se-
« crètement pratiqués dans Paris qui avoient juré
« de mourir plutôt que de l'endurer : qu'il ne s'a-
« gissoit que de rompre et ruiner les forces que le
« roi avoit dans la ville, qui étoient foibles et en
« petit nombre, à savoir deux ou trois cents de
« ses gardes en garnison au Louvre, le prévôt de
« l'hôtel et ses archers, et le prévôt Hardy ; que
« quant à ce dernier qui étoit vieux, on savoit
« qu'il n'exécutoit jamais lui-même les mandemens
« qui lui étoient donnés, et qu'il les renvoyoit à
« moi; que si par conséquent je voulois être de
« leur parti, je pouvois beaucoup les servir. Ce que
« je leur jurai et promis. »

Poulain fit ensuite connaissance avec les autres

membres du comité, avec La Chapelle-Marteau, Crucé, Hottman et Compan ; ils le mirent au courant de toutes leurs affaires, et chaque jour, dit-il, je les voyais recevoir des émissaires de Lorraine et admettre dans leurs rangs de nouvelles personnes, auxquelles on tenait les mêmes discours qu'à moi. Poulain leur devint d'une grande utilité parce qu'en sa qualité de prévôt il pouvait faire beaucoup de choses qui eussent jeté des soupçons sur tout autre. Ce fut lui, par exemple, qui les approvisionna de mousquets, de piques, de hallebardes. « Je faisois « prix, dit-il, pour lesdites armes sans dispute, « puis les faisois payer sous main par un autre, « et porter la nuit en certaines maisons, comme « l'hôtel de Guise, le logis de Bussy ou de Crucé. « En fut par moi acheté en six mois pour six mille « écus, suivant la commission qu'ils m'avoient « donnée ; et comme je m'enquerrois un jour auprès « de Bussy, qui bâilloit l'argent pour payer lesdites « armes, il me répondit que c'étoient tous gens de « bien, qui ne se vouloient déclarer qu'au besoin, « crainte d'être découverts ; et toutefois il m'en « nomma plusieurs, entre autres un seigneur de « Paris qui avoit donné, des premiers, dix mille « livres. »

Quand le comité fut composé de douze ou quinze membres environ, ils se distribuèrent la besogne.

La Chapelle-Marteau se chargea d'endoctriner ses confrères de la Cour des comptes ; le président Lemaistre s'engagea à en faire autant auprès des conseillers au parlement, et Bussy-Leclerc auprès des procureurs. Un nommé Lélu, huissier, promit d'attirer dans le parti les huissiers et leurs clercs ; Mathieu Labruyère, les conseillers au Châtelet; Crucé, ses vieux amis du Palais et une grande partie des écoliers et professeurs de l'Université ; de Bar et Michelet, sergens à verge, les mariniers et *garçons de rivière*, tous assez mauvais sujets, qui étaient au nombre de cinq ou six cents ; et enfin un nommé Gilbert, les bouchers et les chaircuitiers de la ville et des faubourgs, qui se montaient à plus de quinze cents [1].

C'est ainsi que de proche en proche la Sainte-Union se répandit dans tous les quartiers, dans tous les états, dans toutes les classes : en moins d'un an la moitié des habitans de la ville s'était engagée dans la ligue.

Mais le comité ne se contenta pas de régner à Paris. Plusieurs de ses membres furent expédiés en Beauce, en Touraine, en Bourgogne, etc., pour organiser les ligueurs de ces provinces de la même manière que ceux de Paris, et pour établir avec eux des correspondances directes. Pour

(1) *Journal de l'Estoile*, procès-verbal de Poulain.

subvenir aux frais de voyage on fit une quête [1];
« riches et pauvres saignèrent leur bourse, dit
« Poulain : à Paris seulement, il fut bâillé, en
« plusieurs fois, trois cents mille écus. » Le roi
d'Espagne de son côté distribuait les doublons [2]
avec largesse : dans chaque quartier il avait un agent
chargé de solder semaine par semaine tous ceux du
peuple qui avaient signé la ligue.

Toutefois, comme en les enrôlant on leur avait
promis un moyen plus prompt de s'enrichir, le
pillage des maisons des politiques, les plus impa-
tiens ne tardèrent pas à murmurer, disant que la
catastrophe se faisait trop attendre. Le comité fut
forcé de leur remontrer que la précipitation pouvait tout perdre ; que les chefs n'étaient pas encore
prêts et qu'il fallait donner le temps aux provinces
de s'organiser. Mais ils répondaient que si on ne
se hâtait, ils finiraient par être découverts et que
le roi les ferait tous pendre. Les membres du comité

______

(1) Les ligueurs n'osant déclarer ouvertement à quelle fin
ils faisaient leurs quêtes, avaient des moyens assez ingénieux d'en cacher le motif et même le montant : ils écri-
vaient en tête du rôle, *pour les boues de la ville;* et ceux qui
se taxaient à trente écus, par exemple, ne portaient que trente
sols; ceux qui donnaient six écus, six sols, et ainsi de suite,
afin que la somme ne fût pas disproportionnée au but sup-
posé. (*Journal de l'Estoile.*)

(2) Monnaie d'Espagne de la valeur d'une pistole.

eux-mêmes commençaient à partager leurs craintes
et à se lasser d'attendre. Le duc de Guise leur écri-
vait sans cesse qu'ils prissent patience, que d'un
jour à l'autre ils le verraient descendre dans leur
ville et se mettre à leur tête. Mais les jours et les
mois se passaient et le duc n'arrivait pas. Il ne voulait se déclarer qu'après s'être assuré de la plupart
des villes de Flandre et de Picardie, après avoir
organisé plus fortement la ligue dans les provinces,
et surtout après avoir lié de nombreuses intrigues
avec les conseillers du roi. Sa politique était de ne
rien laisser au hasard, et quoique son dessein fût bien
arrêté, il ne suivait cependant qu'une marche lente.
Or, ce n'était pas là ce qui convenait aux ligueurs.
Ils le sommèrent à plusieurs reprises de tenir ses
promesses, et finirent par le presser si vivement
qu'il leur envoya son frère, le duc de Mayenne [1].

Celui-ci en arrivant à Paris se rendit avant tout
au Louvre, pour présenter au roi ses hommages et
ses protestations de fidélité : puis le soir, sur les
dix heures, il reçut à l'hôtel Saint-Denis, où il
était logé, une députation du comité, composée
de cinq ou six des principaux membres, qui lui
exposèrent l'état de leurs affaires, les dangers auxquels ils étaient exposés, et combien il était urgent

(1) Février 1587.

de mettre à fin l'entreprise. Le duc ayant abondé dans leur sens et leur ayant promis l'assistance de sa vie et de tous les moyens qui étaient en son pouvoir, on se mit à tracer un plan de conspiration et voici ce qui fut arrêté sur-le-champ. On devait pénétrer pendant la nuit dans l'hôtel du chancelier, dans celui du premier président, dans les logis de plus.eurs conseillers et magistrats de la ville, et leur couper la gorge à tous. Puis au moyen de diverses ruses combinées d'avance, on s'emparait du Temple, de la Bastille, de l'Hôtel-de-Ville, du grand et du petit Châtelet : quant au Louvre si l'on ne pouvait l'enlever par surprise, on devait le bloquer et l'assiéger dans les règles. Mais comme quelques-uns des ligueurs témoignèrent la crainte que beaucoup de gentilshommes politiques ne pussent, avant qu'on eût eu le temps de se délivrer d'eux, accourir au secours du Roi, on proposa de tendre à chaque coin de rue les grosses chaînes qui y étaient en permanence, de placer par derrière des tonneaux pleins de terre, des pavés, des poutres et tout ce qu'on aurait sous la main, afin d'obstruer le passage ; puis une fois les rues ainsi barricadées, de ne laisser passer personne, si ce n'est ceux qui auraient *le mot d'ordre et la marque.* Cette proposition fut agréée, et l'on décida que chacun en son quartier ferait sa barricade selon les instruc-

tions qui lui seraient données. Toutes ces précautions prises, on se répandrait dans la ville, criant :
vive la messe ! afin d'inviter les bons catholiques
à prendre les armes ; et l'on s'arrangerait pour que
le même jour toutes les villes dévouées au parti
suivissent l'exemple de Paris.

Nicolas Poulain était présent à cette conférence
de l'hôtel Saint-Denis. Retourné à son logis il se
mit à réfléchir sur ce qu'il venait d'entendre.
« Après avoir longuement considéré cette méchante
« et damnable entreprise, dit-il, je vis que ce n'é-
« toit qu'une pure volerie, et que les princes et les
« grands faisoient jouer ce jeu par le petit peuple,
« pour déposséder le Roi de sa couronne et en in-
« vestir ceux de Lorraine, après avoir coupé la
« gorge aux vrais héritiers d'icelle et aux princi-
« paux membres et officiers de cette couronne.
« L'horreur de cette entreprise m'étonna, et tant
« de sang qui se devoit épandre se présentant con-
« tinuellement à mes yeux, même quand je pensois
« prendre mon repos, m'effraya tellement et me
« donna une si grande appréhension et remords de
« conscience que je me promis dès-lors de me tirer
« de la ligue et de la compagnie conjurée de tels
« méchants. Enfin il me sembla que si je pouvois,
« avec la grace de Dieu, être cause d'empêcher un
« si grand massacre de gens de bien, je ferois une

« bonne œuvre. Aussi bien que les grandes richesses
« qui m'étoient promises ne me profiteroient de
« rien ; que je pouvois mourir, et au partir de là
« aller droit en enfer, qui étoit le grand chemin
« de la ligue. Je me remettois devant les yeux que
« j'étois françois de nation, que j'avois prêté le
« serment de fidélité à mon Roi souverain lorsque
« je fus reçu lieutenant de la prévôté, tellement
« que s'il se brassoit quelque chose contre lui j'é-
« tois tenu, sous peine de crime de lèze-majesté,
« de l'en avertir ; joint que je vivois des gages et
« profits que me donnoit Sa Majesté : toutes ces
« considérations, dis-je, me touchèrent tellement
« le cœur, qu'après avoir invoqué Dieu à mon aide,
« je pris résolution d'en avertir le Roi ; mais m'en
« proposant la manière, je me trouvai si fort per-
« plex et troublé par les difficultés qui se présen-
« toient, outre la peur que j'avois d'être décou-
« vert par les conspirateurs, que je demeurai
« tout court. Il me souvenoit d'ailleurs qu'on en
« avoit fait mourir tout plein pour avoir dit la vé-
« rité, et que j'avois affaire à des princes et à une
« maison de Guise contre laquelle les plus grands
« n'osoient parler. »

Toutefois le jour étant venu, Poulain rassembla
tout son courage, se fit introduire chez le chancelier, et lui dévoila tout au long les plans des

conjurés. M. de Chiverny fut épouvanté et courut se concerter avec l'abbé d'Élbenne, Miron le médecin, le colonel Alphonse d'Ornano, et autres anti-ligueurs. Le duc d'Épernon averti par eux entra sur-le-champ chez le Roi et lui dit les dangers auxquels il était exposé. Le Roi n'y fit pas grande attention, non par fanfaronnade de bravoure, mais parce qu'il donnait ce soir-là un bal de cour auquel il tenait beaucoup. Néanmoins pendant qu'il dansait, son chapelet de têtes de mort, et son fouet de pénitent au côté, ses conseillers faisaient renforcer les gardes, lever les ponts-levis, et doubler les patrouilles par toute la ville. Au point du jour tous les postes étaient garnis de troupes, en sorte que les ligueurs ne doutèrent pas que leurs desseins ne fussent connus. « Ils se trouvèrent bien étonnés, « dit Poulain, et craignaient fort que le Roi ne les « fît prendre et punir; ne sachant le moyen par le-« quel ils avaient été découverts : ils avaient pour-« tant opinion sur Labruyère le père, parce que « le Roi l'avait fait quérir. »

Monsieur de Mayenne, avant de sortir de la ville, alla faire visite au Louvre, afin d'écarter les soupçons ; le Roi en le voyant entrer lui dit ces mots : « Comment, Cousin, quittez-vous le parti de « la Ligue ? » Il répondit : qu'il ne savait ce que Sa Majesté voulait dire, et ajouta avec colère que, quant à l'entreprise dont on parlait, c'était une chimère de l'invention de M. d'Épernon et de l'abbé d'Elbenne, qu'il n'y avait pas un mot de vérité ; là-dessus il prit congé du Roi. En retournant à son hôtel, il trouva quelques-uns des principaux ligueurs qui l'attendaient : il les pria de prendre encore une fois patience, leur promettant de s'entendre avec son frère pour leur porter de prompts secours ; et ajoutant que dans tous les cas, il n'allait pas loin, et que s'ils couraient quelque danger ils n'avaient qu'à le faire avertir.

Avant de leur dire adieu, il imagina une nouvelle entreprise et leur laissa le soin de l'exécuter, de concert avec une soixantaine d'officiers lorrains, tant à lui qu'au cardinal de Guise son frère, qui étaient logés au faubourg Saint-Germain. Il s'agissait d'enlever le Roi, soit à l'Abbaye où l'on savait qu'il allait dîner, soit à la foire Saint-Germain où il devait aller se promener au sortir du dîner. Poulain ayant donné avis du complot, le Roi n'alla ni à l'Abbaye ni à la Foire. D'Épernon qu'il envoya à sa place fut insulté par une bande d'écoliers et de sorbonistes et obligé de s'enfuir en toute hâte.

Les ligueurs furieux de ce désappointement exhalèrent leur colère dans des placards contre le Roi et dans des vers satiriques contre l'abbé d'Elbenne, contre Achille de Harlay , premier président , et contre les autres conseillers politiques.

Le duc de Guise de son côté trouva fort mauvais que son frère et les ligueurs eussent tenté d'agir sans son ordre et sans lui. Il leur envoya une seconde fois le sieur de Mayneville pour qu'ils eussent à lui faire savoir s'ils n'étaient pas assez assurés de sa foi et s'ils ne le reconnaissaient plus pour leur chef. Les ligueurs s'excusèrent en disant qu'ils avaient voulu calmer l'impatience du petit peuple, « et pour faire leur accord, dit Poulain , ils don-« nèrent à Mayneville une chaîne d'or de quatre « ou cinq cents écus. »

Quelques mois après, une armée de reistres envoyée par les protestans d'Allemagne au secours du roi de Navarre qui alors était en Saintonges, pénétra dans la Champagne et s'avança jusque dans le Gatinois et sur la frontière de Beauce. Les catholiques demandèrent à grands cris que le duc de Guise fût envoyé contre les allemands. Le Roi y consentit, mais il ne donna au duc que des troupes mal armées et peu nombreuses, tandis qu'il envoyait son bien-aimé Joyeuse avec l'élite de ses soldats combattre le roi de Navarre en Saintonges. Il espérait que Joyeuse serait vainqueur , et Guise vaincu et humilié : le contraire arriva ; Joyeuse fut battu et tué à Coutras , Guise tailla en pièces les allemands dans deux rencontres différentes, à Vimori et à Aulneau. Toutefois la victoire ne devait pas être attribuée à lui seul : le Roi à la tête de ses gardes était allé comme lui au-devant des allemands et avait fait preuve de quelque bravoure, mais on ne lui en tint pas compte. « Après « cette victoire signalée, dit l'Estoile, il n'y eut « prédicateur à Paris qui ne criât que Saül en avoit « tué mille, et David dix mille ; dont le Roi fut « fort mal content. » On chanta deux *Te Deum*, l'on fit de grands feux de joie, toujours en l'honneur du duc de Guise, et les poètes de la Ligue inondèrent la ville de panégyriques et de cantiques pour célébrer le nouveau Gédéon « sans le secours « duquel l'Arche Sainte seroit tombée entre les « mains des Philistins et l'hérésie auroit triomphé « de la religion. »

Les ligueurs encouragés par ces succès redoublent d'audace. Oubliant les réprimandes de leur chef et ses recommandations de prudence, ils dressent un nouveau guet-à-pens. Si le Roi, selon sa coutume, va se promener en masque par la ville le jour de carême-prenant, ils se jeteront sur lui ainsi que sur le duc d'Épernon et sur sa troupe. Mais le Roi en est encore averti par Poulain et ne sort pas de son Louvre.

Las de voir échouer toutes leurs entreprises, les

membres du comité écrivirent au duc de Guise pour le prier de ne pas différer davantage de tenir ses promesses : « leurs gens étoient prêts et « en bon nombre, rien ne leur manquoit que « sa présence.» Le duc dans sa réponse leur commanda de faire un dénombrement de leurs forces et d'organiser leurs quartiers, « que du reste, ils « ne s'en souciassent, car tout iroit bien. » Aussitôt les ligueurs se rassemblèrent dans une maison située vis-à-vis l'église Saint-Gervais : c'était vers les premiers jours d'avril[1] ; là se trouvèrent Bussy-Leclerc, La Chapelle-Marteau, Crucé, Compan, Roland, Hottman, Nicolas Poulain et beaucoup d'autres. Après la lecture de la lettre du duc de Guise, La Chapelle-Marteau prit la parole, et dit « que l'avis du duc étoit bon ; qu'il falloit se di- « viser les quartiers, et dans chaque quartier nommer un colonel et quatre capitaines, afin qu'au moment d'exécuter l'entreprise il n'y eût point de confusion. » Et à l'instant il sortit de sa poche une grande carte de gros papier, où étaient dessinés la ville de Paris et ses faubourgs. Il fut convenu que la ville serait séparée en cinq quartiers au lieu de seize, et sur-le-champ on nomma les cinq colonels et leurs capitaines, puis on leur donna des *mémoires* où était écrit ce que cha-

______
(1) 1588.

cun d'eux devait faire, et dans quels lieux ils trouveraient des armes pour ceux de leurs gens qui n'en avaient pas. On s'occupa ensuite du dénombrement : le résultat fut que le parti pouvait disposer d'environ trente mille hommes armés, ce qu'on écrivit aussitôt au duc de Guise.

Le 15 avril, Poulain étant au logis de Bussy-Leclerc, la réponse du duc arriva. Il promettait selon sa coutume de les assister bientôt et leur annonçait qu'ils verraient arriver, sous peu de jours, un bon nombre de capitaines dévoués à son service qu'il les priait de loger en secret dans leurs maisons : que le duc d'Aumale leur amenait aussi plusieurs compagnies de chevaux qui seraient cantonnées à la Villette et dans les bourgs voisins, jusqu'à ce que le moment vînt de les introduire dans la ville. Ces nouvelles rendirent l'espoir et le courage aux membres du comité. Ils ne purent résister à l'envie de forger une nouvelle conjuration, et voici quel fut leur plan : la nuit du dimanche de *Quasimodo*, ils devaient faire entrer les cavaliers du duc d'Aumale par la porte Saint-Denis dont ils avaient les clefs; tomber sur le duc d'Épernon qui avait coutume de faire la ronde depuis dix heures du soir jusqu'à quatre heures du matin : déjà deux de ses gens étaient gagnés et se chargeaient de l'assassiner : en même temps qu'on se délivrait du duc on devait marcher droit au Louvre, passer au fil de l'épée les gardes qui feraient résistance, se saisir du château et de la personne du Roi, ensuite s'emparer du reste de la ville et barricader les rues pour se garantir contre les surprises.

Nicolas Poulain ne perdit pas un moment pour donner l'éveil au Louvre ; aussitôt les gardes furent renforcées, et le duc d'Épernon envoya chercher à l'arsenal une grande quantité d'armes et de cuirasses « qu'il fit apporter dans des hottes et dans des paniers à la vue d'un chacun. » En même temps les Quarante-Cinq ¹ reçurent l'ordre de coucher au château, et le lendemain quatre mille suisses que le Roi avait rassemblés à Lagny, par précaution, entrèrent dans les faubourgs Saint-Martin et Saint-Denis, où ils furent logés.

De grand matin Poulain alla voir Bussy comme pour lui demander des nouvelles ; Bussy tout consterné lui dit : « qu'ils étoient découverts: que « sans doute il y avoit parmi eux quelques traîtres « qui avoient tout décélé : qu'il ne pouvoit soupçon- « ner que Compan, ou Comte l'échevin qui lui re-

(1) Ces quarante-cinq étaient des gentilshommes dévoués au duc d'Épernon, qui les avait fait venir de la Gascogne, son pays, pour veiller continuellement à la défense du Roi. Le peuple les nommait *les quarante-cinq coupe-jarrets.* On connaît les noms de quelques-uns, entre autres Langnac, Chalabre, Montsery, Sainte-Malines, etc.

« fusoit depuis quelques jours les clefs de la porte
« Saint-Martin : que *ce pauvre prince* (le duc
« de Guise) averti par lui Bussy de leurs desseins,
« étoit venu la veille au soir jusqu'à Gonesse, mais
« qu'il étoit déjà reparti pour Soissons : enfin que
« ces quatre mille suisses lui causoient quelqu'inquié-
« tude, car pour les avoir appelés il falloit que
« le Roi fût grandement animé contre l'union. »

Pendant que le découragement se répandait ainsi
parmi les ligueurs, d'Épernon et ses amis sup-
pliaient le Roi de ne pas s'en tenir à la défensive,
et de faire un coup d'autorité en envoyant à la
Grève les principaux factieux. Le Roi en aurait
eu bonne envie, car ces continuelles embûches
commençaient à le troubler, mais il n'osa. Il répondit que rien ne pressait et que ce serait pour
son retour de Saint-Germain, où il se rendait le
lendemain pour faire la conduite à d'Épernon qui
allait prendre possession de son nouveau gouvernement de Normandie. Après sept ou huit jours,
le Roi revenu à Paris oublia tous ses projets de
vengeance. Le seul homme qui aurait pu les lui
faire exécuter, d'Épernon n'était plus là ; et au contraire ceux qui l'entretenaient dans ses lâchetés y
étaient encore. Les ligueurs trouvèrent un défen-
seur zélé en René de Villequier, gouverneur de
Paris, homme vendu à tous les partis, dévoué sur-

tout à la maison de Lorraine, et de tous les courtisans celui que le Roi écoutait le plus volontiers quand il n'avait pas d'Épernon auprès de lui. La reine-mère, Catherine de Médicis, qui à force de haïr d'Épernon et le roi de Navarre était devenue favorable à la Ligue, joignit sa voix à celle de Villequier, et le Roi fut si bien intimidé qu'il laissa les ligueurs en paix.

Mais la Ligue n'en était pas moins dans une situation critique. Chaque entreprise manquée faisait une brèche dans le parti : les plus ardens se décourageaient ; le peuple murmurait ; quelques-uns parlaient déjà de se réfugier aux Pays-Bas ; et ce qu'il y avait de pis, c'est que hors Paris les affaires de la ligue n'étaient pas plus prospères. Les ducs de Guise et de Lorraine avaient été contraints de lever le siége de Sédan et de Jamets, villes fortes de la frontière qu'ils avaient tenté de surprendre ; le voyage du duc d'Épernon causait aussi beaucoup d'effroi aux ligueurs ; ils prétendaient que le roi l'envoyait pour tramer quelque intrigue contre eux. Sur ces entrefaites le comité s'assembla et écrivit au duc de Guise que, pour cette fois, s'il ne venait les secourir, ils ne le tenaient plus pour prince de foi. A cette lettre un peu brusque la duchesse de Montpensier sœur du duc, joignit ses instances et ses prières.

Guise envoya Charles de Cossé comte de Brissac, un de ses capitaines de confiance, dire à sa sœur qu'il se disposait à quitter Soissons, mais que pour éloigner les soupçons que son arrivée à Paris pourrait faire naître, il fallait qu'elle demandât au Roi de sa part la permission de se présenter devant lui. Le roi refusa ; et même, afin que le duc ne pût pas prétexter ignorance de son refus, il donna ordre à Pomponne de Bellièvre un de ses secrétaires d'état, d'aller sur-le-champ à Soissons pour lui défendre expressément de se présenter à Paris.

La duchesse, la rage dans le cœur, vint rapporter cette réponse à Brissac et à quelques-uns des membres du comité qui l'attendaient à son hôtel ; puis elle leur dit que dans la position où ils se trouvaient, il fallait à tout hasard et sans attendre son frère, mettre à fin leurs projets, et que s'ils voulaient l'aider elle savait le moyen de se délivrer du Roi. Henri III allait souvent entendre la messe à Vincennes dans un couvent qu'il avait en affection ; il y allait sans gardes, rien n'était si facile que de l'enlever. On applaudit à l'idée de la duchesse : le jour et le lieu du rendez-vous furent fixés et l'on se sépara. C'est ce guet-à-pens qui fait le sujet de la scène d'introduction que nous avons intitulée : *le Retour de Vincennes.*

————

Le caractère de Henri III est un des plus bizarres et des plus curieux à étudier que nous offre l'histoire. C'est un assemblage incroyable des vices et des qualités les plus opposés. On trouve en lui les extravagances d'un idiot, les puérilités [1] d'un enfant mal élevé, les superstitions d'un dévot abruti, mêlées aux discours d'un homme à demi sceptique [2], aux jugemens d'une raison éclairée, à la pé-

(1) « En ce temps le roi commença à porter un bilboquet à la main, même allant par les rues, et à son imitation, les ducs de Joyeuse et d'Épernon ; ce dont ils furent suivis des gentilshommes, pages, laquais et jeunes gens de toute sorte. » (L'Estoile, juillet 1585.) Voyez aussi dans l'Estoile tout ce qui est dit sur les épagneuls et les autres animaux que le roi nourrissait dans son Louvre.

(2) « Le vieux cardinal de Bourbon étant venu trouver le roi, lui dit avec une grande exclamation : Sire, le prince de Condé est mort : voilà ce que c'est que d'être excommunié.

nétration d'un esprit droit et sain. Assez brave pour conserver son sang froid et payer de sa personne sur un champ de bataille, il pâlissait à la vue d'une douzaine de bourgeois armés de piques. Enfin, ce qui est moins étonnant peut-être, il alliait aux pratiques de dévotion les plus minutieuses les excès de débauche les plus dégoûtans. Ces deux choses ne s'excluent pas toujours, même sur le trône; mais quel est le roi dont les actions soient assez bigarrées de dévotion et de libertinage pour que dans le journal de sa vie on lise sur la même page deux anecdotes comme celles-ci :

« Le jour de carême-prenant, ils allèrent (le roi
« et son frère) suivis de leurs favoris, par les rues
« de Paris à cheval et en masque, déguisés en mar-
« chands, prêtres, avocats et en toute sorte d'états,
« courant la bride avalée, renversant les uns, bat-
« tant les autres ; puis passèrent à la foire Saint-Ger-
« main où ils firent mille insolences, et toute la nuit
« coururent jusqu'au lendemain dix heures par tou-
« tes les bonnes maisons de Paris. »

« Le 2 de mars, second vendredi de carême, les

Auquel le roi répondit en riant: Il est vrai que le foudre d'excommunication est dangereux, mais s'il étoit besoin que tous ceux qui en sont frappés en meurent, il en mourroit beaucoup. Je crois que cela ne lui a pas servi, mais autre chose lui a bien aidé. » (L'Estoile, mai 1588.)

« pénitens [1] précédés des minimes et des capucins
« allèrent en procession aux sept églises ordon-

(1) Il faut dire ici ce que c'était que ces pénitens. « Au
mois de mars 1583 le roi institua une nouvelle confrérie
qu'il fit nommer des pénitens ; lui et ses deux mignons s'en
firent confrères et il y fit entrer plusieurs de sa cour, les plus
apparens de son Parlement et autres cours, avec un bon nombre des plus notables bourgeois. Il fit imprimer la règle de
cette confrérie en un livre, intitulé : *De la congrégation des
Pénitens de l'annonciation de Notre-Dame*. On en fit les
premières cérémonies le jour de l'annonciation qui étoit le
vendredi, auquel jour lesdits confrères vinrent en procession
du couvent des Augustins et de la grande Église, deux à deux
vêtus de leurs accoutremens de blanche toile de Hollande,
de la forme qu'ils sont dessinés dans le livre de la confrérie.
En cette procession, le roi marcha sans garde ni différence
de confrères : le cardinal de Guise portoit la croix, le duc de
Mayenne étoit maître des cérémonies, et frère Edmond Auger,
jésuite, bateleur de son premier métier, avec un nommé de
Peirat, lyonnois, fugitif de Lyon pour crimes atroces, con-
duisoient le demeurant ; les chantres vêtus de même habit et
marchant en trois distinctes compagnies chantoient la lita-
nie en faux bourdon. Arrivés en l'église de Notre-Dame chan-
tèrent tous *Salve Regina*, et ne les empêcha la grosse pluie
qui dura tout le jour, d'achever avec leurs sacs mouillés leurs
cérémonies commencées. »

« Le dimanche suivant le roi fit emprisonner le moine
Poncet, pour avoir prêché trop librement contre cette nouvelle confrérie, l'appelant la confrérie des hypocrites et des
athéistes. J'ai été averti de bon lieu, disoit-il, qu'hier au
soir *vendredi* jour de leur procession, la broche tournoit
pour le souper de ces bons pénitens, et qu'après avoir mangé
le gras chapon, ils eurent pour collation de nuit le petit ten-

« nées par la bulle du pape. (C'était un jubilé.) Ils
« partirent des Augustins à huit heures du matin
« et y revinrent à six heures du soir. Le roi y
« étoit en personne. » [1]

Henri était né avec d'heureuses qualités : mais dès
sa jeunesse, sa mère avait jugé à propos de l'abrutir
pour le gouverner plus aisément. Quand il fut roi,
ses mignons achevèrent ce que Catherine avait commencé. Ce n'était que par intervalle qu'on voyait
apparaître dans cette ame éteinte une bonne pensée, un mouvement généreux, comme un éclair qui
s'évanouit aussitôt. Toutefois il conserva toujours
une grande facilité d'élocution : il cultivait les lettres et se piquait de savoir sa langue en profond

dron qu'on leur tenoit tout prêt. Ah ! malheureux hypocrites,
vous vous moquez donc de Dieu sous le masque, et portez
pour contenance un fouet à votre ceinture; ce n'est pas là, de
par-Dieu! où il faudroit le porter, c'est sur votre dos et vos
épaules, et vous en étriller très bien : il n'y en a pas un de
vous qui ne l'aie bien gagné. Le roi sans vouloir lui parler,
disant que c'étoit un vieux fou, le fit conduire par le chevalier du guet à l'abbaye de Melun, sans lui faire autre mal
que la peur qu'il eut qu'on le jetât à la rivière.

« Le 29 mars, le roi fit fouetter au Louvre jusqu'à cent-
vingt pages et laquais, qui en la salle basse avoient contrefait
la procession des Pénitens, ayant mis sur leurs visages des
mouchoirs avec des trous à l'endroit des yeux. » (L'Estoile,
mars 1583.)

(1) *L'Estoile*, tom. 1, pag. 174, édit. de Cologne, 1719.

grammairien. Quand par hasard il voulait faire le roi, il parlait avec dignité et représentait à merveille [1]. Enfin dans la conversation familière il trouvait souvent des mots heureux et des réparties piquantes [2].

Son règne fut, après celui de Charles VI, le plus malheureux qui eût encore pesé sur la France. Il mit l'épargne royale à sec et greva la couronne de plus de dettes que son père et ses deux frères ensemble n'en avaient contractées. Il n'est pas de folles dépenses qu'il n'inventât pour plaire à Joyeuse et à d'Épernon. Ces deux hommes coûtèrent plus cher au pays que dix ans de guerre civile.

Quoique d'Épernon fût absent de Paris le jour des barricades, il sera trop souvent question de lui pour n'en pas parler ici. Ce favori ne manquait ni

(1) Voyez dans l'Estoile (30 décembre 1587) la réponse improvisée que le roi adressa à la faculté de théologie pour lui reprocher son arrêt du 16 du même mois, dans lequel il est dit qu'on peut ôter la couronne à un mauvais roi, comme la tutelle à un mauvais tuteur.

(2) « Le dernier jour de novembre, le roi prenant plaisir à faire voltiger et sauter un beau cheval sur lequel il était monté, aperçut un gentilhomme qui était au duc de Guise, et lui dit : Mon cousin de Guise a-t-il vu en Champagne beaucoup de moines comme moi qui fissent ainsi bondir leurs chevaux ? » (L'Estoile, 1584.) Voyez aussi la conversation du roi et du cardinal de Bourbon, le premier septembre 1584, et sa réponse à l'abbé Rose, au mois de février 1585.

d'habileté ni de courage, et s'il n'eût pas allié l'avidité d'un usurier à l'insolence d'un parvenu, il eût été le salut de son maître et du royaume. D'Épernon détestait les Guises, il connaissait toutes leurs intrigues, et avait assez de vigueur pour leur résister, mais son orgueil lui aliéna tous les esprits. Parmi ceux même qui n'aimaient pas la Ligue il n'avait que des ennemis. Aussi Guise disait à un de ses capitaines qui lui offrait de le tuer : « Gardez-« vous-en bien, je serois bien marry qu'il fût mort, « car il nous donne force braves hommes qui n'en-« treroient pas dans notre parti si le désir de se « venger des insultes que ce petit cadet de Gasco-« gne fait tous les jours aux plus honnêtes gens de « la cour ne les y attiroit. »

Catherine de Médicis avait pour *ce petit cadet de Gascogne* au moins autant de haine que pour le roi de Navarre, Henri de Bourbon, son gendre. Les mignons du Roi lui étaient odieux, non parce qu'ils ruinaient l'état, mais parce qu'ils occupaient auprès de sa personne la place qu'elle s'était réservée. Quoique âgée de près de soixante-dix ans, et atteinte de la maladie dont elle mourut huit mois après, Catherine ne vivait que pour tramer des intrigues. On a déjà vu qu'elle favorisait la ligue et les Guises ; elle n'avait cependant pas pour eux beaucoup d'affection ; elle les aimait *à la florentine*, c'est-à-dire pour s'en servir. C'était pour son petit-fils, le marquis de Pont', qu'elle travaillait sous main ; elle tâchait de persuader au roi de l'adopter pour héritier. Le caractère de Catherine est bien connu : elle avait appris dans le palais de son père toutes les ruses mesquines et perfides de la politique italienne, et cinquante ans de séjour en France n'avaient pu l'en déshabituer. On sait aussi combien elle attachait d'importance aux mystères de l'astrologie judiciaire : elle avait fait élever dans son hôtel de Soissons, exprès pour observer les astres, une tour qui subsiste encore aujourd'hui, adossée à la rotonde de la halle au blé.

La jeune épouse du roi, Louise de Vaudemont, était une femme tout-à-fait nulle, et ne pouvait exercer sur son esprit aucun empire. Elle avait les vertus d'une novice de couvent ; discrète, peu curieuse, ne se mêlant pas d'affaires d'état. Son seul plaisir était de lire ses Heures et de faire sa promenade dans son petit jardin du bord de l'eau.

René de Villequier prêtait appui à Catherine pour mettre à fin ses intrigues, mais il rendait le même service à la duchesse de Montpensier et à la Ligue. Villequier était réputé pour ses débauches ; son extrême embonpoint le rendait presque dif

____

(1) Fils du duc de Lorraine et de Claude, deuxième fille de Catherine de Médicis et de Henri II.

forme. Malgré son air patelin et obséquieux, il s'emportait parfois jusqu'à la fureur : il tua sa femme dans un accès de jalousie. Nous avons dit quel empire il exerçait sur l'esprit du roi; il en abusa pour le perdre le jour des barricades. La présence de d'Épernon aurait pu seule contrebalancer sa funeste influence.

Villequier avait pour amis à la cour presque tous les ennemis de d'Épernon, et particulièrement La Guiche, Bellièvre et Villeroi. Ce dernier cependant était meilleur serviteur du Roi qu'eux tous, et n'aimait pas beaucoup la Ligue. Mais d'Épernon s'était permis, en présence du Roi, de l'appeler *petit coquin*, et l'avait menacé de lui donner cent coups d'éperon comme à un cheval rétif, lui reprochant d'être soldé par le roi d'Espagne. Pour se venger de cette insulte, Villeroi s'était rangé avec les amis de Villequier; mais ceux-ci n'avaient pas toute confiance en lui et ne lui disaient pas leurs secrètes pensées.

D'O le sur-intendant des finances détestait le favori; mais quoique gendre de Villequier, il était assez bon royaliste; il suivait à peu près la même ligne que le chancelier, monsieur de Chiverny, serviteur obséquieux du Roi plutôt qu'ennemi de la Ligue, et qu'on appelait pour cette raison, le chancelier non du royaume, mais du Roi.

D'Épernon n'avait guère d'autre partisan auprès du Roi que l'abbé d'Elbenne, ennemi des Guises et surtout de Villequier, catholique douteux, plein de vie et de force malgré ses soixante ans. Quelques-uns prétendaient qu'il n'était bon serviteur du Roi que par position, et que si le duc d'Épernon eût été à la place de monsieur de Guise, d'Elbenne aurait bien pu prendre celle de Villequier. C'est ce qu'on ne peut savoir.

Parmi les hommes d'épée le Roi avait de francs et loyaux serviteurs : le maréchal de Biron, homme de guerre habile, conseiller prudent ; le colonel Ornano qui avait autant de bravoure, plus de cha-leur d'ame et plus de haine contre monsieur de Guise ; enfin Crillon, qui devint fameux sous Henri IV, brave comme son épée, franc, loyal, parfois même un peu brutal.

C'est surtout parmi les parlementaires qu'on trouve de belles ames et de grandes vertus. Achille de Harlay, gendre et successeur du premier pré-sident Christophe de Thou, doit passer pour le vrai modèle du *politique* honnête homme. Selon une expression du temps, il avait les fleurs de lys gra-vées bien avant dans le cœur ; grave et sévère, il parlait presque toujours par sentence : c'était une habitude qu'il avait prise en présidant. Lui et son beau-frère Augustin de Thou l'historien, Pithou, avocat au parlement, et quelques autres de leurs amis, voilà les honnêtes gens de l'époque, les royalistes par *principes*, par conscience : eux seuls donnaient quelque considération au parti du Roi. Quant à Barnabé Brisson, il avait peut-être plus de savoir qu'eux tous, mais l'ame moins ferme et le cœur moins droit. Il n'avait pas le courage de rester dans les rangs des vaincus [1]. Malheureusement on comptait dans le parlement et parmi les riches bourgeois plus de Brisson que de Harlay et de Pithou.

Le duc de Guise faisait revivre en lui toutes les hautes qualités qui avaient rendu si chers aux catholiques son père le duc François et son oncle le cardinal. A un courage brillant, souvent même téméraire, à un coup d'œil rapide et sûr, soit dans le combat, soit au milieu des intrigues politiques, il joignait les avantages extérieurs les plus séduisans : air de dignité, taille haute, traits réguliers et pourtant expressifs, regard doux, quoique perçant, manières polies et insinuantes. Aussi « la France, suivant l'expression d'un historien, « étoit folle de cet homme-là, car c'est trop peu « dire amoureuse ; et les huguenots étoient de la « Ligue quand ils regardoient le duc de Guise. » Il ai-

____

(1) *Voy*. Mémoires de Thou. et Pasquier.

mait la gloire, mais seulement comme un moyen d'arriver au véritable objet de son ambition, le pouvoir. Quel que fût son air de franchise, le fond de son caractère était la discrétion et même la dissimulation. Aussi disait-on qu'il ressemblait plutôt au prêtre son oncle qu'au victorieux son père. Il ne révélait ses desseins à personne, pas même à ses plus intimes conseillers, avant qu'il ne fût assuré de quelques chances de succès : toutes ses actions, toutes ses paroles étaient le résultat d'un calcul, et tendaient à une même fin. Toutefois il avait la réflexion si vive qu'il se déterminait promptement: «Ce que je ne résoudrai en un quart-d'heure, disait-il, je ne le résoudrai de ma vie. » Il aurait dû ajouter : « Ce que j'ai résolu en un quart-d'heure, je mets des années à l'exécuter. » En effet comme tous les esprits supérieurs, il poursuivait son but sans impatience, la certitude de l'atteindre suffisait pour le satisfaire. Dix ans, vingt ans d'attente ne lui coûtaient pas plus qu'à un autre quelques journées. Voilà pourquoi la mort du duc d'Anjou, tout en lui causant une joie involontaire, fut un événement funeste à ses projets ambitieux : elle le força de précipiter la marche lente par laquelle il se proposait de parvenir au trône. De ce moment il devint un autre homme : au lieu de traîner après lui son parti dans le labyrinthe de sa politique, il fut réduit à se mettre à la suite de conspirateurs moins sages, plus pressés et par conséquent plus audacieux que lui. Obligé chaque jour de faire un pas en avant plus tôt qu'il ne l'avait prévu, chaque jour il lui fallait combiner de nouveaux plans, mais toujours en regrettant ses plans de la veille. De là ces continuelles hésitations à remplir les promesses qu'il faisait aux ligueurs, de là enfin son manque de vigueur et de résolution le jour des barricades. L'imprudence de ses amis l'avait tellement habitué à la circonspection, qu'il ne s'aperçut pas que la crise décisive était arrivée, et qu'une fois qu'il tirait l'épée contre son souverain, il devait en jeter le fourreau.

Sa sœur, la duchesse de Montpensier, surpassait en impatience les membres du comité et le peuple lui-même. Elle avait contre Henri III une haine personnelle [1], et pour hâter le moment de l'assouvir aucun sacrifice ne lui eût coûté. Bien qu'elle ne fût plus très jeune [2], elle passait encore

---

(1) C'était, dit Mézerai, qu'il avait offensé cette veuve, tenant des discours qui découvraient quelques défauts secrets qu'elle avait, outrages bien plus impardonnables à l'égard des femmes que celui qu'on fait à leur honneur. (*Abrégé chronologique*, tom. v, pag. 315.)

(2) Elle avait trente-six ans, un an de moins que son frère.

pour belle, son esprit était vif, enjoué, railleur, et comme toutes les femmes de cour à cette époque, elle ne se piquait pas de mœurs bien sévères. Son plaisir favori était le jeu. Qu'on juge en effet si elle aimait les cartes ! Le jour où Henri IV entra dans Paris après le siége, elle s'écriait le matin : « Ne trouverai-je pas un poignard pour me «percer le cœur ? » mais le soir, le vainqueur lui ayant fait proposer une partie de prime, elle ne put résister à une offre si séduisante, et lui pardonna sa victoire en lui gagnant son argent.

Bernardin de Mendoza, ambassadeur du roi Philippe, faisait parfois d'assez bons discours écrits; mais il manquait singulièrement de présence d'esprit dans la conversation, et de pénétration dans les affaires. Heureusement pour lui il avait un neveu et un secrétaire qui se chargeaient de causer et d'intriguer à sa place. Mendoza était très bien reçu à l'hôtel de Guise ; on prenait très volontiers ses doublons, mais on ne lui contait guère que de vieilles nouvelles, et la duchesse ne se faisait pas scrupule de s'amuser à ses dépens.

Le confident le plus intime, le familier de monsieur de Guise, d'Espignac archevêque de Lyon, était un homme de mœurs infâmes. Ce n'était pas assez pour lui d'avoir des maîtresses, il les prenait dans sa famille [1]. On le citait aussi bien pour sa gourmandise que pour son libertinage. Du reste il était spirituel, intrigant consommé, parlant avec aisance, et aussi habile à commander une compagnie de chevaux qu'à chanter la messe ou les vêpres. Henri III aimait beaucoup sa conversation, mais d'Épernon lui ayant fait avanie à peu près comme à Villeroi, il avait cessé d'aller au Louvre et s'était jeté la tête baissée dans la Ligue.

D'Espignac ne jouit pas seul de la confiance du Duc : parmi les capitaines lorrains, il y en a bon nombre qu'il admit également à son intimité : tels sont Brissac, Mayneville et Saint-Paul.

Brissac est homme de cour; il a de l'esprit, des manières élégantes ; le bâton de maréchal lui siérait à merveille; il l'obtint en effet quelques années après.

Mayneville quoique moins distingué que Brissac, n'est pas moins utile à son maître; il est plein de ressources et s'acquitte supérieurement des missions secrètes. On se souvient que le Duc l'a

[1] Dans la confession générale des chefs de l'Union (*Mémoires de Daubigné*), d'Espignac parle ainsi :

> Je suis né à l'inceste, et dès mon premier âge
> J'ai de ma belle-sœur abusé longuement ;
> Puis avecque ma sœur, etc. . . . .
>
> . . . .

chargé de plus d'un message auprès du comité parisien.

Quant à Saint-Paul, il a de la gaîté, de la franchise, mais il ne sait que se battre. Il n'a reçu d'autre éducation que celle du régiment. S'il avait autant de vivacité d'esprit et de noblesse d'ame qu'il a de bravoure et de rudesse, il serait le Crillon de la Ligue.

Parmi les ligueurs, le plus actif, le plus intelligent, le plus diplomate est maître Bussy-Leclerc, procureur. Il y a dix ans, maître Bussy donnait des leçons d'escrime aux recrues des régimens de Lorraine, mais la profession était au-dessous de ses facultés, et comme il avait du goût pour l'intrigue, il s'est fait procureur. Dès l'an 1576 il mit un pied dans la Ligue; en 1585 il devint un des plus ardens parmi les zélés. C'est lui, comme on sait, qui enrôla Nicolas Poulain. Grace à son esprit remuant il se fit remarquer à l'hôtel Montpensier; on lui confia des secrets et bientôt il fut l'un des *factotum* de la duchesse et l'agent particulier de monsieur de Guise. A l'exemple des aides-de-camp du duc et en général de tous les ligueurs du parti de Lorraine, il était peu fanatique, mais néanmoins plus exact qu'un vrai dévot à remplir ses moindres devoirs et à entendre chaque jour la messe au petit Saint-Antoine sa paroisse.

Michel La Chapelle-Marteau, maître aux comptes, gendre du président de Neuilly, entra dans la Ligue vers le même temps que Bussy. Ils étaient liés d'amitié, quoiqu'il n'y eût entre eux aucun trait de ressemblance. Marteau avait l'esprit peu subtil et peu clairvoyant, un caractère emporté, ombrageux, passant rapidement de l'excès du découragement à l'excès de la confiance, du reste, débauché et toujours à court d'argent. Il comptait faire fortune avec la Ligue. S'il se montrait plus favorable aux prétentions du roi d'Espagne qu'à celles de monsieur de Guise, c'était uniquement parce que l'ambassadeur de Philippe avait des coffres bien garnis et le payait largement.

Quant à Crucé, c'est un petit homme à la tête grisonnante, l'œil vif, le front ridé. Il croit de toute son ame à la bonne Vierge et à la Ligue. Ce qu'il aime le mieux au monde c'est la chasse aux huguenots. Il y a consacré plus de temps en sa vie qu'à méditer ses causes. A l'âge de ving-cinq à trente ans, il fit ses premières armes au massacre de Vassy. Le 24 août 1572, jour de Saint-Barthélemy, il était passé maître, et fit lui seul plus de besogne que vingt lorrains payés à triple solde. Il ne comprend pas la tiédeur de ses confrères du comité, qui en général ont dix ou vingt ans de moins que lui ; à son avis les catholiques ont dégé-

néré depuis seize ans ; on a perdu les bonnes tra-
ditions, et on passe le temps en fadaises politiques
qui ne vont pas au fait.

Les autres ligueurs sont assez insignifians. Toutefois Roland doit être distingué : c'est un petit
avocat, plein de feu, qui aime son état et plaide
vivement. Il est capitaine en second de la compagnie de la place Saint-Michel, et n'a qu'à haran-
guer ses soldats pour les mener où il veut, ce qui
le rend très précieux à la sainte union.

Charles Hottman, receveur de l'archevêché,
n'aime guère que les doublons; il est moins ligueur
que financier.

Compan est un marchand mercier de la rue de
Grenelle : grand, maigre, parisien, sans caractère.

Le petit Brigard, marchand aussi, a plus de
nerf. Sa boutique est à l'angle de la rue Aubry-le-
Boucher; ceux de l'union n'ont qu'à y aller demander de la cannelle, du piment, de l'eau-de-
vie, de l'herbe à la reine (aujourd'hui du tabac), etc.
ils auront un rabais d'environ 5o deniers par livre.
Brigard dans les réunions du comité est un peu
mis en sous-ordre. Ces messieurs de robe en usent
cavalièrement avec les boutiquiers, ils leur font
faire leurs commissions.

Quant à Nicolas Poulain, il est déjà connu;
quoiqu'il se donne dans son procès-verbal pour le

plus vertueux des hommes, il est permis de croire que l'espoir du gain le fit parler pour le moins autant que sa vertu. Néanmoins il s'acquitte de son métier d'espion avec adresse et parfois avec courage.

Les réunions du comité ont lieu ordinairement à la nuit tombante, soit chez les Jésuites de la rue Saint-Antoine, soit dans la chambre du curé de Saint-Benoît, parfois chez le prieur des Jacobins, rue Saint-Jacques, assez souvent dans le cabaret de Sanchez. Sanchez est un vieil espagnol qui s'est échappé en chemise et sans le sou des cachots de l'inquisition, et est venu à Paris, où il espionne au profit de l'ambassadeur; il est un de ceux qui font *la paie de la Ligue*. Il tient registre pour justifier de ses recettes et de ses dépenses : et chaque semaine il va demander à l'ambassade le *visa* du caissier et un nouveau sac de doublons.

COSTUMES.

Voici le costume d'un élégant de cour au mois de mai 1588 :

Pourpoint de soie brochée, boutonné depuis la ceinture jusqu'au col et découpé par bandelettes larges de deux doigts, traversées de distance en distance par d'autres bandelettes de même largeur, ce qui forme une espèce de grillage ; manches bouffantes, matelassées ou garnies de baleines ; fraise de quatre à cinq pieds de circonférence, composée de trois rangs de gros plis réguliers. Petit manteau très court, de drap ou de velours bordé de galons d'or ; chapeau de feutre à larges bords, à forme haute et presque pointue, surmonté d'une plume blanche ; haut-de-chausses en soie, bouffant, découpé comme le pourpoint et de même couleur. Les couleurs à la mode sont le jaune citron, l'orange, le blanc, le vert et le merde-d'oie. Le manteau doit être carmelite ou noir, rarement bleu-foncé ou ponceau. Bas de soie amaranthes ou verts ; souliers de buffle très couverts et pointus ; en négligé, bottes de buffle ; gants de soie brodés :

médaillon suspendu au col par une chaîne à plusieurs rangs ornée de rubis ; large ceinturon portant d'un côté une escarcelle ou grande bourse à fermoir, de l'autre une longue épée à poignée de fer poli. Petites moustaches : barbe longue de deux pouces et terminée en pointe.

Quant aux dames, beaucoup d'ampleur à leurs robes, surtout au voisinage des hanches : la taille prodigieusement serrée, à peu près comme en 1770. Petit corset terminé par une pointe très étroite et très aiguë descendant plus bas que le ventre [1]. Coiffure à la *Marie-Stuart*, c'est-à-dire le front complètement dépouillé, les cheveux plats sur le haut de la tête et crêpés sur les côtés ; par derrière un gros chignon parsemé de rubans. En place de fraise une espèce de collet droit en mousseline *gaudronnée* [2], surmonté d'une dentelle empesée ; manchettes renversées également empesées ; manches longues, d'une ampleur extraordinaire, et soutenues par une carcasse de baleine : il y danserait trois ou quatre

(1) C'est une exagération ridicule du charmant corset à pointe, que les dames commencèrent à porter sous François Ier. A chaque règne cette pointe allait s'allongeant, ce qui la rendait de moins en moins gracieuse : sous Henri III, le bon goût était tout-à-fait perdu: aussi les corsets n'étaient pas plus larges que des fuseaux.

(2) C'est-à-dire enduite d'un empois extrêmement épais et brillant, appelé alors *gaudron*.

manches *à gigot* modernes. Gibecière suspendue à la ceinture [1]. Chaîne d'or ou de bronze autour du col. En général, on ne sort pas de sa maison sans mettre sur son visage un demi-masque noir, rose ou bleu, et sur ses épaules une mante de soie.

A la ville, la coupe des habits et des robes est à peu près la même ; l'étoffe seule est différente : la serge de Florence, la filoselle et la bure remplacent le velours et le damas.

Les ligueurs portent presque tous un grand manteau de serge verte ou brune, le chapeau pointu et la petite botte de cuir jaune; plus, le chapelet autour du col et la croix blanche [2]. Ceux d'entre eux qui sont gens de robe ont le pourpoint et le haut-de-chausses noirs. Le Père Crucé, qui est du vieux temps, n'a pas adopté les manches bouffantes

(1) La gibecière sert à porter le bijou favori : certaines dames y mettent un petit épagneul gros comme le poing, d'autres un écureuil ou une petite perruche des Nouvelles-Indes. La reine Louise a presque toujours dans sa gibecière un livre d'Heures, et la duchesse de Montpensier un jeu de cartes.

(2) La croix des ligueurs, ou croix de Lorraine, était double ; ce qui donna lieu dans le temps à ce quatrain :

> Mais, dites-moi, que signifie
> Que les ligueurs ont double croix ?
> C'est qu'en la ligue on crucifie
> Jésus-Christ encore une fois.

et il porte le col de chemise rabattu en guise de fraise.

Le pourpoint et le haut-de-chausses du Roi sont de soie jaune-serin ; son manteau de velours marron brodé d'argent. Souliers de daim très pointus ; bas lie-de-vin ; petit toquet de velours noir [1] ; énorme fraise [2] ; enfin à sa ceinture, d'un côté,

(1) Quelques-uns prétendent que le Roi portait perruque, n'ayant pas un seul cheveu sur la tête. En ce cas, la duchesse de Montpensier n'était pas dans la confidence, elle qui disait : Il a déjà deux couronnes, mais je lui en taillerai une troisième, c'est-à-dire, je le tondrai, et ne lui laisserai pour chevelure que la couronne de moine. — Le buste d'Henri III, exécuté d'après nature, par Barthélemy Prieur, ne laisse pas voir trace de cheveux. Ce buste doit avoir été d'une ressemblance frappante : le caractère, les actions, les paroles de Henri III se lisent dans chaque trait. On trouvera ce buste au Musée, dans la galerie d'Angoulème, salle de Jean Goujon, à gauche de la porte qui mène à la salle de Francheville.

On peut consulter aussi le tableau de Clouet, intitulé *Bal de la cour de Henri III* : il est placé dans le vestibule du grand salon, à droite en entrant.

(2) Le Roi avait la manie des grandes fraises, et plus d'une fois ses fraises lui attirèrent des railleries. « Le mercredi 4 février 1579, dit l'Estoile, le Roi étant allé descendre aux Prés (c'est-à-dire à la foire des Prés-Saint-Germain), aperçut quelques écoliers qui se promenoient dans la foire avec de longues fraises de papier, en dérision de Sa Majesté et de ses mignons, toujours si bien fraisés et goudronnés, et crioient en pleine foire : *à la fraise on connoît le veau !* Sa Majesté fit emprisonner et fouetter comme il faut ces petits insolens. »

pend un petit sac à fermoir rempli de flacons et de hochets en or et en ivoire, de l'autre un grand chapelet de têtes de mort, chacune de la grosseur d'une noix.

Le Duc de Guise est vêtu plus cavalièrement : manteau de drap noir, pourpoint de damas blanc, bottines de buffle, grand chapeau pointu avec une plume verte.

Ses aides-de-camp ont à peu près le même costume : Brissac est le plus élégant; Saint-Paul est tout en drap.

La reine-mère porte une robe de soie noire très ample, et autour du col quatre ou cinq médaillons.

Ses *cameriere* pourraient être vêtues d'une manière plus modeste : leurs robes sont un peu trop décolletées; mais c'est une vieille habitude de la maison.

La reine Louise et ses dames d'honneur suivent la mode à la lettre (voir la description ci-dessus). La Reine est vêtue plus simplement que la plupart de ses dames, surtout que madame d'Uzès.

Quant à madame de Montpensier, dans la première scène, sa robe est de drap de soie gros-vert, bordé de petits filets d'argent. Elle a la taille moins serrée, les manches moins volumineuses et la robe moins bouffante qu'à l'ordinaire; elle s'est mise à l'aise pour être plus agile. Quand elle va souper

chez son frère elle a une robe de damas blanc à ra-
mages de couleur, avec des manches de drap de
soie blanc, brodées en perles roses et vertes : du
reste, rien d'extraordinaire, sinon beaucoup de
coquetterie. Toutefois, n'oublions pas qu'en général
elle porte ses robes extrêmement longues afin qu'on
ne voie pas qu'elle a une jambe plus courte que
l'autre.

LE RETOUR DE VINCENNES,

INTRODUCTION

AUX BARRICADES.

PERSONNAGES.

La duchesse DE MONTPENSIER.

CHARLES DE COSSÉ, comte DE BRISSAC.

Le sieur DE MAYNEVILLE.

aides-de-camp de M. de Guise.

Mᵉ BUSSY-LE-CLERC, procureur au Châtelet.

CRUCÉ, vieil avocat.

ROLAND, avocat.

BRIGARD, marchand.

ligueurs, membres du comité des Seize, dévoués à M. de Guise.

Le père EDMOND BOURGOIN, prieur du couvent des Jacobins.

Frère EUSTACHE, moine feuillantin.

Frère JACQUES CLÉMENT.

Frère IGNACE BOSSUT.

Frère NICOLAS LARUELLE.

Frère TESTU.

novices jacobins.

Mˡˡᵉ HENRIETTE, dame d'atour de la duchesse.

Mᵐᵉ DE BROSSE, vieille gouvernante.

SERVITEURS DE LA DUCHESSE.

Le Retour de Vincennes.

VENDREDI 6 MAI, 1O HEURES DU MATIN.

La scène est dans une maison nommée *Bel-Esbat*, appartenant au prieuré des Jacobins ; cette maison est située hors la porte Saint-Antoine, à main gauche.

Une grande salle au premier étage, éclairée par une large fenêtre qui a vue sur la route de Vincennes ; devant la fenêtre, une tapisserie à demi relevée. Dans le fond de la salle, quelques domestiques dressent une table, et la couvrent de fruits secs, de poissons et d'au·tres mets maigres.

(Madame de Montpensier, assise auprès de la fenêtre, tient à la main des cartes qu'elle étale sur une petite table. Elle joue à la *patience*, jeu qui est censé faire connaître l'avenir. Madame de Brosse est à la fenê're, les yeux tournés du côté de la ville. Mademoiselle Henriette surveille les domestiques.)

MADEMOISELLE HENRIETTE.

Allons, voilà qui est bien : descendez le reste à la cuisine ; nous avons là de quoi rassasier, s'il le fallait, un régiment de Lorraine.

(Les domestiques sortent. Mademoiselle Henriette s'approchant de la duchesse :)

Eh bien ! madame la duchesse, votre patience réussira-t-elle ?

LA DUCHESSE.

Elle est en bon chemin, ma chère. (elle tire successivement plusieurs cartes.) Bravo!.. à merveille!.. bravissimo!.. valet de cœur! roi de pique!.. m'y voilà : tout est dit, nous le tenons. Entends-tu bien, Henriette, nous le tenons. (elle se lève et va rajuster sa coiffure devant un miroir.) Henriette, ramasse-moi mes cartes, et serre-les dans ma gibecière.

MADAME DE BROSSE, vivement.

Madame, madame, voici venir un carrosse.

LA DUCHESSE.

Un carrosse ?

MADAME DE BROSSE.

Oui, madame, c'est le roi.

LA DUCHESSE.

Bon ; la patience n'est pas menteuse : mais fermez la fenêtre, madame de Brosse, fermez vite, et baissez la tapisserie; s'il allait nous voir ici, tout serait perdu. (elle bat des mains et saute en riant.) Oh! ma bonne de Brosse, che gioia! che gioia! comment vous ne sautez pas aussi? — Il faut pourtant que je le voie passer. (elle écarte légèrement un coin de la tapisserie; madame de Brosse en fait autant de l'autre côté.) Ah! c'est sa grosse voiture verte... un piqueur, un cocher, quatre laquais, pas davantage ; pas seulement la moitié d'un archer; quelle complaisance! en vérité, mesdames, nous sommes d'un bonheur...

(On entend passer la voiture.)

C'est du Halde, je crois, qui est sur le devant ; madame de Brosse, avez-vous vu qui était dans le fond ?

MADAME DE BROSSE.

M. d'Ornano, me semble.

LA DUCHESSE.

Beau couple de larrons ! *(elle relève peu à peu la tapisserie et ouvre la fenêtre avec précaution.)* Allons, trotte, bon frère capucin, trotte ferme, tes chers franciscains de Vincennes t'attendent pour te chanter leur sainte messe, et nous aussi nous t'attendons pour te donner tes vêpres. Le pauvre imbécille! il va, je suis sûre, baiser plus de cinquante reliques et se faire emplâtrer d'huile depuis la nuque jusqu'aux talons, mais tout cela ne lui fera pas deviner ce qu'on lui prépare à son retour. — Allons, ne perdons pas le temps ; il est précieux, car une messe est bientôt dite. — Si ces messieurs tiennent parole, ils vont être ici tout à l'heure. — Écoutez-moi donc, mesdames mes aides-de-camp : toi Henriette, descends, et fais transporter sur la route, là, vois-tu, à deux pas de la maison, toutes ces bourrées et tous ces vieux fagots entassés dans le hangard ; il faut en faire une petite muraille derrière laquelle nos gens pourront se tenir cachés ; tu comprends ? Vous, madame de Brosse, faites sortir de la cave le baril de poudre que monsieur de Brissac y a fait transporter dimanche passé ;

surtout prenez bien garde , n'allez pas nous faire sauter.

(Mademoiselle Henriette et madame de Brosse sortent. Entrent Brissac et Mayneville. La duchesse allant au devant d'eux :)

Soyez les bienvenus , messieurs, vous êtes les premiers au rendez-vous.

BRISSAC.

Les premiers, madame la duchesse? notre homme n'est donc pas passé ?

LA DUCHESSE.

Pardonnez-moi: à ce compte, vous n'êtes que les seconds : il est passé, mon cher Brissac.

BRISSAC.

A merveille ! et sa suite ?

LA DUCHESSE.

Modeste comme celle d'un vrai pélerin.

BRISSAC.

Comment, pas un de ses coupe-jarrets ?

LA DUCHESSE.

Pas un : je vous l'avais bien dit. Mais vous, qu'avez-vous amené ?

BRISSAC.

Trois lansquenets et six hallebardiers du régiment de Vaudemont , vieux routiers , bonnes lames.

LA DUCHESSE.

Nous en ferons notre corps de bataille, car pour nos moines, il n'y faut guère compter.

BRISSAC.

Pourquoi donc? ces petits jacobins font le coup de feu mieux que des reistres.

MAYNEVILLE, montrant la table servie.

Voilà d'ailleurs de quoi leur donner du cœur.

BRISSAC.

Peste! quelle prévoyance, madame la duchesse!

LA DUCHESSE.

Je pense à tout, mon cher comte : voyez donc par ici. (elle lui montre les bourrées que l'on entasse en dehors.) Voilà l'édifice qui s'élève. A propos, par où sont entrés vos soldats?

BRISSAC.

Par le guichet du jardin : ne craignez rien, personne ne les a vus.

LA DUCHESSE.

Très bien. En vérité, je ne me sens pas d'aise : avouez que j'ai eu là une admirable idée.

BRISSAC.

Une idée de fée, madame.

LA DUCHESSE.

Il y a si long-temps qu'il nous fait courir après lui! et le voilà qui dans une heure va venir se prendre lui-même à notre glu! Ce qui me ravit l'ame surtout, c'est de penser à l'étonnement de notre cher duc, quand il apprendra que sa grande affaire s'est terminée aussi lestement et sans lui : peut-être boudera-t-il un instant ; mais, croyez-moi, il ne tardera pas à se dérider, et comme il rira ! Je donnerais tout ce que je dois gagner à la prime cette semaine pour être à Soissons quand le pauvre diable y débarquera ; car vous savez que nous l'expédions à Soissons ?

BRISSAC.

Je sais seulement que nous allons le happer, mais vous ne m'avez pas dit...

LA DUCHESSE.

Je vous conterai tout cela quand nous serons tous réunis...

(La porte s'ouvre ; entre Bussy-le-Clerc.)

Voici déjà du renfort.

BUSSY.

Je vous baise les mains, madame la duchesse.

LA DUCHESSE.

Bonjour, maître Bussy. Seriez-vous seul ?

BUSSY.

Non pas, madame la duchesse ; le père Crucé, l'ami Roland et le petit Brigardin sont avec moi ; mais nous venons chacun de notre côté, il faut marcher à pas de loup ; je vous ai conduit aussi trois de mes clercs.

BRISSAC.

Vous n'amenez pas Lachapelle-Marteau ?

BUSSY.

Non, je ne lui en ai même pas parlé ; ce n'est

pas qu'il faille s'en défier, mais on n'aurait eu qu'à
le faire jaser chez monsieur l'ambassadeur: ces rusés
d'espagnols tirent de lui tout ce qu'ils veulent, surtout quand il a, comme à l'ordinaire, un peu trop
de vin dans la tête.

BRISSAC.

Et votre ami Poulain, le verrons-nous?

BUSSY.

Il devait venir avec moi, mais son prevôt l'a
fait appeler ce matin. Au reste, peu importe, c'est
un garçon discret [1].

BRISSAC.

J'espère bien que madame la duchesse n'aura
rien laissé soupçonner à ce gros hypocrite de
Villequier?

LA DUCHESSE.

Seigneur Dieu! je m'en serais bien gardée.

BRISSAC.

Ni même à ce grand niais de La Guiche?

LA DUCHESSE.

Personne, ni du Louvre, ni de l'ambassade, n'a
eu un mot de ma bouche depuis deux jours.

BRISSAC.

Et les armes, madame la duchesse?

---

(1) M° Bussi, tout procureur qu'il est, ne s'aperçoit pas que
son ami Poulain lui a fait un conte, et qu'en ce moment il est
probablement au Louvre, parlant à l'oreille de M. l'abbé d'Elbenne, ou de tel autre bon *politique*.

LA DUCHESSE.

Elles sont là dans cette armoire. Tout est prêt, soyez tranquille ; il faut seulement que nos gens arrivent.

BUSSY.

En voici toujours quelques-uns.

(Entrent Crucé, Roland et Brigard. Après avoir salué la duchesse, Brigard et Roland se mettent à causer avec Bussy ; la duchesse et Mayneville s'approchent de la fenêtre ; Brissac va au devant de Crucé en lui tendant la main.)

BRISSAC.

Eh bien ! père Crucé, êtes-vous en bonne disposition ?

CRUCÉ.

Par la mort-Dieu ! je n'irai pas de main morte. Pas de quartier, morbleu ! tant qu'il y en aura, je les tue.

BRISSAC.

Oh ! nous n'userons pas grand' poudre : ils ne sont pas beaucoup.

CRUCÉ.

Comment, pas beaucoup ? rien que dans ma rue, j'en connais plus de vingt nichées. Jésus-Maria ! nous avons encore de quoi faire un bon abatis, je vous en réponds. Savez-vous que voilà seize ans, au vingt-quatrième d'août prochain, qu'on ne les a travaillés un peu solidement ? Ils croissent comme mauvaise graine ; et puis il ne faut pas oublier tous ces chiens de politiques que Satan nous a envoyés depuis ce temps-là. Ils ne valent pas mieux que les autres, n'est-ce pas, monsieur de Brissac ?

BRISSAC.

Assurément, père Crucé, mais il ne s'agit pas d'eux pour le moment ; Bussy a dû vous dire ce que nous venions faire ici.

CRUCÉ.

Ah ! oui, une petite partie *d'affût;* mais ce n'est rien cela, dès ce soir il faut commencer la grande *battue.* Tête-Dieu ! ça ne sera jamais si beau qu'il y a seize ans ! comme nous les faisions pirouetter ! comme je vous les arquebusais ! Vous étiez trop jeune alors, monsieur de Brissac, c'est dommage, vous auriez eu du plaisir.

BRISSAC.

Certainement ; mais voyez-vous, père Crucé...

LA DUCHESSE, s'approchant de Brissac.

Nos abbés n'arrivent pas, mon cher comte, nous ne pouvons pourtant pas les attendre ; monsieur de Mayneville m'assure que le Valois compte retourner dîner à son Louvre, nous n'avons donc pas trop de temps devant nous. En deux mots, voici mon plan : vous arrêtez sa voiture, tout ce qui résiste est mort, cela va sans dire ; surtout vous prendrez garde que personne ne s'échappe ; un de vous saisit les rênes et le fouet du cocher, un autre prend la place du piqueur, vous faites faire volte-face à la voiture, et voilà mon ami le pénitent sur la route de Soissons. Vous trouverez des relais au Bourget, à Dammartin, et tout le long de la route : un peu de diligence, et vous arriverez ce soir avant le coucher du duc. Nous, pendant ce temps, nous faisons courir le bruit que les Huguenots viennent d'enlever le roi et qu'ils l'emmènent pour l'égorger ; la garde bourgeoise prendra les armes, les portes de la ville seront fermées ; nous nous assurerons du Louvre et de l'hôtel de la vieille reine, puis sur ces entrefaites, notre cher duc arrivera, et je m'en rapporte à lui pour terminer les affaires.

BRISSAC.

Admirable ! Mais ne craignez-vous pas les **qua-tre mille suisses** logés au faubourg Saint-Denis ?

LA DUCHESSE.

Laissez faire, nous viendrons à bout des suisses.

CRUCÉ.

Parbleu ! nous les tuerons comme tout le reste. Ah ! il fera chaud ce soir à la cité ! Jésus-Maria ! mon compère Lariolle, et mon voisin Brébœuf, vous aurez de mes nouvelles !

BUSSY.

Diable ! le père Crucé va vite en besogne : qui dirait qu'il vous a des cheveux blancs ?

CRUCÉ.

C'est que je suis du bon temps, moi. Vous êtes un charmant garçon, maître Bussy; mais il y a deux ou trois gouttes de sang politique dans vos veines : moi, c'est pur sang de ligueur. Morbleu, vive la Sainte-Union !

(Entre le prieur des jacobins.)

LE PRIEUR.

Oui, bien dit, vive la Sainte-Union !

LA DUCHESSE.

Dieu soit béni, mon père, vous voilà donc enfin! Et vos novices ?

LE PRIEUR.

Les voici, madame la Duchesse.

(Entrent frère Ignace Bossut , frère Nicolas Laruelle , frère Testu, frère Jacques Clément et frère Eustache.)

La course est bonne, et l'office était un peu long ce matin ; sans quoi, nous serions au poste depuis long-temps. Tout va-t-il à vos souhaits, madame la Duchesse ?

LA DUCHESSE.

Maintenant que vous voilà, rien ne nous manque, mon père. — Monsieur de Mayneville, veuillez vous mettre à la fenêtre, et regardez bien si vous ne voyez rien venir.

LE PRIEUR à la duchesse.

Je vous ai amené mon neveu Eustache que vous connaissez ; il est plein de zèle. A propos, voici ce novice dont je vous ai souvent parlé, frère Clément, celui dont mon oncle le grand vicaire m'a fait cadeau.

LA DUCHESSE.

Ah ! je me souviens. Lequel est-ce ?

LE PRIEUR.

Ce brun, maigre, à gauche ; charmant enfant ! nous en ferons quelque chose. Il a parfois des visions que vous auriez plaisir à lui entendre raconter.

LA DUCHESSE.

Des visions, vraiment ?

LE PRIEUR.

Oh ! c'est un saint enfant, et avec cela un vigoureux gaillard, vous allez le voir tout à l'heure manier le mousqueton.

LA DUCHESSE.

Vous me rappelez qu'il est temps... Messieurs, l'heure approche ; prenez vos armes, voici de quoi choisir.

(Elle ouvre une grande armoire remplie de mousquets, d'arquebuses et de hallebardes.)

CRUCÉ.

Vive Dieu ! quel arsenal ! il faudra faire descendre tout cela en ville, madame la Duchesse.

(Chacun s'empare d'un mousquet ou d'une arquebuse.)

LA DUCHESSE, aux novices.

Allons, mes frères, faites comme ces messieurs.

(Elle dépose sur la table un paquet de balles et un petit baril de poudre.)

Les munitions ne vous manqueront pas.

(Chacun charge son mousquet.)

CRUCÉ, prenant une poignée de balles.

Moi, j'en mets trois, c'est ma coutume, je m'en suis toujours trouvé bien : il y a plus de chances.

LA DUCHESSE, apportant une petite lampe allumée.

Messieurs, voici du feu pour allumer vos mèches.

JACQUES CLÉMENT, au prieur.

Bénissez-le, mon père.

LE PRIEUR.

Tu as raison, mon enfant.

(Il prononce quelques paroles à voix basse et fait le signe de la croix.)

LA DUCHESSE.

Maintenant, chacun à son poste, messieurs : qu'est-ce qui descend derrière les bourrées ?

CRUCÉ, ROLAND, FRÈRE EUSTACHE, LES NOVICES.

Moi! moi! moi! nous!

BRISSAC.

Un moment, je retiens la place pour mes lansquenets.

LA DUCHESSE.

Oh ! oui, les lansquenets d'abord, ensuite.....

FRÈRE EUSTACHE.

Ensuite les plus jeunes.

BRISSAC.

Eh bien ! soit, les plus jeunes.

LE PRIEUR, aux novices et à frère Eustache.

C'est vous que cela regarde, mes enfans : ah ! ça, visez juste, il faut me faire honneur.

BRISSAC.

Surtout pas de maladresse, mes jeunes amis. Convenons bien de nos faits : à qui viserez-vous ?

FRÈRE EUSTACHE.

Au Valois.

BRISSAC.

Comment, au Valois ? mais pas du tout.

JACQUES CLÉMENT et les autres novices.

Si, si : au Valois.

BRISSAC.

Mais non, morbleu !

LE PRIEUR.

Ils ont raison, ces enfans.

BRISSAC.

Madame la Duchesse, dites-leur donc...

CRUCÉ.

Eh oui, corbleu ! au Valois, ça vaut mieux, il faut en finir.

BRISSAC, vivement.

Vous allez tout perdre : si vous le tuez, tous les plans de monseigneur sont déjoués.

LE PRIEUR.

Il n'aurait qu'à s'échapper...

LA DUCHESSE.

Mais, mon père, ne vous ai-je pas dit que nous voulions l'envoyer à Soissons ?

JACQUES CLÉMENT.

Nous l'enverrons en terre, c'est plus sûr.

BRISSAC, à demi-voix.

Morbleu ! nous n'en viendrons jamais à bout ! quelles têtes de pierre ! (à la Duchesse.) Aussi, madame, qu'avions-nous besoin de toute cette moinerie ?

LA DUCHESSE.

Que voulez-vous ? c'est à eux la maison.

(Elle prend le prieur à part.)

BRISSAC, aux novices.

Mes amis, je vous parle très sérieusement : il suffit d'une seule égratignure sur la personne de ce chien de Valois pour compromettre le salut de la Sainte-Union.

BUSSY.

Une fois que nous le tenons, que craignez-vous ? Il faut faire durer le plaisir.

LE PRIEUR.

Allons : mes enfans , voilà qui me semble juste ; ce vilain Belzébut n'en doit pas être quitte à si bon marché. Ne le tuez pas à coups de mousquets , mes enfans.

BUSSY.

Eh bien , est-ce dit ? vous viserez aux laquais,

mes frères. (*bas à Brissac.*) Ne les laissons pas descendre, car ils n'ont pas l'air bien convaincus.

LA DUCHESSE.

Et qui montera à cheval ?

BUSSY.

Brigardin , je suis sûr.

BRIGARD.

Volontiers.

LA DUCHESSE.

Eh bien ! mon cher monsieur, allez mettre bottes et éperons, dépêchez-vous.

MAYNEVILLE, à la fenêtre.

J'aperçois de la poussière là-bas, derrière ces grands arbres.

LA DUCHESSE.

C'est la voiture ; attention : voici le moment.

MAYNEVILLE, toujours à la fenêtre.

Holà ! Brissac, voyez donc, comme elle est épaisse cette poussière , comme elle se prolonge au loin.

LE PRIEUR.

Qu'est-ce donc ?

BUSSY.

Peut-être un troupeau de bœufs qui reviennent de la foire de Saint-Maur.

BRISSAC.

Mais ne vois-je pas briller ?.....

LE PRIEUR.

Briller ? quoi ?

BRISSAC.

Des cuirasses, ce me semble.

LA DUCHESSE, vivement.

Des cuirasses?

(Tous s'approchent de la fenêtre.)

MAYNEVILLE.

Oui, des cuirasses.

BUSSY.

Voyons, voyons.

BRISSAC.

Ce sont des chevaux.

MAYNEVILLE.

Des hommes d'armes.

BRISSAC.

La compagnie de Crillon, sur ma parole !

MAYNEVILLE.

Oui, vraiment.

LE PRIEUR.

Miséricorde!

BRISSAC.

Ce chien de Crillon !

MAYNEVILLE

Par où aura-t-il passé?

BUSSY.

Qui a pu l'avertir ?

LA DUCHESSE.

Nous sommes découverts !

LE PRIEUR.

Comment, découverts ? mais...

CRUCÉ.

Trahison ! par la mort-Dieu ! trahison !

LA DUCHESSE, se promenant de long en large en frappant du pied.

J'étouffe de colère ! Il y a de la sorcellerie là-dedans ! Jamais, non jamais nous ne réussirons.

BRISSAC.

Ils approchent.

MAYNEVILLE.

Ils vont nous bloquer.

LE PRIEUR.

Nous bloquer ? nous pendre, nous griller peut-être..... Pater noster... Fermez les fenêtres, monsieur de Mayneville, ils vont vous voir... Pater noster qui es in cœlis... baissez la tapisserie, monsieur de Mayneville, baissez, vous dis-je, vous êtes d'une imprudence... qui es in cœlis...

MAYNEVILLE baisse la tapisserie, mais continue à regarder en l'écartant légèrement.

Voilà la première cornette, cent vingt hommes : ils se rangent devant les bourrées.

BUSSY.

Diable ! ils vont entrer.

CRUCÉ.

Entrer? non , morbleu! n'ayez pas peur, madame
la duchesse : barricadons cette porte.

FRERE EUSTACHE.

Oui , oui , barricadons.

LE PRIEUR.

Surtout pas de bruit.

(Il tombe à demi mort de peur dans un grand fauteuil.)

MAYNEVILLE,

Voici la voiture.

LA DUCHESSE.

Quelle rage ! il passera en se moquant de nous.

MAYNEVILLE.

Il s'arrête.

BUSSY.

Peste !

LE PRIEUR.

Chut, chut !

MAYNEVILLE.

Non , il passe... (On entend la voiture.) Il est passé.

LE PRIEUR.

Et les Crillons ?

MAYNEVILLE.

Les voilà qui partent.

LE PRIEUR.

Ouf !

MAYNEVILLE , relevant la tapisserie.

Ils sont partis.

LE PRIEUR, aux novices.

Mes enfans, partons aussi. Vite au couvent, plus de mousquets, s'il vous plaît.

LA DUCHESSE, appelant.

Madame de Brosse, madame de Brosse. (au prieur) Adieu, prieur, une autre fois nous serons plus heureux.

(Le prieur et les novices sortent, madame de Brosse entre.)

Ma chaise, mes porteurs, sur-le-champ ; il faut que je sois à mon hôtel avant une heure : Villequier n'aurait qu'à venir dîner, je veux qu'il me trouve. Ah! bon Dieu ! quel désappointement? Je vais donc rentrer dans ce Paris comme j'en suis sortie.

BRISSAC.

C'est encore un bonheur, madame, que nous puissions y rentrer.

BUSSY.

Reste à savoir si on nous y laissera tranquilles.

BRISSAC.

Certes, nous ne devons pas nous endormir. Il faut que monseigneur vienne se mettre à notre tête, ou tout est perdu.

CRUCÉ.

Envoyons-lui un exprès.

BUSSY.

Eh ! parbleu ! Brigardin.

LA DUCHESSE.

Ah ! mon cher monsieur Brigard, vous voilà tout

botté ; profitez de vos éperons, montez à cheval,
je vous en prie.

BRIGARD.

Sur-le-champ, madame la duchesse.

BRISSAC.

Dites-lui que nous ne pouvons plus nous passer de
lui ; qu'il vienne comme une bombe, surtout qu'il
vienne en forces; parlez-lui des quatre mille suisses.

LA DUCHESSE.

Mais ne lui parlez pas de notre mystification, il
se moquerait trop de nous. — Ah ! maudit Crillon ! — Voici ma chaise, adieu, messieurs.

BRISSAC.

Madame la duchesse, j'aurai l'honneur de vous
présenter mes devoirs cette après-dinée. (Elle sort.)
Ah ! ça, voyons, c'est aujourd'hui vendredi : — dimanche matin il peut être ici. — Vous entendez ,
Brigard, dimanche matin.

BRIGARD.

Ne m'accusez pas si vous ne le voyez point arriver, je n'aurai pas ménagé ma langue.

(Il sort. Crucé, Roland et Mayneville causent à voix basse auprès de la
fenêtre. Bussy s'approche de Brissac.)

BUSSY.

Eh bien ! monsieur le comte, qui, diable ! peut
nous avoir vendus ? Pour moi, je suis bien sûr de
n'en avoir pas dit une demi-parole à qui que ce soit,
si ce n'est à Poulain toutefois, mais j'en réponds
comme de moi-même.

BRISSAC.

Soit dit entre nous, notre duchesse a quelquefois la langue un peu légère; ilsuffit d'un mot...

BUSSY.

C'est vrai, très vrai, monsieur le comte : autant que possible, pas de généraux en jupons; ah ! morbleu ! c'est monsieur le duc qu'il nous faut, c'est un homme, celui-là !

BRISSAC,

J'étais sûr que sans lui nous ne viendrions à bout de rien.

BUSSY.

J'ai pourtant peur d'une chose, c'est qu'il ne trouve pas les cartes encore assez brouillées pour agir; il aime trop à tout prévoir.

BRISSAC.

Qui? le duc? vous ne le connaissez pas, mon cher, vous ne l'avez pas suivi comme moi dans trente combats. Allez, je vous promets qu'il a bientôt pris son parti. Qu'il mette seulement un pied dans la ville, il ne tardera pas à avoir l'autre dans le Louvre; il nous fera plutôt donner l'assaut, s'il le faut.

BUSSY.

Dieu vous entende, morbleu ! — Mais allons voir l'ami Brigard, il faut lui verser le coup de l'étrier.

(Ils sortent. Crucé, Roland et Mayneville sortent aussi.)

FIN DU RETOUR DE VINCENNES.

LES BARRICADES.

MAI 1588.

PERSONNAGES.

HENRI III, roi de France.

CATHERINE DE MÉDICIS, sa mère.

Louise DE VAUDEMONT, sa femme.

L'abbé D'ELBENNE.

Le sieur DE VILLEROI.

René DE VILLEQUIER, gouverneur de Paris.

POMPONNE DE BELLIÈVRE.

secrétaires-d'état.

HURAUT DE CHIVERNY, chancelier.

D'O, sur-intendant des finances.

Le maréchal DE BIRON.

LA GUICHE, grand-maître de l'artillerie

Alphonse D'ORNANO, colonel des Gardes.

CRILLON, capitaine des Gardes.

DU HALDE, écuyer du roi.

MIRON, médecin du Roi.

Achille DE HARLAY, premier président.

Barnabé BRISSON, président au Parlement.

Sa mère, luthérienne zélée.

Sa femme.

PITHOU, avocat au Parlement, capitaine d'une compagnie bourgeoise.

Nicole PITHOU, son frère, calviniste.

DAVILA (Luigi), écuyer de la reine-mère, frère de l'historien.

GUGLIELMO, nain et bouffon de la reine-mère.

BIANCA
CAMILLA } *cameriere* de la reine-mère.

Mme D'UZÈS, dame d'honneur de la reine Louise.

GEORGET, fauconnier du Roi, gardien de la ménagerie du Louvre.

———

M. HENRI DE GUISE.

La duchesse DE MONTPENSIER, sa sœur.

D'ESPIGNAC, archevêque de Lyon.

BERNARDIN DE MENDOZA, ambassadeur d'Espagne.

CHARLES DE COSSÉ, comte DE BRISSAC.

Le sieur de MAYNEVILLE.

Le capitaine SAINT-PAUL. } aides-de-camp de M. de Guise.

URBAIN DE LAVAL-BOIS-DAUPHIN.

CHAMOIS.

BUSSY-LECLERC, procureur au Châtelet, ancien maître d'escrime.

LA CHAPELLE-MARTEAU, maître aux comptes.

CRUCÉ, vieil avocat. } ligueurs, membres principaux du comité des Seize.

NICOLAS POULAIN, lieutenant de la prevôté, faux ligueur.

ROLAND, avocat.

COMPAN, marchand.

BRIGARD, marchand.

HOTTMAN, receveur de l'archevêché.

COMTE, échevin, gardien de la porte Saint-Martin, ligueur à demi politique.

ligueurs, membres principaux du comité des Seize.

SANCHEZ, vieil Espagnol, cabaretier, agent de l'ambassadeur d'Espagne.

LINCESTRE, curé de Saint-Gervais.

Frère EUSTACHE, moine feuillantin.

JACQUES CLÉMENT.

Frère TESTU.

novices jacobins.

RONDOLETTO, *maestro di capella* de la duchesse de Montpensier.

DELARUE, concierge du cimetière des Saints-Innocens.

PERRIN, facteur de la halle aux draps.

RIOLLE, capitaine de la compagnie de la place Saint-Michel.

UN CABARETIER.

LOUISE, sa fille.

Le père GUILLAUME, huissier du palais.

MOINES.

ÉCOLIERS.

MARINIERS.

BOUCHERS.

BOURGEOIS.

FEMMES DES HALLES.

OFFICIERS ET SOLDATS SUISSES.

LES BARRICADES.

Scène i.

DIMANCHE 8 MAI, 8 HEURES DU SOIR.

Le cabaret de Sanchez, au coin de la rue de la Mortellerie, vis-
à-vis Saint-Gervais, à l'enseigne du *Grand Saint-Laurent.*
La scène est dans l'arrière-boutique.
Sanchez est occupé à allumer une lampe accrochée à la muraille. Au milieu de la chambre une table et quelques chaises.

(Entre La Chapelle-Marteau.)

SANCHEZ, son bonnet à la main.

Salut, monsieur Marteau.

MARTEAU.

Bonsoir, vieil ours blanc ; dépêche-toi de fermer
ta boutique.

SANCHEZ.

Mais, monsieur Marteau, ces messieurs ne sont pas prêts d'arriver. M. le procureur Bussy est passé tantôt et m'a dit que ce serait pour huit heures.

MARTEAU.

Eh bien! il est huit heures.

SANCHEZ.

Pardon, monsieurMarteau, voyez donc, il fait encore jour.

MARTEAU.

N'importe, ferme ta boutique, te dis-je.

SANCHEZ.

Mais monsieur Marteau, j'ai là trois lansquenets qui boiront bien encore chacun leur cruchon de vin; on ne peut pourtant pas mettre ses pratiques à la porte.

MARTEAU.

Eh bien! morbleu! verse-moi donc au moins un petit coup. Ne vois-tu pas que j'ai le gosier sec comme un four?

(Il s'assied devant la table.)

SANCHEZ, ouvrant son buffet.

Oh! quant à cela, très volontiers. (il remplit un grand gobelet.) C'est du petit chypre.

MARTEAU.

Pas mauvais.—Ils n'ont pas d'uniformes, tes lans-quenets?

SANCHEZ.

Tudieu ! je le crois bien, c'est de la contrebande arrivée de Nancy.

MARTEAU.

Ah ! ah !

SANCHEZ.

Bons enfans, ma foi. Ils m'ont chanté une belle chanson composée par un père de Jésus de leur pays ; ça vaut de l'or.

MARTEAU, après avoir bu un second verre de vin.

As-tu fait ta ronde ce matin ?

SANCHEZ.

Oui, monsieur Marteau, j'ai vu nos gens de la rue Saint-Antoine et de la Grève.

MARTEAU.

Eh bien ! qu'est-ce qu'on dit ?

SANCHEZ.

Il y en a qui se plaignent que ça n'avance pas. Ils prétendent qu'on n'y va pas de franc jeu.

MARTEAU.

Ils ne sont pas trop bêtes. — Où est ton registre ?

SANCHEZ.

Le voilà, monsieur Marteau.

MARTEAU, parcourant le registre.

Peste ! tu n'as reçu que vingt pistoles, cette semaine ?

SANCHEZ.

Que voulez-vous? monsieur l'ambassadeur tient les cordons serrés.

MARTEAU.

Oh ! je m'en doutais bien : généreux quand on n'en a que faire. — Mais, vieux bélître, pourquoi donner trente carolus à ces deux petits marchands de chapelet de la place Maubert? tu sais bien qu'on les paye ailleurs. — Qu'est-ce que ce Boutard, marchand tanneur? tu es donc fou d'user ainsi notre poudre aux moineaux? et rien aux garçons du port, rien aux forains des Prés. — Maudite bête, si tu ne fais pas mieux notre affaire, on te retirera ta commission. — Voyons, que te reste-t-il maintenant?

SANCHEZ.

Oh! presque rien : sept ou huit méchans doublons rognés.

MARTEAU.

Donne-les-moi.

SANCHEZ.

Comment , monsieur Marteau ?

MARTEAU.

Donne-les-moi, te dis-je ; j'en ai besoin.

SANCHEZ.

Il faut donc vous enregistrer.

MARTEAU.

Eh! non, vieux buson, tu me les prêtes. Ce n'est

même pas tout : rappelle-toi que demain il m'en faut encore une douzaine.

SANCHEZ.

Soit ; on vous les aura. Monsieur Marteau va sans doute faire encore un petit tour à Soissons ?

MARTEAU.

Plus loin, mon garçon.

SANCHEZ.

A Nancy, peut-être ?

MARTEAU.

Si je prends une fois ma course, ce n'est pas en France que je m'arrêterai.

SANCHEZ.

Peste ! est-ce qu'il ne ferait pas bon à rester ici ?

MARTEAU.

Pas trop.

SANCHEZ.

Ces chiens de huguenots vont donc nous faire la loi ?

MARTEAU.

Il s'agit bien des huguenots !

SANCHEZ.

Et de quoi s'agit-il, monsieur Marteau ?

MARTEAU.

Il s'agit d'être pendu.

SANCHEZ.

Ouais ! j'ai bien envie de vous suivre.

MARTEAU.

Eh bien ! fais tes paquets. Il n'y a pas loin d'ici aux Pays-Bas.

SANCHEZ.

Mais si, pour éviter la corde, j'allais me faire rôtir? Vous vous rappelez bien mon affaire avec la sainte Inquisition pour cette petite juive?...

MARTEAU.

Fais ce que tu voudras, que m'importe !

SANCHEZ.

Et puis, c'est que je vas me marier.

MARTEAU.

Vieux fou, est-ce qu'on se marie de ce temps-ci ?

SANCHEZ.

Vous voulez donc qu'on se passe de femme?

MARTEAU.

Eh ! non, fais comme moi, je ne suis pas marié.

SANCHEZ.

Dame ! c'est qu'à mon âge ce n'est plus si facile. — Et depuis ma petite juive j'ai toujours peur...

MARTEAU.

Allons, tais-toi, voici venir Compan; ferme ta boutique et va te coucher, nous n'avons plus que faire de toi.

COMPAN, entrant avec précaution.

Ah ! ah ! maître Marteau est à son poste.

MARTEAU.

Oui; bonsoir, Compan. Où sont les autres?

COMPAN.

J'ai laissé Hottman et Roland sous le porche de
Saint-Gervais : peuvent-ils venir ?

MARTEAU.

Eh ! sans doute, vous voyez bien qu'il n'y a
personne.

(Compan sort ; Marteau élevant la voix.)

Holà ! Sanchez, donne-moi tes clés, nous fermerons la boutique.

SANCHEZ.

Les voici, monsieur Marteau. Si vous quittez la
ville, vous me le direz, n'est-ce pas ?

MARTEAU.

En attendant, va te coucher.

(Entre Hottman, Compan, Roland.)

ROLAND.

Salut, maître Marteau , est-ce que Bussy n'est
pas encore arrivé ?

MARTEAU.

Non.

ROLAND.

C'est pourtant lui qui nous a donné le rendez-
vous. Que veut-il nous dire ?

MARTEAU.

Sans doute quelque nouvelle promesse de son
Guizard. Morbleu ! je commence à en être las.

HOTTMAN.

Depuis le temps que nous l'attendons !...

3.

MARTEAU.

Métier de dupes que de s'en fier à ces grands messieurs. Asseyez-vous donc, mes amis. — Rien de nouveau, ce soir?

ROLAND.

Rien de bon; nous avons peut-être rencontré six patrouilles depuis le Marché Neuf jusqu'ici. A tout moment il fallait nous séparer.

MARTEAU.

Les coquins sont sur leurs gardes.

COMPAN.

On parle de visites dans nos maisons, pour en faire déloger tout ce qui nous est venu de Soissons et de Nancy.

MARTEAU.

Allons, s'ils y vont ce train-là, nous n'en avons pas pour long-temps.

HOTTMAN.

Plus de fêtes, plus de débauches au Louvre, plus de processions, ce n'est pas bon signe; il se trame quelque chose.

MARTEAU.

Et le voyage du d'Épernon, morbleu! — qui sait où il est allé? — Ne frappe-t-on pas?... c'est Bussy, peut-être.

(Entre Crucé.)

COMPAN.

Non, c'est le père Crucé.

MARTEAU.

Bonsoir, voisin.

CRUCÉ.

Salut, les amis, salut. Eh bien ! êtes-vous aussi avancés que moi, par ici ? où en est votre artillerie ? morbleu ! chez moi il n'y a plus qu'à allumer les mèches. Voilà deux heures que je suis à frotter ma grande arquebuse, elle était rouillée comme chaîne à puits ; ce qui est tout simple, il y a si long temps qu'elle se repose !

MARTEAU.

Et que diable en voulez-vous faire ?

CRUCÉ.

Ce que j'en veux faire ? par Saint-Georges, mon patron, est-il permis de demander à un vieux catholique comme moi, ce qu'il veut faire de son arquebuse ? vous croyez donc que tous les huguenots et tous les politiques sont morts cette nuit de mort subite ?

MARTEAU.

Ma foi, père Crucé, je vous conseille de chercher un autre gibier, car j'aurais peur pour le chasseur.

CRUCÉ.

Jour de Dieu ! vous avez le courage bien bas, camarade ; est-ce que vous ne sauriez pas la nouvelle ?

MARTEAU.

Quelle nouvelle ?

CRUCÉ.

Le duc est parti de Soissons.

MARTEAU.

Eh bien ! après ?

CRUCÉ.

Comment, après ? il vient ici.

MARTEAU.

C'est ce qu'il faudra voir.

CRUCÉ.

Parbleu, oui, vous le verrez.

MARTEAU.

Et de qui la tenez-vous, cette belle nouvelle?

CRUCÉ.

De Bussy.

MARTEAU.

Peste ! il doit la savoir, voilà un an qu'il me
la répète tous les matins.

CRUCÉ.

C'est l'archevêque de Lyon qui en a donné avis
à la Duchesse.

MARTEAU.

Vraiment ? eh bien ! on m'a donné avis à moi,
que M. de Bellièvre est parti du Louvre, depuis
trois jours, pour défendre à notre cher Duc de
sortir de Soissons.

CRUCÉ.

Le Duc se sera moqué de lui.

MARTEAU.

Oui dà ! vous connaissez bien le pélerin.

CRUCÉ.

Ventrebleu ! vous ne voulez rien croire ! Lincestre a bien raison de dire que la foi vous manque, maître Marteau.

MARTEAU.

Par la Sainte-Croix ! je suis meilleur catholique que vous et lui ; je tiens à notre sainte Église comme à ma peau, mais je ne me crois pas obligé de prendre pour argent comptant les sornettes de votre ami Bussy.

CRUCÉ.

Jésus Maria ! ce ne sont pas des sornettes ; Brigard lui-même a apporté la dépêche.

MARTEAU.

Ce pauvre Brigard ! En effet, sa femme m'a dit que la Duchesse l'avait expédié..... Il est bien bon, ma foi, de faire ainsi le métier de postillon.

CRUCÉ, élevant la voix.

Dieu me damne ! Vous parlez comme un politique, monsieur Marteau.

MARTEAU.

Dites donc comme un huguenot, qu'est-ce que cela vous coûte ?

CRUCÉ.

Si vous êtes politique, dites-le, morbleu! on vous fera votre compte comme aux autres.

MARTEAU.

Ah ça ! ne m'échauffez pas la bile.

CRUCÉ.

Pourquoi pas ? vous avez besoin qu'on vous réveille.

MARTEAU.

Par tous les diables ! êtes-vous fou, père Crucé?..

COMPAN.

Allons, la paix, mes amis, la paix.

(Entrent Bussy et Nicolas Poulain.)

CRUCÉ, à Bussy.

Venez donc, camarade, voilà votre ami Marteau qui me traite de fou, parce que je lui dis que monsieur le Duc a quitté Soissons, et qu'il s'en vient à Paris.

BUSSY.

Laissez-le dire, père Crucé ; il faudra bien qu'il en croie ses yeux.

MARTEAU.

Soit : je crois un peu ce qu'on me fait voir, mais pas du tout ce qu'on me dit.

BUSSY.

Je m'imagine pourtant que Brigard et l'aide-de-camp qui vient d'arriver avec lui de Soissons,

commenceront à vous persuader : dans cinq minutes ils seront ici.

MARTEAU.

Tant mieux; mais après tout, quand il viendrait,
votre Duc, serait-ce donc pour nous le Messie?
en serions-nous bien avancés'!

BUSSY,

Et que diable ! vous faudrait-il de plus ?

MARTEAU.

Ce qu'il me faudrait ? quelques milliers de bons
soldats armés jusqu'aux dents, pour tenir tête à ces
quatre mille satans en habits rouges qui encombrent le faubourg Saint-Denis ; ensuite, quelques
fauconneaux de moins à la Bastille ; et au Louvre
des hallebardiers qui eussent les yeux moins ouverts et les hallebardes moins longues.

BUSSY.

Tu-Dieu ! vous voilà bien en peine : trois ou
quatre mille de ces manans de suisses, qu'on paie
à vingt deniers par jour; huit ou neuf cents hallebardiers, par là-dessus; plus, les trois cents archers
écossais, les trois cents chevaux de Crillon, et
les quarante-cinq coupe-jarrets du d'Épernon, ne
voilà-t-il pas, je vous le demande, une armée bien
formidable ?

MARTEAU.

Ma foi ! j'en connais de moins nombreuses

BUSSY.

Si je sais compter, ils ne sont pas six mille en
tout.

MARTEAU.

Soit !

CRUCÉ, frappant la table de son poing.

Eh bien ! morbleu ! monsieur le Duc en vaut
déjà dix mille, à lui tout seul.

MARTEAU.

Pourquoi pas cent mille, père Crucé ?

BUSSY.

Ne le comptons ni pour un, ni pour mille;
vous n'en conviendrez pas moins que nous sommes vingt contre un. D'abord, à Saint-Ouen, à
Lagny, au Bourget, n'avons-nous pas trois compagnies de cavaliers arrivés cette semaine de
Soissons; plus, le Duc d'Aumale, caché à la Villette avec trois cents lansquenets ? ici dans la
ville, quatre ou cinq cents gentilshommes lorrains
et espagnols, que nous logeons en cachette chacun chez nous; la garde bourgeoise, qui dans
tous les quartiers nous est assurée ; les écoliers de
la Sorbonne et de l'Université, les mariniers du
port, les clercs du Palais, nos femmes elles-mêmes,
grace aux pavés que nous gardons entassés dans
nos greniers; enfin, les sermons, et au besoin,
les bras de tous nos prêtres. Eh bien ! n'est-ce

pas assez ? de quoi, diable, voulez-vous que nous ayons peur ?

MARTEAU.

Un instant, confrère ; vous oubliez ce damné de d'Épernon, qui nous prépare quelque tour de son métier. Nous le croyons en Normandie, et pas du tout, il court la Flandre pour ramasser les garnisons, et...

BUSSY, l'interrompant.

Chansons, chansons, mes amis. D'Épernon, je viens de l'apprendre à l'instant même, est bel et bien en Normandie, ne songeant guère à nous jouer des tours. Le cher mignon a échoué devant le Havre de Grace. Il a eu beau se donner pour gouverneur de la province au nom du Roi, on lui a fermé les portes au nez ; et maintenant il est à Rouen, où les nôtres vont lui donner quelque nouvel os à ronger. Ainsi ne me parlez plus du d'Épernon, ni de toutes ces chimères...

MARTEAU.

Pas si vite, maître Bussy, pas tant de légèreté, s'il vous plaît ; je vous abandonne le d'Épernon, mais morbleu ! voici qui est plus sérieux. Expliquez-nous, de grace, comment il se fait que depuis un an nous ne formions pas un projet, que nos coquins du Louvre n'en soient avertis en même temps que nous. Savez-vous que nous en sommes

pour le moins à notre dixième embuscade manquée, à commencer par notre grande déconfiture
de l'an passé avec monsieur de Mayenne, et à finir
par votre échauffourée d'avant-hier à la porte Saint-
Antoine ; car vous avez beau faire le mystérieux,
on connaît vos exploits, confrère.

BUSSY.

Mais vous savez bien, mon cher...

MARTEAU.

Ce que je sais, c'est qu'il y a de l'écho parmi
nous, et que le diable a mis à nos trousses quelqu'un de ses démons, à langue de pie, pour nous
leurrer et nous vendre à beaux deniers. Mille tonnerres ! tant que nous ne serons pas délivrés de
cette lèpre, vous m'amèneriez cinquante ducs et
autant de duchesses, avec tous les fantassins du roi
Philippe, que je n'en dirais pas moins : Marteau,
gare à ton cou.

BUSSY.

Et vous n'auriez pas tort, confrère ; mais à force
de chercher on trouve : le plus fin renard rencontre
plus fin que lui. Ou je ne m'appelle plus Bussy,
mes amis, ou notre infâme traître est dépisté.

MARTEAU, ROLAND, COMPAN.

En vérité !

BUSSY.

Demandez à Poulain : c'est lui qui a le premier
éventé le terrier.

MARTEAU.

Son nom ?

BUSSY.

Son nom ? parbleu ! c'est Comte, l'échevin, le
gardien de la porte Saint-Martin.

ROLAND.

Eh bien ! j'en avais quelque idée.

MARTEAU.

Moi aussi, Tête-Dieu : l'œil toujours à terre, la
voix mielleuse, le poil roux, c'est un vrai portrait
de Judas.

COMPAN.

On m'a dit qu'il avait été huguenot.

CRUCÉ.

En effet, je ne le vois qu'au sermon et jamais à
la messe.

BUSSY.

Pour nous, ce qui nous a donné l'éveil, c'est que
depuis huit jours que je le tourmente pour avoir
ses clefs, il ne fait que me balbutier quelque méchant prétexte ; mais ce manége doit finir, et demain, sans plus tarder, mon homme sera démasqué.

CRUCÉ.

Demain ! bon. C'est lui qui ouvrira la danse ;
pendu par les pieds, morbleu, comme feu Mathieu
Denisart, il y a seize ans. Je m'en charge, moi.

BUSSY , à Marteau.

Eh bien ! confrère, vous voilà tranquille ; plus

d'ivraie dans notre bon grain. Tandis qu'au Louvre tout reste en même état ; Villequier, la Guiche
et tant d'autres sont toujours là pour nous servir.

MARTEAU.

Allons, allons, voilà qui raccommode les affaires.

CRUCÉ.

Ha ! quel plaisir de se ruer à cœur-joie sur toute
cette race d'enfer !

MARTEAU, à Bussy.

Mais êtes-vous sûr au moins que monsieur le Duc
arrive ?

BUSSY.

Écoutez, j'entends frapper : trois coups. Ce sont
eux : je vais ouvrir.

(Il sort.)

ROLAND, à Poulain.

Ainsi donc notre ami Comte...

CRUCÉ.

La maudite vipère ! Faut-il que je sois son cousin ! Mais quand il serait mon grand-père, Jésus
Maria ! s'il a le malheur de me montrer sa face,
je vous l'assomme de ma main.

MARTEAU.

Je me charge de vous aider, camarade. Ce sera
de bon cœur, car je me sens tout à l'aise de savoir
le gaillard découvert. Morbleu ! que Bussy a fait
un bon coup !

BUSSY , à demi-voix ; il est encore dans le cabaret.

Par ici, suivez-moi.

(Entrent Bussy, Saint-Paul, Brigard. Bussy, à Saint-Paul :)

Pardon de tout ce mystère, capitaine ; mais il y a dans notre ville tant d'yeux ouverts, même à cette heure, que nous tâchons au moins de ne pas éveiller ceux qui dorment.

(Saint Paul lui répond par un geste et reste au fond de la salle debout avec Bussy, qui lui parle à voix basse. Brigard s'avance auprès de la table, et donne la main à ses amis, particulièrement à Roland et à Poulain.)

ROLAND.

Enfin le voilà donc, ce petit Brigardin. Vous arrivez à une belle heure, camarade.

BRIGARD.

Dame ! ce n'est pas faute d'avoir éventré nos chevaux , mais les portes étaient déjà fermées.

POULAIN.

Et les nouvelles sont-elles bonnes au moins ?

BRIGARD.

Admirables.

MARTEAU.

Quel est, s'il vous plaît, ce grand diable à mous-taches blondes ?

BRIGARD.

Le capitaine Saint-Paul.

MARTEAU.

Comment, ce petit Saint-Paul de Nancy ? a-t-il grandi ! quel compère !

BRIGARD.

Tel que vous le voyez, il est le bras droit de monsieur le Duc. C'est lui qui va vous conter nos affaires.

MARTEAU.

Allons, soit, qu'il se dépêche.

BUSSY, s'approchant.

L'heure s'avance, nous sommes à vos ordres, monsieur Saint-Paul. Asseyons-nous, mes amis, et écoutons.

SAINT-PAUL, levant son chapeau.

Messieurs, j'ai bien l'honneur... ah ! ventre-bleu ! maître Bussy, aidez-moi donc, vous nous conterez tout cela bien mieux que moi.

BUSSY.

Non, parlez, capitaine, parlez ; il n'y a pas besoin de phrases.

SAINT-PAUL.

Allons, j'aurai bientôt dit. Le duc vous fait savoir, messieurs, qu'il compte entrer demain en votre ville au coup de midi environ. Voilà qui est convenu, n'est-ce pas ? il couche ce soir au Bourget ; j'ai moi-même fait mettre tantôt les draps à son lit : ainsi voilà qui est encore convenu. Une fois à Paris, il vous exposera mieux que moi ses

projets, car il a des projets, j'en réponds. Il ne
faut pas croire, voyez-vous, que monseigneur
soit un freluquet, et qu'il s'en vienne ici pour rester les bras croisés et pour faire la courbette dans
la galerie du Louvre. Laissez-le venir, et vous
verrez un beau tapage; foi de Lorrain, je vous le
promets. Ah! ça, n'oublions rien : demain au coup de
midi, il entrera, et il faut que vous sachiez qu'il
laissera son escorte à la Villette et fera son entrée
presque seul; or, il vous prie de préparer vos
armes en cas de besoin, vous comprenez bien,
n'est-ce pas ? Ensuite si vous pouviez lui tapisser
son passage d'une bonne bordure de bourgeois,
vous lui feriez plaisir. Il voudrait que ce fût
comme une espèce de fête, vous comprenez bien?
Je suis sûr qu'il vous suffirait de votre crédit pour
lui former un cortége long de deux lieues ; mais
comme un peu d'aide ne nuit jamais, voici cinq
mille écus en or qui pourront servir à persuader
les plus récalcitrans.

MARTEAU.

Excellente idée! voilà qui est fort bien de la
part de monseigneur.

BUSSY, à Saint-Paul.

C'est à monsieur (montrant Marteau.) qu'il faut donner cet argent, capitaine; il est notre caissier.
(bas à Marteau.) Eh bien ! confrère, avais-je raison ?

4

MARTEAU, bas à Bussy.

Certainement, voilà qui me semble très loyal.

SAINT-PAUL.

Ce que vous aurez de reste pourra servir à vous procurer des armes.

BUSSY.

Poulain, c'est vous que cela regarde. En sa qualité de prévôt, il peut faire ces sortes d'achats sans éveiller le soupçon.

SAINT-PAUL.

Eh bien ! vous n'aurez qu'à les faire porter à l'hôtel de Guise, j'y serai demain tout le jour pour les recevoir. Ah! ça, n'oublions rien: vous avez bien eu soin, n'est-ce pas, de faire provision de ces gros tonneaux pleins de terre et de fumier, et de ces grosses chaînes propres à barricader les rues? car, voyez-vous, on n'a pas abandonné le plan de l'année passée ; mais là-dessus je m'en rapporte à vous. Ma foi, messieurs, me voilà au bout de mon rouleau ; voyons que je cherche… non, c'est tout. Il ne me reste plus qu'à vous donner de la part de monseigneur sa parole de duc qu'il a envie autant que vous de mettre à la porte tous ces maudits porcs d'hérétiques, et qu'il ne sera pas le dernier à tirer la dague et à leur en larder les épaules.

TOUS.

Vive Dieu ! et monseigneur de Guise !

CRUCÉ.

Jésus-Maria! voilà les belles journées de la Sainte-Union qui vont commencer! j'en étais sûr.

BUSSY, à Marteau.

Ainsi, plus de rancune contre monseigneur!

MARTEAU.

S'il était là, je lui sauterais au cou. Eh! mais, morbleu! allons nous gagner nos lits sans avoir vidé un verre à sa santé? Voyons si le père Sanchez n'a pas par-là quelque fond de bouteille, seulement pour que nous ne trinquions pas avec des gobelets vides.

(Il ouvre le buffet.)

BUSSY.

Parbleu! il a raison : quand vous parlez de cette sorte, je suis docile, confrère. (Marteau verse le vin, Bussy prend son gobelet, se lève, et dit:) A la santé de monseigneur de...

CRUCÉ, l'interrompant.

Un instant, les hommes ne passent pas les premiers. Moi, je bois d'abord à notre sainte Église catholique, à l'extermination de ses ennemis, et au triomphe de notre Sainte-Union.

TOUS.

Amen.

(Ils trinquent, font le signe de la croix, et avalent leur verre de vin.)

MARTEAU.

Maintenant à monseigneur Henri de Guise,

digne fils de son père, comme lui pilier de l'Église, franc ligueur et franc gentilhomme.

TOUS.

Amen.

(Ils trinquent et boivent.)

BUSSY.

A la santé du capitaine Saint-Paul.

TOUS.

Amen.

(Ils trinquent et boivent.)

MARTEAU.

Or çà, mes amis, décampons maintenant.

HOTTMAN.

Et en diligence, s'il vous plaît : la porte Saint-Honoré est à plus de deux pas d'ici.

(Chacun décroche son chapeau et s'enveloppe de son manteau de serge.)

CRUCÉ, COMPAN et POULAIN, à Saint-Paul.

Adieu, capitaine.

BUSSY.

N'oubliez pas... demain, dans le faubourg Saint-Denis, à midi. (*Ils sortent.*) Surtout point de bruit, messieurs, vous savez que tout le monde dort.

MARTEAU.

Adieu, Bussy ; à demain, au Palais. (*à Saint-Paul en lui offrant la main.*) Capitaine, permettez-vous ?.. (*à Roland, Brigard et Hottman.*) Vous venez de mon côté, vous autres ; quant à vous, monsieur Saint-Paul...

BUSSY.

Le capitaine s'en vient coucher chez moi.

MARTEAU.

Adieu donc, capitaine.

ROLAND, BRIGARD et HOTTMAN.

Allons, partons; adieu, Bussy.

BUSSY.

Bonne nuit et bon espoir. (Ils sortent. A Saint-Paul.) Ah! ça, mon cher hôte, ce flacon n'est pas vide, et, si vous m'en croyez, nous le soulagerons de ce qui lui reste dans le ventre.

(Ils s'asseyent.)

SAINT-PAUL.

Tête-Dieu! déjà trois rasades ont passé par là!

BUSSY.

Eucore celle-ci pour leur tenir compagnie.

(Ils boivent.)

SAINT-PAUL.

C'est de la poudre à canon que votre vin : voilà l'incendie qui me monte au cerveau; par bonheur, je n'ai pas à recommencer le métier d'ambassadeur. Je ne m'en suis pourtant pas mal tiré, avouez. Jusqu'à cette heure je ne me connaissais que tout juste assez d'éloquence pour crier, En avant, marche! à mes archers. Mais je vois que je ne suis pas sans ma petite dose de faconde, et que j'aurais bien pu tout comme vous, maître Bussy, quitter la dague pour la basoche.

BUSSY.

Pourquoi pas? vous parlez comme un livre.

SAINT-PAUL.

Dieu m'en garde, morbleu! il y a plus de volupté à donner le plus mince coup de sabre qu'à prononcer cinquante harangues, fussent-elles toutes aussi belles que la mienne. Mais tranchons là-dessus, et dites-moi, je vous prie, ce que signifie ce colifichet que vous avez là pendu au col en manière de collier? (Il lui montre le chapelet que les ligueurs portaient au cou.) est-ce tout de bon par hasard que vous vous êtes fait capucin? vous n'en teniez guère pourtant quand vous étiez notre prévôt d'armes; heim! qu'en dites-vous, maître Bussy?

BUSSY.

Ma foi, vous avez peut-être raison, capitaine; mais en conscience, à force d'habitude, il me semble que je commence à n'être pas trop mauvais chrétien. Quant à ce chapelet, il ne veut rien dire; vous n'avez donc pas vu que nous en portons tous? c'est un signe qui nous aide à nous reconnaître. Eh! quoi? n'est-il pas pas parvenu jusqu'à Soissons notre fameux refrain:

> « Qui n'a des chapelets au cou
> Mérite y avoir un licou. »

SAINT-PAUL.

Non pas, vraiment.

BUSSY.

Et le duc l'ignore aussi ?

SAINT-PAUL.

Sans doute.

BUSSY.

Diable ! cela ne va pas faire bon effet dans ce
pays-ci. Les petites choses ont plus d'importance
qu'on ne pense. Il faut que j'aille au devant du duc
pour le munir de chapelets.

SAINT-PAUL.

En vérité, vous ferez bien d'aller au devant du
duc ; car il compte vous rencontrer à l'entrée du
faubourg. Votre maudit vin m'escamote la moitié
de ma mémoire ; mais je m'en souviens fort bien ;
il veut conférer avec vous avant de voir vos confrères. Le duc sait que vous êtes franchement des
nôtres, et d'ailleurs, modestie à part, maître Bussy
avouera qu'il est la bonne tête du parti. Au peu que
j'en ai vu, vous m'avez l'air de mener ces gens-là à
peu près à votre fantaisie ?

BUSSY.

Il est vrai, capitaine, j'ai quelque autorité sur
eux ; et si ce n'est La Chapelle - Marteau, il n'y en
a guère dans le nombre qui s'avisent de me con-
tredire long-temps en face.

SAINT-PAUL.

Qu'est-il ce La Chapelle ?

BUSSY.

Il est de robe comme moi, de plus, parfait ligueur ; mais il ne se chauffe pas tout-à-fait du même

bois que nous : il fait l'ombrageux dès qu'il s'agit des prétentions de monseigneur. A vrai dire, je lui crois du penchant pour l'Espagnol.

SAINT-PAUL.

Il est donc sensible aux doublons ?

BUSSY.

Vous avez deviné : il a force dettes sur le corps ; il aime le bon vin...

SAINT-PAUL.

En ce cas votre homme n'est pas à craindre. Avec une de ces bonnes places où l'on pêche en eau trouble, nous lui fermerons la bouche. Il n'y aura qu'à le faire prévôt des marchands.

BUSSY.

Soit : ce n'est pas mal. Mais en vérité, ne croirait-on pas que nous partageons déjà le gâteau ?

SAINT-PAUL.

Il faut bien que ce moment-là vienne : autant vaut donc en jouir un peu d'avance. Mais dites-moi, vous, compère, qu'est-ce qu'il vous faudra ? Je gage que vous jeterez votre robe noire aux orties pour rendosser l'habit galonné [1] ?

BUSSY.

C'est ce que nous verrons. Mais d'ici là nous avons bien de la besogne.

SAINT-PAUL.

Bagatelle, mon camarade ; il ne s'agit que de

(1) Le capitaine prophétise : car dans huit ou dix jours maître Bussy sera gouverneur de la Bastille. et La Chapelle-Marteau prévôt des marchands.

monter l'escalier du Louvre et d'expédier le Valois *ad patres*.

BUSSY.

A quoi bon le tuer ? un bon froc ne suffit-il pas pour l'enterrer ? A propos, savez-vous le mot de la duchesse à ce sujet ?

SAINT-PAUL.

Encore quelque malice : elle est si méchante cette petite boîteuse !

BUSSY.

Elle dit à qui veut l'entendre, en montrant de jolis petits ciseaux d'or qu'elle porte à sa ceinture : Voici de quoi tailler une troisième couronne à frère Henri de Valois.

SAINT-PAUL.

. Propos de femme. Moi je ne me contente pas de si peu. Les moines ressuscitent, au lieu que les morts ne reviennent plus du temps qui court.

BUSSY.

Ne décidons rien : nous irons selon le vent. D'ailleurs tous nos gens sont préparés aussi bien à l'occire qu'à le cloîtrer. Nous avons travaillé le terrain de telle sorte, grace à nos curés, et surtout grace à Lincestre et à Boucher, que tout ce que nous y sèmerons poussera.

SAINT-PAUL, bâillant.

Oh ! les braves gens que ces curés !

BUSSY.

Toute notre canaille est convaincue que le roi a juré la mort de l'Église.

SAINT-PAUL, bâillant.

Bravo ! bravo !

BUSSY.

Ils n'entendent que le son de cette cloche, ils n'est donc pas difficile de les...

(Saint-Paul commence à s'endormir.)

Holà ! capitaine, je crois que vous demandez la remise de l'audience ?

SAINT-PAUL.

Oh ! très volontiers. Jamais je n'eus les paupières si lourdes. C'est ce maudit voyage toujours au galop.

BUSSY.

Ma foi, le lit ne me fera pas de mal non plus : demain il faut être de bonne heure à l'ouvrage.

SAINT-PAUL.

N'ayez pas peur, je ne vous laisserai pas dormir : c'est toujours moi qui éveille les trompettes pour sonner l'appel.

(Bussy éteint la lampe ; Saint-Paul prend son chapeau et son épée.)

BUSSY.

Allons, donnez-moi le bras. Prenez garde, il y a deux degrés.

(Ils sortent.)

FIN DE LA PREMIÈRE SCÈNE.

Scène ii.

LUNDI 9 MAI, 9 HEURES DU MATIN.

Le cabinet du Roi au Louvre. Dans le fond, une porte qui conduit à un grand vestibule. A gauche, une fenêtre d'où l'on découvre les tours de Saint-Germain-l'Auxerrois, l'esplanade du Louvre et les rues qui y aboutissent. A droite, la porte de la chambre à coucher du Roi.

Deux hallebardiers font sentinelle à la porte de la chambre du Roi.

—————

(Entre l'abbé d'Elbenne qui se dirige rapidement vers cette porte.)

UN DES HALLEBARDIERS.

On n'entre pas.

D'ELBENNE.

J'ai besoin de parler au Roi.

LE HALLEBARDIER.

Il faut que vous attendiez : Sa Majesté entend la sainte messe.

D'ELBENNE, revenant sur ses pas.

Toujours attendre quand il s'agit d'affaires !

Allons, patience : faisons sentinelle avec eux. (il s'assied dans un fauteuil.) Mon pauvre d'Elbenne, tu vas encore perdre ta peine ! Je gage qu'il me reçoit comme si je lui débitais des chansons ! et pourtant les choses sont claires. Nos coquins ont repris du cœur : les voilà plus dispos que jamais. Dans deux heures leur patron est à leur tête. Tu-Dieu ! il est bien temps de nous mettre en garde. Mais que faire avec un pareil homme ? sait-on jamais sur quoi compter ? sait-on jamais, quand on lui parle, par qui on est écouté ? il a au moins deux douzaines d'ames dans son pourpoint, une pour toutes les heures. Ce matin, le voilà en dévotion ; et cette nuit, qui sait où il a couché ? tout-à-l'heure il va peut-être vouloir faire le roi, et ce soir, nous le verrons valet de la ligue. Ah ! bon Dieu ! bon Dieu ! Miron prétend qu'il tourne à la folie ; en vérité, je crois qu'il voit juste. Jésus-Maria ! quel métier d'être le conseiller d'un fou ! Au moins, quand monsieur d'Épernon était ici, la girouette n'allait que par un seul vent ; mais aujourd'hui c'est à qui la fera virer de son côté. Ce chien de Villequier... et Villeroi lui-même, depuis sa querelle avec monsieur d'Épernon.....

(Entre Villeroi, qui se dirige vers la chambre du Roi ; mais apercevant d'Elbenne, il vient à lui.)

VILLEROI.

Dieu vous garde, mon cher monsieur d'Elbenne.

D'ELBENNE, se levant.

Je vous salue, monsieur de Villeroi.

VILLEROI.

Pardon d'interrompre vos méditations : je vois que vous avez fait comme moi ; vous êtes descendu trop tôt : le Roi dort encore.

D'ELBENNE.

Non pas, il est avec son chapelain.

VILLEROI.

En ce cas, nous ne sommes pas près d'entrer.

D'ELBENNE.

Tant pis.

VILLEROI.

Moi, je dis tant mieux : il est si rare de vous posséder tête-à-tête, et de jouir à soi seul de toute votre amabilité ! Mais, si je vous comprends, vous venez pour affaire d'importance ?

D'ELBENNE.

Oh ! c'est peu de chose.

VILLEROI.

Je vous jure qu'on vous croirait soucieux.

(Entrent Villequier et la Guiche ; Villequier donne la main à Villeroi et fait un grand salut à D'Elbenne ; la Guiche ne le salue pas.)

VILLEROI, bas à la Guiche.

Vous arrivez fort à point, j'allais périr d'ennui

avec cette vieille buse : je ne lui ai pas encore arraché quatre paroles, et je sue sang et eau.

VILLEQUIER, d'un ton mielleux.

Messieurs, vous me voyez doublement ravi de vous trouver ici, car outre le plaisir de pouvoir m'entretenir avec vous, je regarde encore comme un singulier bonheur d'arriver à temps pour le lever de sa majesté. En vérité, je tremblais de manquer aujourd'hui à ce devoir, non par ma faute, mais par celle des obstacles imprévus qui m'ont retardé en chemin. Croiriez-vous que j'ai mis plus d'une heure à venir de mon hôtel ici ?

VILLEROI.

Et pourquoi donc ?

VILLEQUIER.

On voit bien que vous êtes habitant du Louvre et que vous n'avez pas encore mis le pied à la rue. En vérité, je ne sais quel lutin s'est mis aux trousses de nos bourgeois, mais ils sont tous hors de leurs maisons et de leurs boutiques. Femmes, filles, garçons, maîtres, valets, les voilà tous qui courent de çà, de là, se poussant, se heurtant : c'est une cohue dont tous les passages sont obstrués. Il a fallu de bons poings et quelque courage à mes pauvres porteurs pour fendre ces épais bataillons. Comprenez - vous quelque chose à ces gens-là, messieurs ?

LA GUICHE, à part.

Maître fourbe, ne dirait-on pas qu'il ne sait
rien ?

VILLEROI, vivement.

Mais ne serait-ce pas quelque émeute?

VILLEQUIER.

Pas du tout; vous diriez plutôt d'une promenade à la foire, ou même d'une procession. Ils sont
tous sans armes, et la plupart vêtus de leurs beaux
habits comme un dimanche.

VILLEROI.

Je ne vois pourtant pas quel patron ils peuvent
fêter aujourd'hui.

D'ELBENNE,

Et moi, je le sais bien.

VILLEROI.

Comment ?

D'ELBENNE.

Ce saint-là s'appelle Henri de Guise.

VILLEQUIER.

Que voulez-vous dire, de grace ?

VILLEROI.

Je ne comprends pas.

D'ELBENNE.

Il n'y a pas grand mystère cependant. Monsieur
de Guise, que l'on croyait si loin, va tout à l'heure
entrer dans la ville, et tous ces fous de parisiens

sont appelés à sa rencontre. Vous voyez s'ils sont exacts au rendez-vous. Corbleu ! comme ils courent ! ne dirait-on pas que c'est l'heure du théâtre, et qu'il leur est arrivé quelque nouvel histrion d'Italie ?

VILLEQUIER.

Certes, la nouvelle est étrange. Oserait-on, monsieur d'Elbenne, vous demander comment vous l'avez apprise ?

D'ELBENNE.

Ma foi, je vous demanderais plutôt, monsieur de Villequier, comment vous avez pu ne pas l'apprendre : on n'a qu'à faire deux pas dans les rues pour en avoir les oreilles étourdies.

VILLEQUIER.

Ainsi, ce n'est encore qu'un bruit de halles ?

D'ELBENNE.

Pardonnez-moi, monsieur, je le tiens de meilleure source.

VILLEROI, bas à la Guiche.

Y a-t-il un mot de vrai dans sa nouvelle ?

LA GUICHE.

D'honneur, je n'en sais rien.

VILLEROI, haut.

Pour moi, messieurs, je suis convaincu que si monsieur le Duc met le pied dans la ville, Sa Majesté le lui aura permis sans nous en faire part.

D'ELBENNE.

Pardonnez-moi, monsieur, c'est contre le gré de Sa Majesté, c'est même à son insu, que monsieur de Guise ose venir.

VILLEQUIER.

Mais, en vérité, vous savez tout, le dessus et le dessous des choses ; rien ne vous échappe. Certes, vous avez là un singulier privilége, car nous autres, membres du conseil tout comme vous, nous ne savons jamais rien.

LA GUICHE.

Indiquez-nous donc la source où l'on s'approvisionne si bien de vérités ?

D'ELBENNE.

Elle serait trop vite tarie si nous étions tant de gens à y puiser.

VILLEROI.

Monsieur d'Elbenne fait le mystérieux.

VILLEQUIER.

Entre collègues ce n'est pas bien.

VILLEROI.

J'espérais que les secrets et les cachotteries étaient partis du Louvre avec le seigneur d'Épernon.

VILLEQUIER.

Ah ! fi donc ! mon ami, vous faites injure à monsieur l'abbé en lui donnant un trait de ressemblance avec ce vilain serpent.

D'ELBENNE.

Messieurs, je serais fier de l'imiter dans sa manière de servir le Roi et l'état.

LA GUICHE.

En vérité, vous êtes de ses amis ? eh bien ! voilà le premier que je rencontre; vous ne devez pas trouver beaucoup d'écho.

(Entrent le Chancelier, d'O, Alphonse d'Ornano et quelques gentilshommes.)

VILLEQUIER.

Je gage que ces messieurs vont faire chorus avec nous.

(S'adressant aux nouveaux venus :)

N'est-il pas vrai, messieurs, qu'on respire plus à l'aise en ce pays, depuis que messire d'Épernon en a délogé ?

LE CHANCELIER.

Il n'y a qu'une voix là-dessus, monsieur le gouverneur : chacun se réjouit de voir enfin le soleil après une si longue éclipse.

D'O.

Nous commençons à pouvoir aborder sa majesté à toutes les heures, et sans être écoutés par quatre oreilles au lieu de deux.

VILLEROI.

Il est certain qu'on ne vit jamais page ni chien couchant plus constamment sur la trace de son maître que celui-là.

VILLEQUIER.

Il suivait sa majesté comme son ombre.

LA GUICHE.

Dites plutôt comme une amoureuse suit son
fiancé.

(Murmure moqueur.)

D'ELBENNE.

Monsieur, ce sont là de mauvais propos.

LA GUICHE, riant.

Allons, monsieur l'abbé, ne vous effarouchez
pas : vous savez fort bien, tout comme nous, que
nous avions deux reines de France, et que le
signor d'Épernon en était une.

D'ELBENNE.

Pour le coup, ceci est scandaleux.

LE CHANCELIER.

Messieurs, messieurs, trève sur ce sujet.

(Pendant ce colloque, sont entrés quelques gentilshommes, et avec eux,
Miron le médecin et Georget le fauconnier.)

GEORGET, s'approchant de l'oreille de Miron.

Notre ami la Guiche est un sot : il ne sait pas que
c'est à sa femme que va revenir l'emploi du d'É-
pernon ; il chante un *gloria patri* à son......

MIRON.

Tais-toi, mauvaise langue.

VILLEQUIER.

Qu'est-ce que raconte mon bon ami Georget ?

5.

LE CHANCELIER.

Il a l'air tout triste, le cher enfant.

GEORGET.

Oui, parbleu ! je suis triste, j'ai bien de quoi.

LA GUICHE.

La fouine a-t-elle tordu le cou à tes faisans ?

GEORGET.

Oh ! si ce n'était que la fouine, je n'aurais pas peur ; mais c'est bien autre chose, vraiment.

VILLEROI.

Allons, hâte-toi, mauvais pasquin.

GEORGET.

Messieurs, je suis disgracié, moi et les miens. — Vous riez ? mais savez-vous que voilà vingt jours au moins que je n'ai reçu de visite royale ; voilà vingt jours que Sa Majesté n'a donné une miette de biscuit à ses bijoux, ni un grain de tournesol à ses perruches ; vous direz ce que vous voudrez, mais mes affaires prennent une vilaine couleur.

LA GUICHE.

Mon pauvre garçon, c'est qu'il y a de grandes réformes chez nous depuis ces vingt jours-là. Tu n'es pas le seul qui t'en plaignes ; demande plutôt à la sainte Beuve et aux autres de sa trempe.

VILLEQUIER.

Tu vois bien que nous ne portons plus nos bil-boquets.

VILLEROI.

Et nos sacs de pénitens non plus.

GEORGET.

Oui, je comprends tout cela; mais mes pauvres camarades qui n'y entendent rien, sont tout consternés : les petits chiens pleurent, les écureuils gémissent.

♠ VILLEQUIER.

Et les loups, que font-ils ?

GEORGET.

Les loups ? vous savez bien que nous les avons mis à la porte avec les lions et tous ces messieurs à grande gueule et à grosses dents.....

VILLEQUIER.

Ah ! c'est vrai, depuis ce rêve.....

GEORGET.

Oui, depuis que Sa Majesté s'est vue, en songe, dévorée par des animaux qu'elle nourrissait de sa main. Mais je crois qu'on aura eu bien tort de donner congé à ces innocentes bêtes, car tous les bons astrologues disent que c'est de loups portant pourpoints et hauts-de-chausses que le rêve a voulu parler.

VILLEROI.

Maître Georget fait l'insolent, me semble.

VILLEQUIER.

En tout cas, le plus grand loup de tous n'est plus dangereux pour Sa Majesté.

D'ELBENNE.

Vous en êtes donc toujours sur ce chapitre, monsieur?

VILLEQUIER.

Ma foi, monsieur, vous me permettrez de parler de ce qu'il me plaît.

D'ELBENNE.

Vous me permettrez aussi de défendre ceux que vous insultez.

VILLEQUIER.

Si vous le prenez sur ce ton-là, monsieur, vous n'aurez pas le dernier.

(La porte de la chambre du Roi s'ouvre, deux pages sortent, l'un portant le chapeau, l'autre le missel ; le Roi les suit, accompagné de Du Halde son écuyer et de deux officiers des gardes.)

UN DES PAGES, annonçant.

Le Roi.

LE ROI.

D'où vient donc tant de bruit, messieurs ? Voilà un quart-d'heure que vous me troublez dans mes dévotions. — Pourquoi cet air animé, d'Elbenne ? je vois qu'on s'est encore pris de querelle. En vérité, nous avons déjà bien assez de soucis, sans nous en créer encore à plaisir, par nos discordes. Comment faisiez-vous donc les autres années, messieurs ? il me semble que vous étiez toujours en paix. Il est vrai qu'alors on s'amusait davantage à la

cour. Eh bien ! l'on peut encore user du remède :
nous ne porterons pas long-temps le deuil de mon
cousin de Condé, et mon dessein est de ressus-
citer pour ce mois de mai quelques-unes de nos
belles fêtes. Nous irons mercredi à Saint-Germain
saluer le retour du printemps : je veux y voir mes
lilas en fleur ; ils promettaient déjà beaucoup la
semaine passée, quand nous accompagnâmes d'É-
pernon.

D'ELBENNE, s'approchant du roi, lui dit à l'oreille.

Sire, faites, je vous supplie, que je puisse entretenir un instant Votre Majesté : il y va du salut
de votre personne et de l'état.

LE ROI.

Tout à l'heure, mon cher abbé, tout à l'heure ;
vous me laisserez bien cinq ou six minutes pour
faire mes civilités.

D'ELBENNE, bas à Miron.

Eh bien ! que vous avais-je dit ? on a plus de
peine à lui parler raison qu'à faire aller cent pa-
resseux à l'école.

LE ROI.

Ah ça ! Villequier, vous allez avertir vos dames
de nos nouveaux projets ; il faut préparer à force
les joyaux et les dentelles. Nous porterons les
fraises à quatre rangs cette année. — (à d'O.) Est-ce
que la surintendante compte encore faire l'exilée

durant tout l'été ? dites-lui donc que notre cour vaut bien ses jardins, fussent-ils plus beaux que ceux d'Armide. (à La Guiche.) Et votre femme, nous la verrons aussi, j'espère ? voilà huit jours que je la cherche en vain chez la Reine.

LA GUICHE.

Sire, une indisposition légère...

LE ROI, voyant d'Elbenne qui s'avance pour lui renouveler sa demande.

Messieurs, la Reine reçoit ce matin : veuillez descendre auprès d'elle, vous lui annoncerez ma venue.

(Les gentilshommes sortent peu à peu; Villequier donne le bras à La Guiche, et lui dit :)

D'où vient donc cet accès de bonne humeur ?

LA GUICHE.

Il faut qu'il n'ait pas encore vent des nouvelles.

VILLEQUIER.

Mais monsieur l'abbé est là pour le mettre au courant.

LA GUICHE.

Justement, le voilà qui reste; il va lui défiler son chapelet.

(Ils sortent.)

LE ROI, resté seul avec d'Elbenne.

Eh bien ! d'Elbenne, vous venez donc encore sonner l'alarme ? sans doute quelque nouveau complot du genre de celui de Vincennes ?

D'ELBENNE.

Oui, Sire, c'est encore un complot ; mais pour cette fois il ne sera pas si facile de le déjouer. Écoutez, je vous prie : ce matin au lever du jour, le lieutenant Poulain est venu chez moi...

LE ROI.

Comment, toujours votre Nicolas Poulain ?

D'ELBENNE.

Que voulez-vous, Sire, son zèle est aussi infatigable que la méchanceté de vos ennemis.

LE ROI.

Mon cher d'Elbenne, voulez-vous m'en croire, vous êtes dupe de cet homme-là. Je lui trouve une odeur de huguenot !...

D'ELBENNE.

Sire, je ne vous le donne pas pour la fleur des honnêtes gens ; mais, en cette occasion, j'ai des preuves certaines de sa fidélité ; le chancelier et Miron vous l'attestent comme moi.

LE ROI.

Vous m'avouerez du moins qu'il est bien mauvais prophète, car de tous les complots qu'il nous a prédits, Dieu me damne si j'en ai vu un seul mis à exécution.

D'ELBENNE.

Grace à lui, ils ont été étouffés avant de naître.

LE ROI.

Mais non, mon cher ; encore une fois, toutes ces

trames dont vous me faites peur n'existent que dans le cerveau de cet intrigant affamé. Laissez faire, je me porterai à merveille sans qu'il prenne soin de mes jours, et j'y gagnerai d'être délivré de ces terreurs paniques qu'il a pris l'habitude de réveiller chaque semaine par une confidence nouvelle. — Voyez un peu quel rôle il me fait jouer depuis six mois : je ne vis plus que de défiance et d'inquiétude ; j'ai fait de mon palais une forteresse ; j'en ai banni les fêtes, les plaisirs : ce train de vie commence à me lasser ; je ne suis pas d'humeur à m'enterrer tout vif plus long-temps. Ainsi, mon cher, donnez congé à votre homme, et même, pour mieux nous assurer son silence, comptez-lui les vingt mille écus que le chancelier a eu la sottise de lui promettre ; vous verrez que ses révélations s'arrêteront tout court.

D'ELBENNE.

Sire, il me sera bien facile, pour cette fois du moins, de dissiper vos soupçons, car ce que notre lieutenant m'a chargé de vous apprendre, plus de cent mille bouches vous le diront comme lui. Oui, Sire, il n'est qu'un bruit par toute la ville, c'est que monsieur de Guise y doit entrer aujourd'hui.

LE ROI.

Par la mort-Dieu ! qu'est-ce que vous dites là ? non, impossible ; il n'osera jamais.

D'ELBENNE.

Tous ses amis sont déjà partis à sa rencontre ;
il entrera par la porte Saint-Denis.

LE ROI, la voix émue.

Ah ! bon Dieu ! je ne m'attendais guère à pareille
visite ! nous avions si bien pris nos mesures pour
traquer ce maudit renard ! d'Épernon en Normandie, d'Entragues à Orléans, moi à Paris, nous nous
donnions la main ; je me croyais maître de la partie !

(Il s'assied.)

D'ELBENNE.

Le Duc a compris vos desseins, il veut les prévenir par un coup de tête.

LE ROI.

Mais non, encore une fois, il n'osera pas. Bellièvre n'a-t-il pas dû lui signifier l'ordre formel de
ne pas s'avancer en deçà de Soissons ?

D'ELBENNE.

Voilà plus de quatre jours que cet ordre est parti,
et la réponse ne vient pas. Monsieur de Bellièvre a
sans doute de grands talens, mais nous savons qu'il
n'est pas toujours très heureux en ambassade. Cette
infortunée reine d'Ecosse...

LE ROI.

Ah ! pauvre Marie !... morbleu ! d'Elbenne, ne
parlez jamais de ces choses-là... dites plutôt, dites...
croyez-vous qu'il soit assez osé pour me braver en
face ?

D'ELBENNE.

Sire, il faut tout attendre et tout craindre de lui.

LE ROI.

Que voulez-vous que je craigne? viendra-t-il m'assiéger dans mon Louvre?

D'ELBENNE.

Tout est possible.

LE ROI.

Il ne traîne pourtant pas une armée à sa suite, j'espère?

D'ELBENNE.

Non, Sire; il en trouvera une ici qui l'attend. Toute la populace est en armes et prête à marcher aux ordres de ces officiers espagnols et lorrains cachés dans les maisons des principaux de l'Union, et dont nous avons si souvent supplié Votre Majesté de délivrer la ville.

LE ROI.

Et quels sont ses desseins, selon vous?

D'ELBENNE.

Ses amis ne les cachent plus; ils disent hautement qu'ils mèneront monsieur de Guise à Reims.

LE ROI.

Ah! vraiment! Le mignon fait les yeux doux à ma couronne.

D'ELBENNE.

Depuis qu'il est au monde, il n'a d'autre pensée

que de se faire Roi. Vous savez bien, Sire, que dans sa maison cette pensée-là se transmet avec le reste de l'héritage.

LE ROI.

D'Elbenne, vous avez la manie de tout exagérer. Je gage que le Duc a encore moins d'ambition que de jalousie et de haine contre d'Épernon. La charge de grand-amiral lui tenait au cœur, il avait peut-être aussi quelque envie de la Normandie : ma foi, je conçois qu'il enrage de n'avoir rien obtenu. Ce n'est pas moi, c'est d'Épernon qu'il veut détrôner. Eh! bien, voyons, qu'en dites-vous ? ne pourrais-je pas tout accommoder en le nommant lieutenant-général du royaume ?

D'ELBENNE.

Ah! bon Dieu! quelle idée! mieux vaudrait, Sire, vous déclarer son vassal, son prisonnier, son valet! cédez-lui la lieutenance aujourd'hui, demain il vous demande votre trône, il vous jette dans un cloître, comme déjà sa sœur l'annonce publiquement. Quel moyen de vous défendre quand il vous tiendra pieds et poings liés ?

LE ROI.

Mais, mon ami, je reste maître de mes armées, de mes places fortes.

D'ELBENNE.

Déjà, Sire, vous n'en êtes plus maître qu'à demi!

Oubliez-vous que depuis un an vos soldats ne se battent plus que pour ce maudit lorrain? vous les lui confiez pour les mener contre les hérétiques, et lui, c'est à prendre vos villes en son nom qu'il les emploie. Est-ce vous, Sire, qui commandez aujourd'hui à Boulogne, à Provins, à Amiens, à Abbeville? Vous flattez-vous d'être encore seigneur et maître dans un seul bourg de Picardie? Y a-t-il dans toute la Champagne, dans toute la Bourgogne, un régiment qui porte les armes au nom de Votre Majesté? Que serait-ce donc, si vous sanctionniez cette rébellion en prenant son chef pour votre vice-roi? il n'y aurait pas un homme en France qui ne se crût délié de ses sermens envers vous; et certes, autant vaudrait abdiquer sur-le-champ votre couronne et la placer vous-même sur la tête de votre ennemi.

LE ROI, se levant.

Oui, vous avez raison : point de lieutenance. Mais que voulez-vous que je fasse? Comment me débarrasser d'un gaillard si puissant et si alerte?

D'ELBENNE.

Sire, il n'y a qu'un moyen, et, grace à Dieu, il est à la fois le plus sûr et le plus juste. Laissez venir le Duc, et tâchez d'endormir ses soupçons. En même temps entourez-vous de toutes vos forces; et quand vous serez maître de la ville, saisissez-

vous de sa personne et chargez le parlement de
vous en délivrer. Les dépositions de Poulain et mille
faits qu'on pourra citer suffisent pour le faire pendre
dix fois s'il le fallait. Vous verrez alors ce que vaut
un coup frappé à propos; vos amis...

LE ROI.

Tout cela est fort beau , mais je n'userai pas de
votre moyen. Peste ! comme vous y allez , mon
cher !

D'ELBENNE.

Sire, tant que le Duc vivra, point de repos pour
Votre Majesté.

LE ROI.

Mais qui me répond des suites , si je le tue ?
Non, mon parti est pris : je vais pour la seconde
fois lui défendre de mettre les pieds dans Paris.

D'ELBENNE.

Sire , vous laissez échapper une belle occasion.

LE ROI.

Elle se retrouvera.

D'ELBENNE.

Puisque tôt ou tard il vous faut frapper ce grand
coup , pourquoi différer ?

LE ROI.

Parce qu'il me plaît ainsi. Allons , c'est assez ;
prenez la plume et faites la dépêche.

(d'Elbenne s'assied devant la table et écrit. Le roi se jette dans un fauteuil de l'autre côté de l'appartement.)

Dites-lui que s'il ne veut passer pour l'auteur de tous les troubles, de tous les soulèvemens qui pourront éclater, il ait à ne pas sortir de Soissons.

D'ELBENNE, à part.

Sur ce point-là, je crois qu'il aurait de la peine à obéir.

LE ROI, à part.

Maudit abbé ! qui sait où il m'entraînerait avec ses coups d'état ? en vérité, tous les jours il me déplaît davantage. Il est si laid ! il me dégoûte ! ces yeux de fouine, et cette peau plus ridée que celle d'une pomme au mois de juin !... Si d'Épernon ne me l'avait pas tant recommandé, il y aurait beau temps qu'il ne me fatiguerait plus les yeux ni les oreilles. Ah ! sainte Marie ! c'est d'Épernon qu'il me faudrait ! que de soucis, que d'embarras de moins, si d'Épernon était encore ici, quand ce ne serait que l'ennui d'entendre chaque matin tous ces bavards prêcher chacun dans leur sens ! faut-il que je sois fou pour l'avoir laissé partir !

D'ELBENNE, présentant au roi la dépêche.

Votre Majesté veut-elle jeter les yeux.....

LE ROI, lisant.

Vous avez pris le ton bien sévère ; mais, il n'y a

pas de mal, il n'en comprendra que mieux qu'il doit obéir.

(Il signe.)

D'ELBENNE.

Sire, à qui confiez-vous ce message ?

LE ROI.

A qui ? voyons... parbleu ! à La Guiche.

D'ELBENNE.

Vous désirez donc qu'il ne soit pas remis ?

LE ROI.

Que voulez-vous dire ? La Guiche est un brave gentilhomme.

D'ELBENNE.

Sans doute, Sire, mais son attachement à monsieur de Guise est bien connu ; on dit même...

LE ROI.

Peu importe ce que l'on dit; pas de commérage, s'il vous plaît, mon cher abbé. Vous êtes sans doute très fidèle et très loyal, mais ce que vous me dites des autres, les autres me le disent de vous, entendez-vous, monsieur d'Elbenne ?

D'ELBENNE.

Sire, les véritables serviteurs se distinguent sans peine : ce sont ceux.....

LE ROI.

Assez ; nous perdons le temps en paroles.

D'ELBENNE.

Vous persistez à charger monsieur de La Guiche...

6

LE ROI.

Mais oui, morbleu ! je sais ce que je veux.

(d'Elbenne sort.)

Ne fallait-il pas céder à monsieur l'abbé, et garder La Guiche à Paris, quand il me plaît de lui faire courir les champs ? — Maître d'Elbenne, si vous vous mettez sur le pied de me contrecarrer en tout, je ne réponds pas de ma patience. Décidément, c'est un vilain cadeau que d'Épernon m'a fait là, et d'Épernon lui-même... je le regrette bien, mais, en vérité, faut-il tant compter sur lui ? tout le monde ici le déteste, ma mère surtout l'a en horreur ; et ma mère, il a beau dire, m'a toujours voulu du bien. Ah ! miséricorde ! si celui-là n'est pas de mes amis, il n'y a donc que des traîtres dans ce monde ! Et ce père Gérardin qui ne vaut pas mieux que les autres ! Pas de directeur, bon Dieu ! pas de directeur ! à qui voulez-vous que je me fie ? qui croire ? qui écouter ? je m'y perds. Si ce maudit Guise allait me surprendre, comme il aurait bon marché de moi ! Oh ! quel triste héritage j'ai recueilli ! que ne suis-je resté au fond de ma Pologne ! un peu de repos, Seigneur Dieu ! qui veut de ma royauté, je la lui passe pour un peu de repos. (il aperçoit le chapelet qui pend à sa ceinture) Oh ! mon bon Dieu ! mon bon Dieu ! (il baise la croix.) Sauvez-moi ! ayez pitié de moi !

(Il s'appuie sur la table, la tête cachée entre ses mains.)

UN PAGE, sortant du vestibule.

Monsieur de Bellièvre descend de cheval, et demande à entrer chez sa majesté.

LE ROI.

Bellièvre ! qu'il entre sur-le-champ. Enfin je vais donc savoir..... Le cœur me bat.

(Bellièvre entre.)

Eh bien ! mon cher Bellièvre, quelle réponse ? parlez vite.

BELLIÈVRE.

Grace au ciel ! Sire, je suis arrivé à temps : le Duc allait quitter Soissons et s'acheminer vers Paris. Mais dès qu'il a connu vos volontés, il a montré la plus grande soumission ; tous les apprêts de voyage ont été suspendus, et quoiqu'il n'ait pas promis précisément de renoncer à son dessein, nul doute qu'il ne prenne le temps de réfléchir avant de le mettre à exécution.

LE ROI.

Vive Dieu ! venez donc qu'on vous embrasse, admirable messager ! Ainsi notre homme n'ose lever le masque, et vous pensez qu'il nous laissera bien quinze ou vingt jours encore devant nous ?

BELLIÈVRE.

Sire, j'en suis convaincu.

LE ROI.

Quelle divine complaisance ! c'est tout juste le

6.

temps qu'il me faut pour l'enlacer bien à mon aise dans mes filets.

BELLIÈVRE.

Votre Majesté a donc entrepris quelque grand dessein depuis mon départ ?

LE ROI.

On vous mettra au courant, mon cher. — Mais ne croyez pas que tout ce temps que nous laisse notre ami de Guise doive être dépensé en méditations politiques, nous en réservons une bonne part au plaisir. Corbleu ! votre arrivée me remet la joie au cœur ! Dès ce soir, les voûtes de la grande galerie vont revoir briller les bougies et entendre résonner les violons. Vous serez le roi de la fête, Bellièvre, et voulez-vous savoir qui en sera la reine ?

BELLIÈVRE.

Sire, parmi toutes les femmes de la cour.....

LE ROI.

Il n'y en a qu'une qui vaille la peine que je la regarde. C'est celle de votre ami La Guiche. Ne lui en parlez pas au moins, car il a la maladresse de mal prendre ces choses-là : eh bien ! vous voyez que je n'ai pas rompu tout commerce avec ce prétendu beau sexe. A vrai dire, je n'en perds pas la tête. Mais vous, mon ami, qu'avez-vous vu, qu'avez-vous fait à Soissons ?

BELLIÈVRE.

Sire, on s'ennuie à Soissons mieux qu'en aucun lieu de France. Et comment ne pas périr d'ennui avec des femmes dont la moins laide est la duchesse de Nemours, avec des hommes dont le plus spirituel est le cardinal de Bourbon ? Cependant je dois dire que j'ai assisté à la plus belle procession que j'aie vue de ma vie.

LE ROI.

Une procession ? Laissez venir la Fête-Dieu, mon cher, et je vous en fais voir une qui éclipsera et celle de Soissons et toutes celles dont il est gardé souvenir dans la chrétienté.

(Entre d'Elbenne.)

D'ELBENNE.

Sire, monsieur de La Guiche vient de partir.

LE ROI.

Et monsieur de Bellièvre vient d'arriver, pauvre La Guiche ! C'est vraiment cruel de lui faire user pour rien sa monture et son haut-de-chausses.

D'ELBENNE.

Monsieur de Bellièvre vous a donc assuré que le Duc ne viendrait pas ?

LE ROI.

Comme je vous l'avais prédit, mon cher abbé ; et non-seulement il ne vient pas aujourd'hui, mais il ne viendra ni demain, ni dans huit jours, ni dans quinze, ni jamais par conséquent. Cet homme si formidable n'a pas seulement soufflé le mot : il est docile comme le plus souple de mes épagneuls. Eh bien ! tremblez-vous toujours ? avez-vous encore à nous dévoiler quelque complot ?.... Mais qui s'avance sans être annoncé ?

(Entre Davila.)

C'est vous, Davila ? pourquoi courir si fort ? que se passe-t-il donc chez ma mère ?

DAVILA.

Sire, j'ose à peine..... un événement inoui....

LE ROI.

Expliquez-vous, morbleu ! vous me faites peur.

DAVILA.

Sire, monsieur de Guise vient de descendre à l'hôtel de la reine.

LE ROI, d'une voix tremblante.

Monsieur de Guise ?.... Ah ! bon Dieu !...

(Il se soutient sur la table, puis se laisse tomber dans le fauteuil. Au bout d'un instant, il se lève précipitamment et va droit à Bellièvre.)

Vous vous êtes donc joué de moi, monsieur de Bellièvre ?

BELLIÈVRE.

Sire, je vous ai dit la vérité... vous voyez mon étonnement... le seul trompeur, c'est monsieur de Guise.

LE ROI, à d'Elbenne.

Votre main, mon cher abbé. — Pardon, vous

êtes mon oracle désormais. Vous serez content de
moi. — Approchez Davila : l'avez-vous vu?

DAVILA.

Oui, Sire.

LE ROI.

Eh bien? — A-t-il des forces avec lui?

DAVILA.

Sire, il n'a pour escorte que cinq ou six cavaliers ; mais il n'en montre pas moins un grand air
d'assurance, et même il n'a sur tout le corps d'autre
arme que son épée.

LE ROI.

Quelle audace ! quelle impudence ! Mais que
dit-il? comment s'excuse-t-il d'être venu?

DAVILA.

Sire, à peine arrivait-il, que je suis accouru
vers vous; cependant la reine savait déjà qu'il est
dans l'intention de venir ce matin faire sa cour à
Votre Majesté, et j'étais chargé de m'informer si
vous consentiez à recevoir une pareille visite?

LE ROI.

Si j'y consens? sans doute : oui, je l'attends,
ici, dans mon Louvre, dans cette salle même, mais
par la mort-Dieu! il en mourra. (à D'Elbenne.) Faites
venir Alphonse sur-le-champ. Amenez aussi tous
ceux des quarante-cinq que vous rencontrerez. —
De grace, un peu plus vite, mon cher abbé. —

(D'Elbenne sort.)

Comment, sans escorte? je ne le croyais pas téméraire jusqu'à la folie. (A Davila.) Mon cher Davila, merci de votre zèle : retournez vers ma mère, et dites-lui qu'elle me l'amène, mais le plus tard possible. Allez, et quant à vous, soyez discret.

(Davila sort. Entrent d'Elbenne, Alphonse d'Ornano, et quelques gentils-hommes de la compagnie des quarante-cinq, parmi lesquels Langnac : pendant qu'ils entrent, Bellièvre se dit à lui-même :)

Je suis ici comme un chien dépisté, il me faut reprendre le vent : allons faire un tour auprès de ces messieurs.

(Il sort.)

LE ROI, à Alphonse.

Mon ami, j'ai besoin de vos conseils. (Aux gentis-hommes.) Messieurs, votre roi a reçu un outrage, il doit être vengé, et c'est sur vous qu'il compte; tenez donc vos dagues toutes prêtes.—Je ne vous donne point d'ordre précis, mais vous les recevrez bien-tôt. (A Langnac.) Vous Langnac, allez dire à Crillon, et au maréchal de Biron qu'ils fassent prendre les armes à tout ce que nous avons de soldats dans le château : je les charge de nous mettre à l'abri d'un coup de main.

(Langnac et les autres gentilshommes sortent.)

Alphonse, vous savez ce qui m'arrive.

ALPHONSE ORNANO.

Sire, monsieur d'Elbenne m'a tout appris.

LE ROI.

Eh bien ! que faire ?

ORNANO, faisant un geste expressif.

Vous délivrer du Duc sans balancer.

LE ROI.

C'est aussi mon dessein. Il ne s'agit donc plus
que de prendre si bien nos mesures... Voyons. —
C'est dans ce cabinet que nous allons le recevoir,
plaçons nos hommes d'armes dans ma chambre à
coucher, il suffira du moindre signal... Mais qui
vient m'interrompre ?

(Entre la reine Louise suivie de deux dames.)

C'est la reine : nous n'aurons pas de peine à la congédier. (A la reine.) Madame, que demandez-vous? que
venez-vous chercher ?

LA REINE.

Sire, on m'avait annoncé votre visite ; et j'ai
craint, ne vous voyant pas paraître, que votre
santé...

LE ROI.

Grand merci : je me porte à ravir.

LA REINE.

Sire, vous paraissez agité.

LE ROI.

Oui, très agité ; mais n'y prenez pas garde, je
vous prie. Veuillez retourner auprès de vos femmes,

ou plutôt n'est-ce pas l'heure où votre chapelain vous attend?

LA REINE.

Sire, je me retire.

(Elle sort.)

LE ROI, à d'Elbenne.

Eh bien ! tout est-il décidé? qui choisissons-nous? à quel moment?

(Entrent Villequier, Bellièvre, Villeroi.)

Comment, toujours des importuns !—Que voulez-vous, Villeroi? je ne vous ai point fait appeler. Ni vous non plus, Villequier. Messieurs, quand j'aurai besoin de vous, je saurai bien vous avertir.

VILLEQUIER.

Sire, en apprenant l'insulte que monsieur de Guise ose faire à Votre Majesté, n'était-il pas du devoir des membres de votre conseil de se rendre à leur poste pour décider du châtiment qu'a mérité le coupable?

D'ELBENNE.

Monsieur le gouverneur convient donc enfin qu'un Guise peut être coupable?

VILLEQUIER.

Jusqu'à ce qu'il se justifie, je le tiens pour rebelle et félon.

LE ROI.

Il est bien tard pour vous en apercevoir; si vous m'aviez toujours parlé sur ce ton, je n'en serais pas où j'en suis. Mais il y a du remède encore : une seule journée bien employée fera ce que dix ans perdus auraient dû faire.

VILLEQUIER.

Votre Majesté a raison de hâter sa justice, mais ne craint-elle pas..?

LE ROI.

Je ne crains rien, j'ai tout prévu.

(On entend un grand bruit dans l'éloignement.)

Qu'est-ce que j'entends? Messieurs, voyez d'où vient ce bruit...

VILLEROI, regardant au travers de la croisée.

Une foule immense s'avance de ce côté. — Bon Dieu! quelle affluence! — J'aperçois la chaise de la reine ; un gentilhomme marche à côté : c'est monsieur de Guise.

LE ROI.

Déjà !

D'ELBENNE, à la fenêtre.

Seigneur Dieu ! les pauvres fous ! en voilà qui montent sur les toits !

LE ROI, dans une grande agitation.

Vraiment ! c'est donc un bien beau spectacle ! Ouvrez-moi cette fenêtre... il faut que je l'admire aussi ce grand roi des Parisiens !

(Au moment où la fenêtre s'ouvre, le peuple s'écrie de toutes parts : vive monseigneur de Guise !)

Les misérables ! ont-ils jamais crié de si bon cœur :
Vive le roi ! — Ah ! je le découvre enfin ! voyez
donc quel air patelin, quelle humble posture ! il
usera son chapeau et ses plumes à force de saluer !

(Les cris redoublent.)

Allons, canaille, criez plus fort ! déchirez-vous le
gosier ! — Dieu tout puissant ! en voilà qui tombent
à genoux ! holà ! pauvre femme, que fais-tu ? tu baises
son manteau ! te figures-tu toucher un saint ? et ces
imbécilles qui lui lancent des guirlandes et des
fleurs ! par la Sainte-Croix ! si j'avais là une bonne
coulevrine chargée jusqu'à la gueule, je sais bien ce
que je lui enverrais en guise de fleurs. J'aurais le
coup d'œil juste, j'en réponds.

(Nouvelle explosion de cris.)

Ces cris me mettent hors de moi ! fermez cette fenêtre.

D'ELBENNE.

Sire, le temps presse, et vous n'avez point encore donné vos ordres.

LE ROI.

Je croyais que nous étions convenus de tout.

D'ELBENNE.

Pardonnez-moi, Sire.

LE ROI.

Eh bien ! faites comme vous voudrez : je ne

suis en état de rien commander : je ne veux qu'une
chose, c'est qu'il meure, n'importe le moyen.

ORNANO.

Vous serez obéi.

(Il va pour sortir.)

VILLEQUIER, le retenant.

Colonel, arrêtez : au nom du ciel ! un instant.
Sire, c'est votre propre mort que vous ordonnez.

LE ROI.

Que voulez-vous dire ?

VILLEQUIER.

Vous entendez les cris de cette populace :
songez que votre Louvre en est investi de toutes
parts, que rien de ce qui est dedans n'échap-
pera à sa furie. Qu'avez-vous pour vous défendre ?
deux ou trois compagnies tout au plus.

LE ROI.

C'est bien assez pour exterminer toute cette canaille de bourgeois.

VILLEQUIER.

Vous croyez donc que le Duc n'a pour escorte
que des bourgeois ? détrompez-vous, Sire, plus
de trois mille Lorrains bien armés sont mêlés à la
foule.

LE ROI.

Trois mille !.... Mais que dois-je donc faire ?

VILLEQUIER.

N'attenter à sa vie que quand la vôtre sera en sûreté.

ORNANO.

Sire, je réponds des jours de Votre Majesté.

VILLEQUIER.

Colonel, vous n'entendez donc pas?

ORNANO.

Que me font vos bourgeois et vos Lorrains? je veux avec ma compagnie les mettre tous en poussière.

D'ELBENNE.

Sire, le temps presse : que décidez-vous ?

LE ROI.

Rien..... rien encore.

D'ELBENNE.

Sire, on entre dans le vestibule.

LE ROI.

Eh bien ?

D'ELBENNE.

Ordonnez.

LE ROI.

Oui..... mais non..... Attendez.

UN PAGE, sortant du vestibule.

La Reine.

(La reine Catherine entre la première, après elle vient le duc de Guise, puis un grand nombre de dames et de seigneurs de la cour et de la suite de la reine-mère.)

ORNANO, bas à d'Elbenne.

Morbleu ! une femme aurait plus de cœur que cet homme-là !

D'ELBENNE, bas à d'Ornano

Je ne comptais que sur l'assassinat ; mais puisqu'il n'a pas osé, il n'y a plus d'espoir. Croyez-moi, j'aimerais mieux maintenant être dans la peau du Guizard que dans la sienne.

(Pendant ces derniers mots , le Duc adresse au Roi de profonds saluts et fléchit presque le genou; le Roi, qui n'a pas l'air de l'apercevoir, pâlit et se mord les lèvres; puis après une longue pause , il se retourne brusquement, et dit au Duc :)

Mon cousin, pourquoi êtes-vous venu ?

GUISE.

Sire, pour me justifier devant Votre Majesté des calomnies dont me chargent mes ennemis.

LE ROI.

Je ne savais pas qu'on vous calomniât; mais en tout cas, le meilleur moyen de vous blanchir à mes yeux était de ne pas venir.

GUISE.

Sire, j'étais loin de m'attendre à cet accueil sévère, et je ne comprends pas quels soupçons peut exciter ma présence. Je suis seul, sans escorte et sans train, dans l'équipage du plus modeste gentilhomme ; je me livre entre les mains de Votre Majesté, sans autre défense que ce pourpoint de soie, sans autre sauf-conduit que votre loyauté et ma bonne conscience. Quelle défiance, je vous le demande, pouvez-vous avoir de moi ? et d'ailleurs, Sire, comment aurais-je deviné que vous me teniez en exil ?

LE ROI.

Demandez à monsieur de Bellièvre qui est là devant vous : ne vous a-t-il pas porté l'ordre de ne pas mettre le pied dans Paris, et n'avez-vous pas rencontré en chemin monsieur de La Guiche chargé de nouveau de la même mission ?

GUISE.

Sire, je n'ai pas vu monsieur de La Guiche, et quant à monsieur de Bellièvre, il ne m'avait pas fait entendre positivement qu'en me présentant à Votre Majesté j'attirerais sur moi sa colère.

LE ROI.

Expliquez-vous, Bellièvre.

BELLIÈVRE.

Sire, j'ai rapporté textuellement à monsieur le Duc les paroles de Votre Majesté, et si je lui ai fait concevoir l'espérance.....

LE ROI.

C'est bien... je comprends. — Bellièvre a fait son devoir; c'est vous, monsieur, qui avez oublié le vôtre. Si du moins après avoir eu l'audace de me désobéir, vous aviez eu le bon esprit en entrant dans ce Paris, dont la vue vous tenait tant au cœur, d'éviter l'éclat scandaleux d'une entrée triomphante ! En vérité, je ne reconnais pas là votre adresse, mon cousin. Vous venez, dites-vous, pour confondre vos ennemis qui vous accusent de conspirer contre ma personne, et vous laissez vos amis m'insulter par leurs clameurs, jusque sous les fenêtres de mon palais ! Vous vous donnez pour venir sans escorte, et vous traînez toute la ville à votre suite. Ayez donc soin, dorénavant, de mettre un peu mieux d'accord vos actions et vos paroles.

GUISE.

Sire, je gémis plus que vous des hommages que ce peuple m'adresse. Dieu sait si j'ai rien fait pour les provoquer, et si je n'ai pas au contraire cherché tous les moyens de tenir mon arrivée secrète.

LE ROI.

Il n'en est pas moins vrai que dès la pointe du jour vos chers parisiens vous attendaient au passage. Sans doute quelque sorcier, votre ennemi, s'était chargé de leur donner le mot. Mais si vous ne pouviez échapper à leur empressement, vous deviez au moins, en homme sage, leur commander le silence. Un capitaine tel que vous oublie-t-il donc qu'on ne sonne pas l'alarme quand on veut

7

donner l'assaut? tous ces cris de joie, toutes ces fanfares, sont avertissemens dont je ferai mon profit: grace au ciel, vos amis paraissent peu disciplinés, seigneur Duc; ils ont fait feu avant l'ordre.

GUISE.

Sire.....

LE ROI.

Que pouvez-vous répondre ? je viens de les entendre vous appeler leur sauveur, leur vengeur. Qu'est-ce que cela signifie, sinon que vous tramez quelque intrigue avec eux, et que pour remplir une vieille promesse, vous venez vous mettre à leur tête, et essayer de faire marcher les choses à leur fantaisie et à la vôtre ?

GUISE.

Sire, je suis bien malheureux de voir Votre Majesté si cruellement abusée sur mon compte. Je l'avoue, je ne savais pas jusqu'où pouvait aller la perfidie de mes ennemis ! Mais, grace à Dieu qui m'a inspiré le dessein de me jeter entre vos bras, je puis déjouer l'imposture et faire luire à vos yeux la pureté de ma conduite. — Vous me faites un crime de la faveur de ce peuple : ne puis-je donc l'avoir acquise que par des moyens honteux pour un gentilhomme français ? mon zèle pour ma religion, voilà, Sire, le seul talisman dont j'aie fait usage pour attirer à moi ces gens-là. Il n'y a là-dedans ni complot, ni conjuration. Le peuple veut le triomphe de notre sainte église; il sait que je le veux comme lui, que je suis prêt à lui sacrifier tout mon sang, est-il donc étonnant qu'il me témoigne un peu de reconnaissance quand il me voit m'avancer hardiment au milieu de mes ennemis, pour porter aux pieds de Votre Majesté, des plaintes et des prières qui sont les siennes? Sire, daignez écouter ces plaintes, daignez exaucer ces prières, et désormais ce sera votre auguste nom qui seul sera béni par vos sujets. Nous vous demandons bien peu : que vos promesses s'accomplissent et nous sommes contens. Vous nous avez donné l'édit de l'union, et tous les bons catholiques espérèrent alors que ce serait un baume qui fermerait les plaies de notre pauvre pays. Mais qu'est-il devenu cet édit ? qui l'observe aujourd'hui ? ne le dirait-on pas révoqué? Parmi ceux qui se disent vos serviteurs, c'est à qui le foulera aux pieds. Vous nous y promettiez de poursuivre à outrance les hérétiques, et chaque fois qu'ils ont été battus, on les a laissés tout à leur aise rallier leurs débris. Ils devraient être tous exterminés depuis deux ans, et les voilà qui gagnent une bataille en Saintonge. Si du moins après cet échec on vous voyait tenter de grands efforts pour le réparer ; mais non : vos troupes, au lieu de se porter au-delà de la Loire, sont toutes concentrées en Normandie, en Picardie, dans l'île de France. Il semble que vous ayez oublié où sont vos ennemis, ou plutôt que vous vous imaginiez qu'en France vous avez d'autres ennemis que les huguenots.

Voilà, Sire, ce qui fait gémir tous les vrais amis de la religion et de Votre Majesté. Mais d'où naissent tous ces maux? de la funeste confiance que vous ont dérobée deux hommes qui ne sont dignes que de votre mépris. Ces deux hommes, ces deux fléaux des gens de bien, je les nomme: c'est le duc d'Épernon, et le sieur de Lavalette son frère. Personne n'a peut-être encore osé vous tenir ce langage, Sire; mais moi, je ne le crains pas : je me porte, en votre présence, leur accusateur ; je les déclare traîtres et félons, vendus au Béarnais, coupables d'attentats à la sainte église catholique. Je fais retomber sur leurs têtes toutes les misères, toutes les désolations du royaume. Sire, ce sont là vos premiers ennemis ; tant qu'ils seront debout, n'espérez pas en finir avec les huguenots. Mais Dieu soit béni ! je n'aperçois ni l'un ni l'autre à votre côté : puissiez-vous rendre leur absence éternelle, et surtout leur ôter tout moyen de vous nuire de loin comme de près !

LE ROI, se retournant vers ceux qui l'entourent.

Avouez, Messieurs, que le ciel m'a fait don

d'une belle patience : qui de vous aurait écouté jusqu'au bout une pareille harangue ? En vérité, mon cousin, ne dirait-on pas, à vous entendre, que je porte aux hérétiques le plus tendre intérêt ; que j'en fais les favoris, les bien-aimés de mon cœur ? Demandez-leur ce qu'il en est ; vous ne récuserez pas leur témoignage : demandez-leur si jamais roi de France leur a fait autant de mal que moi. Rassurez-vous, je n'avais nul besoin de vos prières pour songer à ranimer la guerre en Poitou : tous les jours je m'en occupe, et si je ne me hâte que lentement, c'est parce que je crains d'écraser d'impôts ce peuple, qui selon vous ne respire que la guerre. D'ailleurs vous nous permettrez de mettre en doute que les huguenots, depuis que le feu prince de Condé leur fait défaut, soient gens aussi formidables que vous nous les représentez ; et cependant, pour calmer votre impatience, je veux bien vous annoncer qu'avant un mois le roi de Navarre aura deux armées sur les bras. — Vous voyez qu'il n'y a pas que vous qui veilliez au salut de notre sainte religion, et qui méritiez ce beau nom de pilier de l'église. Et même, ne pourrait-on pas vous demander ce que vous avez tant fait pour le service de Dieu, vous qui parlez si haut ? vous a-t-on vu souvent, depuis que vous portez l'épée, traverser la rivière de Loire pour vous mettre aux prises avec l'hérésie sur son véritable terrain ? Non, vous aimez mieux vous promener à l'entour de notre Paris, débaucher nos soldats, frapper nos villes de contributions, ou les prendre en votre nom : métier de maraudeur plutôt que d'un fils de Lorraine ! Par la sainte-messe ! vous avez là une singulière façon d'entendre le zèle pour la religion ! vous nous inventez de nouveaux articles de foi, mon cousin ! à votre compte, tous ceux qui osent me servir, ce sont des hérétiques, et c'est contre eux que vous tirez l'épée. Dites-moi, étaient-ils huguenots ces deux régimens de mes gardes que vous avez taillés en pièces devant Boulogne ? et toutes ces villes dont vous avez forcé les portes, Péronne, Abbeville, Provins, et tant d'autres, étaient-elles hérétiques ? morbleu ! la chose est claire : tout ce beau dévouement pour la sainte cause n'est qu'une couleur hypocrite dont vous déguisez vos vrais desseins : ne croyez pas que je m'y trompe, c'est à moi que vous faites la guerre !

GUISE.

Sire, pouvez-vous croire.....

LE ROI.

J'en crois vos amis qui ne se donnent pas comme vous la peine de déguiser leurs projets. Ne vont-ils pas prêchant au peuple que vous êtes fils de Charlemagne, et que si je suis roi, c'est en usurpant votre place ? vous avez beau vous cacher, il fait grand jour sur vos actions et vos pensées. Par bonheur, ces hommes perfides contre lesquels vous vous déchaînez si bien sont là pour m'éclairer. Je conçois à merveille votre rage contre eux, mais ce que je ne comprends pas, c'est que vous choisissiez si mal les motifs de vos accusations. A qui ferez-vous croire que Lavalette est hérétique ? n'a-t-il pas fait cent fois ses preuves, et ne vient-il pas encore d'exterminer tous les huguenots du Dauphiné ? Quant à d'Épernon, ne l'avez-vous pas vu vous même jouer sa vie vingt fois dans nos dernières rencontres avec les Allemands ? Mais en vérité, je suis bien bon de descendre à les justifier ! ne suffit-il pas pour les absoudre que je les honore de mon amitié ! s'ils me plaisent, n'est-ce pas assez ? faut-il encore qu'ils soient à votre goût ? (montrant la fenêtre.) Ne devrais-je pas aussi prendre conseil de cette maudite canaille ? Morbleu ! ce n'est pas assez d'oser me dicter des lois, ils voudraient encore régler mes affections à leur fantaisie ! mais ne suis-je donc plus roi..... roi de France ?..... Je suis du moins encore roi du Louvre, et par la mort-Dieu ! tout ce qui est dedans, j'en puis faire ce que je veux.

(Le Roi tout tremblant de colère se jette dans son fauteuil, le Duc porte involontairement la main gauche à la garde de son épée. Catherine s'approche du Roi et lui dit quelques mots à l'oreille, puis elle retourne auprès du Duc qu'elle trouve en conversation avec la reine Louise qui vient d'entrer. Un grand silence règne dans l'assemblée : pendant ce temps Guglielmo, le nain de la reine-mère, s'approche de Davila et lui dit à voix basse :)

Compère, tu avais raison ; nous touchons à la catastrophe.

DAVILA, bas à Guglielmo.

Sais-tu que le noble Duc n'a pas l'air à son aise? je crois qu'il se mord les doigts de sa bravade.

GUGLIELMO, bas à Davila.

Il est devenu plus pâle que sa fraise, en passant sous le grand guichet, quand il a vu tous ces hallebardiers en bataille. Il est vrai que Crillon lui a fait une furieuse grimace.

(Pendant ces derniers mots, l'abbé d'Elbenne s'approche du Roi, et lui dit à l'oreille :)

Sire, le lieutenant Poulain est là qui demande à me parler : Votre Majesté ne désire-t-elle pas l'entretenir elle-même ?

LE ROI, bas.

Je le veux bien ; allez m'attendre avec lui dans ma chambre à coucher. Savez-vous ce qu'il vient nous dire ?

D'ELBENNE, bas.

Non, Sire; mais sans doute quelque nouvelle machination des Seize. A votre place je retiendrais monsieur le Duc en otage, au moins jusqu'à ce que nous sachions ce qu'il en est.

LE ROI, bas.

Excellente idée!.. oui, je vais... cependant, je verrai. Mais allez toujours rejoindre notre homme.

(D'Elbenne, après un moment d'hésitation, se retire.)

CATHERINE, à Guise.

Je vous conseille de lever la séance, car voilà l'abbé qui endoctrine le roi.

GUISE, au roi.

Si Votre Majesté n'a point d'ordres à me donner, permettez, Sire...

LE ROI.

Comment, déjà nous quitter, mon cousin? J'aurais cru que vous ne laisseriez pas mes paroles sans réponse, et que vous daigneriez tenter encore quelque effort pour vous justifier. Vous tenez donc bien peu à recouvrer mes bonnes graces?

GUISE.

Sire, je ne comptais plus que sur ma conduite à venir pour dissiper les préventions qui ont été semées dans l'esprit de Votre Majesté.

LE ROI.

Ainsi vous ne voulez plus vous défendre par des paroles, mais par des actions! vous avez grand'raison. Eh bien! souffrez que je vous aide à me convaincre, en vous mettant moi-même à l'épreuve: chargez-vous d'aller dire à ces bourgeois, qui ont pour vous tant de déférence, qu'ils aient à se retirer sur l'heure chacun chez eux, et menacez-les de votre propre épée si jamais ils renouvellent ces attroupemens tumultueux défendus par les lois. Certes une telle tâche n'est pas au-dessus de vos forces !

GUISE.

Sire, jamais je n'obtiendrai d'eux ce que vous demandez, si vous ne m'autorisez à leur promettre que les troupes qui encombrent les faubourgs cesseront de menacer la ville et seront envoyées contre le Béarnais.

LE ROI.

En vérité ! c'est là leur dernier mot ! Les loups aussi quand ils ont envie de croquer les brebis leur conseillent de congédier les chiens. Mon cher cousin, les huguenots sont à plus de cent lieues d'ici, et vos ligueurs sont à ma porte. Vous permettrez qu'entre deux ennemis, je songe d'abord...

GUISE.

Sire, je vous ai montré la difficulté de l'entreprise, mais ne croyez pas que je refuse de la tenter. Mon bras et mon épée sont prêts à obéir.

LE ROI.

A merveille ! soyez donc mon champion : et pour ne pas laisser s'éteindre ce beau feu, mettons-nous sans tarder à l'ouvrage. (à Villequier.) Les échevins et le prévôt sont-ils ici ?

VILLEQUIER.

Sire, ils viennent d'arriver.

LE ROI.

Qu'ils entrent. (à Guise.) J'oubliais de vous parler d'un autre petit service que j'attends aussi de vous, mon cousin. Il ne s'agit encore que de me prêter votre nom, et c'est pour sévir non contre nos chers bourgeois, mais contre certains étrangers qui vous intéressent probablement fort peu ; car je ne pense pas que pour avoir l'accent espagnol ou lorrain on soit nécessairement de vos amis.

GUISE.

Sire, disposez de moi....

(Comte et Lugoli échevins, et Pereuze, prévôt des marchands, sont introduits.)

CATHERINE, bas au duc de Guise.

Le roi cherche à gagner du temps : insistez pour vous retirer.

GUGLIELMO, bas à Davila.

Sais-tu que ta tragédie m'a tout l'air de se terminer en comédie ?

DAVILA.

Tais-toi, laisse-moi écouter.

LE ROI, aux échevins.

Messieurs, vous avez affaire ce me semble à un troupeau bien peu docile : mais grace à Dieu, voici mon noble cousin qui m'offre de vous prêter un peu d'aide pour le forcer de rentrer au bercail. Vous allez donc publier par toute la ville, au nom du Roi et de son amé et féal le duc de Guise qui s'engage à vous donner main forte, s'il y a lieu, qu'il est enjoint à tous bourgeois, artisans et autres de rentrer sous deux heures dans leurs maisons, et de livrer entre vos mains tous les étrangers et gens suspects qui s'y trouvent cachés. Allez, messieurs, faites diligence.

(*Les échevins et le prévôt sortent. Le Roi se rapprochant de Guise :*)

En vérité, mon cousin, votre conduite m'enchante, et j'espère qu'en signe de réconciliation, vous allez me donner toute cette journée.

GUISE.

Sire, je serai forcé de...

LE ROI, *l'interrompant.*

Non pas : vous resterez, vous dînerez au Louvre. Ne faut-il pas que nous parlions un peu plus à notre aise de nos plans et des vôtres pour cette guerre de Poitou? Corbleu! nous devons venger notre pauvre Joyeuse!

GUISE.

Souffrez, Sire, que je n'accepte pas vos offres gracieuses, et laissez-moi prendre congé de Votre Majesté : la fatigue d'un long voyage commence à se faire sentir et me commande le repos.

(*Le Roi paraît hésiter, il regarde du côté de sa chambre à coucher. — Catherine s'avance derrière son fauteuil et lui dit à voix basse :*)

Ne cherchez pas à le retenir ; le peuple commence à murmurer : songez à ce que je vous ai dit.

GUGLIELMO, à Davila.

Ce pauvre Duc a l'air de marcher sur des charbons ardens.

LE ROI, après un long silence.

Puisque vous le voulez, mon cousin, nous recevons vos adieux. J'espère qu'une fois hors du Louvre, vous ne jeterez pas là vos bonnes dispositions et votre obéissance comme un masque incommode ; et quant à vos promesses, vous aurez d'autant plus de mérite à les remplir que vous allez vous trouver libre de les violer. La liberté a bien des charmes, mais bien des périls aussi ! je vous dis cela, mon cousin, parce qu'il est bon que vous sachiez que tant que vous serez dans la ville, il ne s'y commettra rien de mal que je ne vous l'attribue. C'est vous qui m'en avez donné le droit.

GUISE.

Sire, bientôt vous ne l'aurez plus, s'il n'est besoin à cet effet que de ma soumission et de mon dévouement.

LE ROI.

Amen, de tout mon cœur. Dieu vous garde; mon cousin.

(Le Duc sort accompagné seulement de Brissac de Mayneville, de Bois-Dauphin, ses aides-de-camp, venus avec lui de Soissons. Tous ceux de la cour restent en place.)

LE ROI, à la reine.

Madame, il est plus de deux heures : veuillez

descendre au réfectoire ; je vous rejoindrai dans peu.

(La reine **sort**, ses dames la suivent, et les courtisans s'écoulent petit à petit : le Roi retenant Alphonse d'Ornano et le Chancelier :)

Mes amis, j'ai besoin de vous, restez. (à Miron.) et vous aussi, Miron. (à Bellièvre, Villeroi et Villequier, qui ont l'air de vouloir rester.) Messieurs , ne suivez-vous pas la reine ?

(Ils sortent.)

CATHERINE.

Moi, je resterai.

LE ROI.

Que voulez-vous, ma bonne mère ?

CATHERINE.

Un moment d'entretien.

LE ROI, au chancelier, à Miron et à d'Ornano.

Entrez dans cette chambre , messieurs. (à sa mère.) De grace, hâtons-nous, madame ; vous le voyez, on m'attend.

(Catherine s'assied. — Le Roi reste debout derrière un fauteuil.)

CATHERINE.

Ce que ces gens-là ont à vous dire peut être différé : les mauvais conseils viennent toujours assez tôt. Mais, par bonheur, vous avez déjà eu la force de leur résister une fois, et je me flatte que vous resterez dans un si bon chemin.

LE ROI.

Que voulez-vous dire ?

CATHERINE.

Je veux dire que la modération que vous venez
de nous montrer, et dont vous devez tant vous
applaudir, n'était pas sans doute du goût de ces
messieurs.

LE ROI, brusquement.

Ni du mien non plus, je vous jure.

CATHERINE.

Quoi ! vous vous repentez ?

LE ROI, se promenant en long et en large.

Oui, morbleu ! — Que n'ai-je écouté leurs avis !
(il frappe du pied.) Il doit me tenir pour un insigne fou !
Je pouvais d'un mot l'écraser comme un vermis-
seau, et le voilà qui s'échappe sans une égratignure ! Aussi, madame, qu'aviez-vous besoin de
me faire part de vos frayeurs de femme ! sans vous,
tout serait fini à l'heure qu'il est.

(On entend une explosion de *vivat*, qui annonce la sortie du duc de Guise.)

CATHERINE.

Écoutez. — Écoutez. — Et plaignez-vous de
ma prudence : sans moi, que seriez-vous devenu ?

LE ROI.

Encore un coup, tous vos bourgeois ne me font
pas peur.

CATHERINE.

Vous ne parleriez pas ainsi, croyez-moi, si au
lieu de ces cris de joie vous leur entendiez pous-

ser des cris de vengeance. Henri, mon bon fils, vous êtes au bord du précipice, soyez prudent.

LE ROI.

En effet je tirerai beau profit de ma prudence : si je ne le tue, il me tuera.

CATHERINE.

Mon Dieu ! mon cher enfant, que vous comprenez mal les intentions de cet homme-là ! Vous ne voyez donc pas que ce qu'il redoute par-dessus tout, c'est de prendre un parti extrême. Serait-il venu vous voir s'il eût voulu rompre en visière ? au contraire, il espérait quelque violence de votre part, car il lui faut absolument un prétexte ; il n'est pas homme à s'en passer. Allez, je le connais comme si j'étais sa mère. Durant plus d'une heure je l'ai sondé sur tous les points, et je vous promets qu'il n'entreprendra rien.

LE ROI.

Quand vous auriez les yeux d'un lynx, je vous défierais d'y voir clair dans cette ame-là. Vous savez bien qu'il n'a pas son pareil pour cacher ses pensées.

CATHERINE.

J'ai quelque expérience des choses et des hommes, et je ne crois pas qu'on me trompe aisément. Henri, laissez-moi faire, je veux vous débarrasser de cet hôte incommode.

LE ROI.

M'en débarrasser ? et comment ?

CATHERINE.

Je ne m'explique point ; mais que diriez-vous si demain, pas plus tard que demain, notre cher Duc quittait la ville, sans bruit et sans éclat, si vous aviez partie gagnée avant d'avoir risqué votre enjeu ? qu'en diriez-vous ?

LE ROI, souriant malgré lui.

Je dirais que j'ai pour mère une étonnante magicienne, que par deux fois vous m'avez fait don de mon royaume. — Mais de grace, madame, point de chimères ; parlons sérieusement.

CATHERINE.

Je parle très sérieusement, mon bon fils, et je vous tiendrai parole. Toutefois, j'ai besoin que vous m'aidiez.

LE ROI.

Eh bien ! voyons, que vous faut-il ?

CATHERINE.

Votre confiance, mon cher Henri.

LE ROI.

Ne l'avez-vous pas, madame ? je vous donne tout pouvoir.

CATHERINE.

Puis-je espérer, en me mettant à l'ouvrage, que personne ne viendra en votre nom traverser mes desseins ?

LE ROI.

A coup sûr.

CATHERINE.

Ainsi vous vous reposez en moi seule ?

LE ROI.

Sans doute... Cependant nous pouvons bien travailler chacun de notre côté, c'est une chance de plus pour le succès.

CATHERINE.

Ah ! bon Dieu ! songez que la moindre fausse mesure, le moindre parti violent renverse toutes mes espérances.

LE ROI.

Oh ! n'ayez pas peur, je veux être prudent.

CATHERINE.

Vous m'en donnez donc votre parole ?...

LE ROI.

De quoi ?

CATHERINE.

De ne point prendre de parti violent?

LE ROI.

Mais.....

CATHERINE.

Jusqu'à demain, bien entendu.

LE ROI.

Oh ! jusqu'à demain, certainement, certainement.

(D'Elbenne entr'ouvre la porte de la chambre à coucher comme pour hâter la fin de l'entretien.)

CATHERINE.

Ah! ah! monsieur l'abbé en est aussi? je vous en fais compliment. Pour celui-là vous savez ce que valent ses paroles. Vous n'avez pas oublié...

LE ROI.

Quoi donc?

CATHERINE.

Il nous écoute, adieu. Comptez sur moi, mon fils.

(Le Roi lui baise la main, elle sort.)

LE ROI, à d'Elbenne.

Votre homme est-il encore là?

D'ELBENNE.

Oui, Sire.

LE ROI, brusquement.

Eh bien! qu'attendez-vous pour me l'amener?

(D'Elbenne sort.)

Mon Dieu! quel supplice de parler à cette femme! quel art n'a-t-elle pas de jeter le trouble et l'indécision dans mon ame! auprès d'elle il me semble toujours que je vais redevenir enfant. Si je n'y prenais garde, elle m'aurait bientôt remis la main dessus. (Il s'assied.) Mais heureusement tous ses beaux projets vont échouer, et je serai débarrassé de la reconnaissance.

8.

(Entre d'Elbenne, le chancelier, Miron, Alphonse d'Ornano, et Poulain dont
la démarche est embarrassée.)

POULAIN , bas à d'Elbenne.

Je vous en supplie, monsieur le conseiller, parlez
pour moi.

D'ELBENNE

Non , non, courage.

LE ROI, à Poulain.

Ne vous troublez pas, monsieur; approchez,
et dites-moi vite le sujet qui vous amène.

POULAIN

Sire, je demanderai d'abord à Votre Majesté la
permission de lui parler d'une chose qui me con-
cerne.

LE ROI.

Eh bien ! voyons; je vous écoute.

(Il joue avec son chapelet.)

POULAIN.

Sire, j'ai été averti que Votre Majesté était entrée
en défiance de la vérité de mes paroles.

LE ROI, vivement.

Moi! pas du tout, mon cher monsieur. Oh !
si ce n'est que cela, parlez, parlez, je vous crois.

POULAIN.

Cependant, Sire, afin de vous mieux convaincre, permettez-moi d'envoyer saisir en votre nom
tels membres de l'Union que vous voudrez, et si je
ne les force en votre présence...

LE ROI.

Mais encore une fois, monsieur le lieutenant, tout cela est inutile : ne voyez-vous pas que j'ai toute confiance en vous? Certes vous m'avez fait faire de bien mauvais rêves, mais d'honneur! je ne m'en souviens plus. Ayez seulement la complaisance de vous hâter un peu, et tout sera le mieux du monde.

POULAIN.

Sire, pendant que monsieur de Guise s'acheminait de ce côté, tous ceux de l'Union se rassemblaient au logis d'Hottman, le receveur de l'archevêché, dont la maison est à deux portées d'arquebuse d'ici, vis-à-vis la porte Saint-Honoré. La présence du patron les rendait pleins de joie et de confiance : hier encore ils désespéraient de se défendre, aujourd'hui ils ne parlaient que d'attaquer. Il y en avait même qui voulaient marcher incontinent contre vos gardes. Mais ce beau feu s'est calmé; ils se sont mis à délibérer, et voici ce qui était arrêté quand je me suis échappé pour venir vous avertir.

LE ROI.

Ah! bon : voyons un peu.

POULAIN.

L'entreprise était d'abord fixée à dimanche prochain, mais de crainte que Votre Majesté n'ait le temps de prendre ses mesures, ils se mettront à l'œuvre après demain au lever du jour.

LE ROI.

Peste !

POULAIN.

Cela décidé, ils ont compté leurs forces et tracé leurs plans. A les entendre, tous les meilleurs postes de la ville sont à eux, tous les bourgeois sont à leur dévotion, et même, parmi les serviteurs de Votre Majesté, c'est à qui leur prêtera l'épaule. Le chevalier Testu leur livrera la Bastille ; à l'Arsenal, un des fondeurs leur ouvrira les portes ; ils entreront dans le grand et le petit Châtelet en feignant d'y conduire de nuit des prisonniers ; le palais sera investi au moment de l'ouverture des chambres ; il en sera de même du Temple et de la maison de Ville, et quant au Louvre...

LE ROI.

Eh bien ! qu'est-ce qu'ils en font ?

POULAIN.

Comme il est plus malaisé de le surprendre, on se contentera de le bloquer et de l'assiéger à l'aide de barricades et autres moyens de l'invention du patron.

LE ROI.

A merveille ! Et vous savez sans doute ce qu'ils comptent faire de nous ?

POULAIN.

Sire, ils n'ont pas renoncé à leurs vieux desseins.

LE ROI.

Je comprends : et ces braves gens sont donc bien sûrs de leur fait?

POULAIN.

Sire, ils se partagent déjà les places et les commandemens. Cependant ils ne pouvaient cacher quelque inquiétude sur la conduite de leur chef : presque tous l'accusaient de risquer leur fortune et leurs vies au hasard d'un coup de dés.

LE ROI.

Bon, c'est assez.

POULAIN.

Sire, je n'ai rien à ajouter : seulement s'il pouvait plaire à Votre Majesté de couper le mal à sa racine, l'occasion est belle. Je les crois encore assemblés chez Hottman, vous pouvez tous les prendre d'un seul coup de filet.

LE ROI, se levant.

Je ne sais point encore ce que je ferai : mais en tous cas je vous remercie, monsieur le lieutenant : continuez à m'avertir fidèlement... Mais, dites-moi, ne commencez-vous pas à exciter leurs soupçons?

POULAIN.

Sire, je ne vois point encore de danger pour moi à servir Votre Majesté.

LE ROI.

Néanmoins, soyez sur vos gardes : attendez la

nuit close pour quitter le château. (bas à d'Elbenne.) D'Elbenne, faites-le sortir : je ne me soucie pas qu'il entende ce que nous allons décider.

(D'Elbenne adresse quelques mots à Poulain et lui fait signe de le suivre. Poulain fait une profonde révérence au roi. Ils sortent.)

Eh bien ! messieurs, si notre espion dit vrai, nos gens veulent aller grand train : gagnons-les de vitesse, morbleu ! Mais que faire? faut-il, sans plus délibérer, nous saisir du maître et des valets? ou bien les laissons-nous mettre la main à l'œuvre, afin de les prendre sur le fait?

ORNANO.

Le remède le plus prompt, Sire.

LE ROI.

Ainsi vous êtes pour l'arrestation ; et Miron aussi, je gage.

MIRON.

Sire, j'allais vous le dire.

LE ROI.

Et vous, chancelier?

LE CHANCELIER.

Sire, je voudrais, avant de rien résoudre, savoir positivement ce que nous pouvons faire. Sommes-nous réellement en état d'attaquer...

LE ROI.

Le chancelier a raison : n'agissons point à l'étourdie : avant d'irriter la guêpe, è necessario coprirsi benè il viso, comme dit ma mère. Il est certain que nous ne sommes pas en force dans la ville. Mais d'ici à demain nous pouvons nous rendre maîtres du terrain. Demain donc nous agirons; c'est encore assez tôt, puisque nos gaillards nous donnent jusqu'à après demain.

ORNANO.

Mais demain, Sire, que ferez-vous ?

LE ROI.

Nous cernerons l'hôtel de notre cher cousin, aussi bien que tous les repaires de ses dignes satellites, et nous chargerons nos amis du Parlement d'expédier tout ce mauvais gibier à la Grève.

ORNANO.

Si vous ne comptez que sur les gens de robe pour vous venger, vous aurez le temps d'attendre ; et croyez-vous qu'il sera facile de tenir ainsi durant des mois le Guizard entre quatre grilles ? Vous savez bien qu'on ne prend pas les sangliers aux filets : c'est à bons coups d'épieu qu'on en vient à bout : si Votre Majesté le permet, je me charge d'être le piqueur. Ventre-bleu ! j'aurais plus vite fait que le Parlement.

LE ROI, lui prenant la main.

Voilà ce qui s'appelle un ami ! mon cher Alphonse, vous êtes mon sauveur, mon Dieu; que ne vous ai-je laissé faire tantôt ! mais il est encore temps, allez en diligence... Il est bien vrai que j'ai promis à ma mère... Scrupule puéril. Morbleu! je suis de taille à me conduire moi-même. — Oui, mais si nous allions par là aventurer notre partie? — Qu'en dites-vous, chancelier? persistez-vous à voir du danger...

LE CHANCELIER.

Sire, voici monsieur de Biron qui vient de faire la ronde, il vous instruira là-dessus mieux que moi.

(Entre Biron causant avec d'Elbenne.)

LE ROI.

Eh bien! maréchal, que nous apprendrez-vous?

BIRON.

Sire, la ville sera bientôt remplie d'étrangers armés ; dans tous les carrefours, les bourgeois s'assemblent en pelotons, et parmi eux se glissent des visages inconnus. L'archevêque de Lyon, à la tête de trois cents cavaliers, vient d'entrer par la porte Saint-Martin. De tous côtés on transporte à l'hôtel de Guise des armes et des munitions ; enfin on dirait, en se promenant par les rues, que nous sommes au moment de soutenir un siége.

LE ROI.

Messieurs, voilà qui lève tous nos doutes : il est clair que notre premier soin doit être de nous assurer de la ville. Demain, mon cher Alphonse, nous déciderons s'il vaut mieux juger avant de punir ou

punir avant de juger. (à Biron.) Maréchal, n'avez-vous
pas pris quelques mesures pour arrêter ce désordre?

BIRON.

Sire , j'ai commandé qu'on exécutât sévèrement
votre ordonnance de ce jour contre les étrangers.
J'ai visité presque tous les postes, puis j'ai envoyé
le mot du guet.

LE ROI.

Très bien : maintenant songeons à introduire
nos troupes.

BIRON.

Elles doivent être déjà sous les armes : je leur ai
envoyé un message.

LE ROI.

Combien avons-nous de monde, tant dans la
ville que dans le faubourg?

BIRON.

Six mille hommes environ : quatorze enseignes
de suisses, et huit enseignes de vos gardes.

LE ROI.

Messieurs, demain à quatre heures du matin,
soyons sur pied pour les recevoir à la porte Saint-
Honoré. Moi-même je veux monter à cheval et aller
au-devant d'eux.

MIRON.

Messieurs, vous ne dites pas ce que vous ferez
des compagnies bourgeoises ?

ORNANO.

Il ne faut pas compter sur elles, car elles four-
millent de ligueurs.

BIRON.

Je le sais bien : aussi je compte les mettre hors
d'état de nous nuire.

LE ROI.

Et comment vous y prendrez-vous ?

BIRON.

Je les éloignerai autant que possible de leurs
quartiers, afin de leur ôter la faculté de se concerter. J'enverrai celle de l'Université à la Grève, celle
du Marché-Neuf aux prés Saint-Germain, et ainsi
des autres.

LE ROI.

Bravissimo, mio caro ! Ah ça ! et de l'argent,
en avons-nous ?

LE CHANCELIER.

Sire, à ne vous rien cacher, le trésor est absolument vide.

LE ROI.

Comment pas un sou ?

LE CHANCELIER.

Non, Sire, le voyage de monsieur d'Épernon...

LE ROI.

Eh bien ! messieurs, n'aurai-je pas quelque crédit ? vos poches sont-elles vides aussi ? — (Silence.)—

Allons, soit, il nous faudra sucer nos robes longues,
je ne demande pas mieux : soixante écus par conseiller, est-ce dit ?

LE CHANCELIER , vivement.

Sire, il faut craindre d'indisposer Messieurs : le
Parlement est votre meilleure ressource.

LE ROI.

Morbleu ! trouvez-moi donc de l'argent alors.

LE CHANCELIER.

Nous avons bien à l'Hôtel-de-Ville deux cent
mille écus environ pour le paiement des rentes
de la Saint-Jean...

LE ROI.

Ah bravo ! deux cent mille écus, c'est mon affaire. D'ici à la Saint-Jean, il y a six semaines :
nous avons tout le temps de réparer la brèche ; et
après tout, il vaut mieux, je crois, que messieurs les
bourgeois se passent de leurs quartiers que moi de
ma couronne.—Allons, tout va bien : si nos plans
s'exécutent avec ardeur et discrétion, tous nos re-
nards seront traqués demain à leur réveil. Adieu,
messieurs : que chacun se rende à son poste. Demain
avant le jour nous nous reverrons.

(Il entre dans sa chambre à coucher.)
D'ELBENNE.

A l'ouvrage, messieurs, à l'ouvrage ; battons le
fer pendant qu'il est chaud. Surtout ne laissons pas

le Roi réfléchir, je crains toujours les changemens de temps.

BIRON.

Dieu nous soit en aide ! voilà l'espoir qui me revient. Je cours parler à d'O, pour qu'il dispose les compagnies bourgeoises.

(Il sort.)

D'ELBENNE.

Vous, mon cher Miron, allez à l'Hôtel-de-Ville… Mais que vient faire ici cet intrus.

(Entre Villequier.)

Monsieur, Sa Majesté s'est retirée dans son appartement et ne reçoit personne.

VILLEQUIER.

Monsieur, Sa Majesté elle-même vient de me faire appeler.

(Il fait un profond salut à d'Elbenne et entre dans la chambre du Roi. — D'Elbenne, Ornano, Miron et le Chancelier se regardent en silence : enfin d'Elbenne s'écrie :)

C'est inoui ! Tudieu ! mes amis, je ne réponds plus de rien.

(Ils sortent.)

FIN DE LA SCÈNE SECONDE.

Scène iii.

LUNDI 9 MAI, 9 HEURES DU SOIR.

L'hôtel de Guise, faubourg Saint-Antoine.

Un salon. A droite, une grande cheminée sans feu, et remplie de feuillage et de fleurs, selon l'usage du temps; à gauche, des fenêtres donnant sur la cour. Dans le fond, une porte qui conduit à une galerie, et devant cette porte une tapisserie suspendue à une tringle de fer par quatre anneaux.

Au milieu du salon, une table servie et trois couverts.

———

(Le signor Rondoletto, maître de chapelle de madame de Montpensier, accompagné de dix musiciens, savoir quatre cornemuses, trois clarinettes et trois bassons (fagotti), dispose les pupitres et les banquettes pour donner une sérénade.)

RONDOLETTO.

Dunque, signori fagotti, attenzione... Nettoyez ben vos tuyaux, se vi piace, perchè la poussière pourrait compromettre la mia riputazione; e voi, signori cornamuse, soufflez ferme. Attenzione. (à l'une des clarinettes.) Ah! per carità, signor francese, un poco d'estro, indiavolatevi. Attenzione, eccoli quà.

(Un page relève la tapisserie suspendue devant la porte de la galerie. Entrent la duchesse de Montpensier, le duc de Guise, d'Espignac archevêque de Lyon; après eux Brissac, Saint-Paul, Bois-Dauphin et Chamois.)

(Le Duc, la Duchesse et d'Espignac s'asseyent.)

D'ESPIGNAC, après avoir fait le signe de la croix.

Voilà pourtant plus d'une heure que nous faisons attendre cet excellent souper.

GUISE.

Il faut t'en prendre à notre chère duchesse.

LA DUCHESSE.

Que voulez-vous? la joie m'a ôté l'appétit.

D'ESPIGNAC.

Je gage qu'au Louvre on ne mangera guère non plus, mais ce sera pour un autre motif.

GUISE, à la Duchesse.

Comment, des musiciens? Sans doute une de vos galanteries, ma mie?

LA DUCHESSE.

Musiciens d'Italie, mon cher Henri : c'est la fleur des sérénades : écoutez.

(Elle fait signe à Rondoletto.)

RONDOLETTO.

Diavolo, attenzione!

(Il donne un grand coup de son bâton de mesure sur le plancher, et la symphonie commence.

Les clarinettes débutent par une phrase excessivement lente, à la manière du plain-chant; les cornemuses la répètent, puis les bassons, et les trois parties continuent à se suivre ainsi, toujours à pas de tortue.)

GUISE, à la Duchesse, sans faire attention à la symphonie.

Vous ne mangez pas de cette chou-croûte?

LA DUCHESSE.

Non, je n'ai pas grand goût pour vos mets lorrains.

GUISE.

Vous les trouvez trop épicés! Eh bien! en revanche, vos ménestrels me semblent un peu fades.

LA DUCHESSE.

Comment, des Italiens? vous aimeriez mieux
peut-être vos tambourins de Lorraine?—Et vous,
d'Espignac, qu'en pensez-vous?

D'ESPIGNAC, la bouche pleine.

Voici des perdreaux farcis que je trouve divins.

LA DUCHESSE.

Mais voyez donc, moi qui comptais si bien ré-
galer vos oreilles !

GUISE.

Que voulez-vous? ils nous jouent des airs à mener les morts en terre.

LA DUCHESSE.

Allons, Rondoletto, un peu plus vite, s'il est
possible.

RONDOLETTO.

Signora duchessa, c'è il gran stile, dell' inven-
zione del signor Zarlino di Bologna : musica stu-
penda !

LA DUCHESSE.

Soit, mais un peu plus vite.

RONDOLETTO.

Dunque sarà mezzo carattere. Attenzione, signori fagotti !

SAINT-PAUL.

Je gage qu'ils vont encore nous ennuyer. Monseigneur, dites-leur plutôt de nous jouer le branle des huguenots; au moins, ça veut dire quelque chose!

GUISE.

Parbleu! c'est vrai. — Allons, mon compère, le branle des huguenots.

RONDOLETTO.

Signore mio, non lo conosco. (à part.) Brutta musica !

GUISE.

Eh bien ! la rotissade.

RONDOLETTO.

Non la conosco, signore mio.

GUISE.

En ce cas, mon compère, plus de musique. Descends à la cuisine, on te donnera quelque chose.

RONDOLETTO.

Mille grazie, signore mio (à part.) Oh! bestie! bestie tutti quanti ! (à ses musiciens.) Prenez bien garde à vos tuyaux, signori clarinetti, on ne va pas tous les jours à Venise pour les faire raccommoder. — Mille grazie, mio signore.

(Les musiciens sortent.)

GUISE, à d'Espignac.

Ah! ça, notre saint père, quand feras-tu donc quartier à ce pauvre cochonneau?

D'ESPIGNAC.

Quand mon pauvre estomac ne sera plus aux abois, monseigneur : dix lieues sans débrider, toujours au grand trot, il y a de quoi faire digérer des pierres. (Il continue à manger gloutonnement.)

(Entre Bussy.)

GUISE.

Ah! c'est vous, maître Bussy : donnez-moi votre main, mon camarade.

BUSSY.

Je baise la vôtre, monseigneur.

GUISE.

Eh bien! vous le voyez, j'en suis revenu. Tremblez-vous toujours?

BUSSY.

Ma foi, monseigneur, j'ai besoin d'ouvrir mes yeux bien grands pour m'assurer que c'est vous que je vois. Vous devez bien des Ave à Notre-Dame de Lorraine.

GUISE, se levant, dit aux laquais.

Enlevez ce couvert. (à la duchesse.) J'ai fait dresser des tables dans la galerie : si quelques tours de prime

9.

peuvent vous tenter, voici ces messieurs tout prêts à vous tenir tête.

LA DUCHESSE.

Vous y viendrez aussi ?

GUISE.

Deux minutes, et je suis à vous.

(La Duchesse, d'Espignac, Brissac, Saint-Paul, Chamois et Bois-Dauphin sortent par la porte de la galerie. Guise et Bussy restent seuls, Guise assis dans un grand fauteuil devant la cheminée, Bussy debout.)

Eh bien ! qu'en dites-vous, Bussy ? avais-je tort de ne pas vous écouter ce matin ? ne sommes-nous pas maintenant dans une admirable position ?

BUSSY.

Grace à un vrai miracle, monseigneur.

GUISE.

C'est là le secret, mon cher; il faut savoir risquer à propos. Sans ma visite, dès demain j'étais obligé de me mettre en guerre ouverte, et vous savez si nous sommes en état ?

BUSSY.

Ma foi, je ne vois guère ce qui nous en empêcherait.

GUISE.

Je prétends ne rien brusquer.

BUSSY.

Vous ne comptez pourtant pas attendre qu'on vous attaque ?

CUISE.

Pardonnez-moi.

BUSSY.

Mais, monseigneur, ce matin à la porte Saint-Denis...

GUISE, l'interrompant.

Vous avez mal compris : il me faut un prétexte, un prétexte puissant.

BUSSY.

Diable! nous voilà bien loin de compte, monseigneur ; car si le prétexte n'arrive pas, vous allez passer tout votre été à faire, comme ce matin, des visites au Louvre, ou à jouer tranquillement à la prime et au passe-dix.

GUISE.

Pesez mieux vos paroles, je vous prie : je passerai mon été comme bon me semblera.

BUSSY.

A coup sûr, monseigneur ; mais, de grace, mettez-vous à la place de pauvres diables qui risquent tous les matins de se faire pendre pour votre service.

GUISE.

Pourquoi, diantre! êtes-vous si pressés?

BUSSY.

C'est qu'il y a cinq ans que nous attendons, et qu'à la fin on se lasse du métier. Vous, monseigneur, rien ne vous presse, je le conçois bien : tant que vous aurez l'épée dans le fourreau, vous êtes bien sûr de garder votre tête sur vos épaules, et de rester duc de Guise. Voilà pourquoi vous hésitez.

GUISE, élevant la voix.

Je n'hésite pas ; mais j'ai mes plans, et j'entends qu'on me laisse les exécuter à ma fantaisie.

BUSSY.

Soit, monseigneur ; mais nous aussi nous avons nos plans.

GUISE.

Et quels sont-ils, s'il vous plaît ?

BUSSY.

De nous rendre maîtres de la ville et du Louvre après demain matin, pas plus tôt, pas plus tard.

GUISE.

Enfantillage.

BUSSY.

Nous l'avons juré.

GUISE.

Et que pouvez-vous sans moi ?...

BUSSY.

Vous vous mettrez à notre tête, monseigneur.

GUISE.

Non pas, ventre-bleu !

BUSSY.

En ce cas, monseigneur...

CUISE.

Eh bien!...

BUSSY.

Si votre seigneurie refuse, le roi d'Espagne a
des enfans...

CUISE.

Qu'est-ce à dire, monsieur Bussy? Vous êtes un
maître fourbe.

BUSSY.

Pardonnez-moi, monseigneur.

CUISE.

Un double traître !

BUSSY.

Non pas, monseigneur.

CUISE.

Je croyais avoir mieux placé ma confiance.

BUSSY.

De grace, monseigneur, écoutez-moi. Foi d'honnête homme, je voudrais, pour l'amour de vous,
passer par le trou d'une aiguille. Dieu et tous les
saints me sont témoins que je ne mets jamais les
pieds à l'ambassade d'Espagne; et si je formais la
Sainte-Union à moi tout seul, pensez-vous que je
vous tiendrais de tels discours? Mais vous savez
bien que nous sommes de toutes les couleurs; et
même, parmi nos vrais amis, je ne vous cache pas
qu'il y en a bon nombre qui ne se feraient pas scru-

pule de planter là votre seigneurie. Ces maudits doublons sont si puissans !

GUISE.

Je ne suis pourtant pas d'humeur à me laisser faire la loi.

BUSSY.

A votre place, monseigneur, j'en serais tout consolé : la partie est si belle !

GUISE.

Morbleu ! je sais un moyen de leur faire sentir la bride. Dites-moi, n'ai-je pas de quoi les faire pendre vingt fois tous tant qu'ils sont ?

BUSSY.

C'est très vrai, monseigneur ; mais ils ont aussi entre leurs mains certaines lettres de vous dont le parlement ferait bien son profit. Ainsi, c'est tout un entre vous et eux : ils sont sous votre griffe, et vous êtes sous la leur. Ce qu'il vous reste de mieux à faire, c'est donc de vous ménager les uns les autres. Un peu de politique, monseigneur. Si je vous parle si ferme et si franc, c'est que j'ai à cœur, plus que vous peut-être, de vous saluer au Louvre du nom de roi ; et pour preuve que je suis vraiment votre loyal serviteur, je vais de ce pas porter à nos amis votre parole de Duc qu'après demain, à cinq heures du matin, vous serez à cheval, et l'épée au poing.

CUISE.

Pas de mauvaise plaisanterie, morbleu ! je vous
dis encore une fois...

BUSSY.

Monseigneur pourra faire ce qu'il lui plaira ;
mais quand il me donnerait mon pesant d'or, je ne
me chargerais pas de rapporter à mes amis une autre
réponse que celle-là. Après tous les mensonges que
je leur ai forgés pour donner bonne couleur à vos
retards, ils m'assommeraient si je leur disais la vérité. Arrive que pourra, ils vont recevoir votre
parole, et vous la tiendrez, monseigneur, parce
que vous êtes homme de cœur, et que vous savez
qu'une occasion perdue ne se retrouve plus. Mille
pardons, monseigneur.

(Il prend son chapeau et se dirige vers la porte.)

GUISE, vivement.

Ne partez pas, Bussy.... Ce sont des folies.....
vous allez tout perdre...

BUSSY.

Monseigneur, j'aurai l'honneur de venir prendre
vos ordres demain à votre lever.

(Il sort)

GUISE, seul, et se promenant lentement.

Je m'en doutais bien, ils veulent m'entraîner...
mais je leur tiendrai tête. — Prenons garde cependant qu'ils ne m'échappent... après tout, pourquoi

tant de prudence? la place n'est pas si forte qu'on ait besoin de l'assiéger en règle; un bon coup de main fera l'affaire. Je mettrai tout sur le compte d'une émeute : c'est une excuse qui en vaut une autre. (Il s'assied.) Il est dur pourtant de se sentir dominé par cette canaille : il n'y a pas à dire, je suis leur valet... mais si jamais... c'est une leçon.

(Entre d'Espignac.)

D'ESPIGNAC, riant à demi-voix.

Ah! vous êtes là, monseigneur! par saint Georges vous allez rire! — Mais qu'avez-vous? vous paraissez tout rêveur.

GUISE.

Moi? non... je n'ai rien. — Qu'est-ce donc qui te fait rire?

D'ESPIGNAC.

Imaginez-vous que ce pauvre ambassadeur d'Espagne...

GUISE.

Il est donc là, l'ambassadeur?

D'ESPIGNAC.

Oui, monseigneur.

GUISE.

Et son neveu est-il avec lui?

D'ESPIGNAC.

Non.

GUISE.

Tant mieux, c'est un espion de moins. Quant à l'oncle, il n'est pas dangereux.

D'ESPIGNAC.

Oh! non, par Dieu, je vous jure, et surtout à la prime. A peine entré, le pauvre diable est allé s'asseoir à côté de la Duchesse, qui, au lieu de le laisser débiter sa vieille galanterie espagnole, lui a mis sans pitié les cartes à la main; et en vérité, je crois qu'elle l'a pipé, car, en un tour de main, elle lui avait gagné trois cents doublons : c'est un vrai pillage; et si vous ne vous en mêlez, la bourse de l'ambassadeur va s'en aller à sec.

GUISE, préoccupé.

Ma foi, laissons-les faire, c'est de l'argent de bonne prise. — D'Espignac, **tu vas écrire à d'Aumale** de nous amener ses lansquenets demain dans la journée.

D'ESPIGNAC.

Quoi! déjà, monseigneur? il y a donc quelque nouvelle anguille sous roche? — Mais voilà notre pauvre ambassadeur délivré.

(Entrent l'ambassadeur, Mayneville, Chamois et Bois-Dauphin.

GUISE, allant au devant de l'ambassadeur.

C'est très bien à vous, monsieur l'ambassadeur, de venir visiter de pauvres proscrits dans leur retraite : je suis seulement fâché que ma sœur vous ait fait si mal mes honneurs; on dit qu'elle vous a cruellement maltraité.

L'AMBASSADEUR, saluant et balbutiant.

Oh! bagatelle...

D'ESPIGNAC, répondant pour lui.

Monsieur l'ambassadeur n'est pas homme à se plaindre : ce sont les chances de la guerre.

(Entre la Duchesse suivie de Brissac.)

GUISE.

Eh bien! ma mie, arrivez donc. Vous faut-il tant de temps pour compter votre fortune?

LA DUCHESSE.

Sans l'aide de monsieur de Brissac, je ne serais pas encore là. En vérité, mon cher Henri, j'ai tant de bonheur aujourd'hui que j'en perds la tête. (Elle s'assied.) Vous riez, Messieurs? mais voyez, je vous prie, si cette journée ne tient pas du prodige. D'abord, notre cher Duc se tire de la gueule de la baleine à peu près aussi miraculeusement que feu Jonas ; je gagne plein ce sac de doublons, moi qui perds toujours ; et ce qui est bien plus inexplicable, je trouve onze fois le roi dans mon jeu! onze fois, entendez-vous, Henri? il est impossible que cela ne signifie pas quelque chose.

D'ESPIGNAC, d'un air moqueur, à l'ambassadeur.

Qu'en dit votre grandesse?

L'AMBASSADEUR, balbutiant.

Oh! bagatelle...

LA DUCHESSE.

A propos, monsieur l'ambassadeur, sans rancune. A vous dire vrai, c'est tout plaisir de vous gagner ; avec vous pas le plus petit remords ? car, je vous le demande, qu'est-ce que cinq cents doublons de plus ou de moins quand on a le Pérou à son service ?

L'AMBASSADEUR, s'efforçant de rire.

Ho ! ho ! ho !....

GUISE.

Monsieur l'ambassadeur est-il allé au Louvre ce soir ?

L'AMBASSADEUR.

Oui, monseigneur, je m'y suis présenté ; mais le Roi ne recevait pas.

LA DUCHESSE.

La visite de ce matin lui aura donné la migraine.

L'AMBASSADEUR.

Il y avait grand désordre au château. Croiriez-vous, monseigneur, qu'on n'avait pas encore allumé une seule bougie à la nuit close ? il a fallu que mes propres valets m'éclairassent jusque dans la galerie.

GUISE.

Si c'est ma présence qui leur donne tant de souci, je ne les comprends vraiment pas. Suis-je donc un homme si dangereux ?

LA DUCHESSE.

Pas tant de modestie, seigneur Duc. Je vous promets que si j'étais frère de Henri de Valois, vous me feriez une peur horrible. Il va, je gage, vous voir en rêve toute la nuit. Quel cauchemar! il n'en dormira pas, le pauvre pénitent.

GUISE.

S'il a peur, ce n'est pas faute d'être bien gardé. J'ai compté, pour le moins, trois cents hallebardiers rangés en haie dans son vestibule.

LA DUCHESSE.

Oui, mais j'aurais encore mieux aimé votre cortége que le sien.

(On entend des cris dans la rue.)

D'ESPIGNAC.

Quel est ce bruit?

(Brissac ouvre la fenêtre, et l'on distingue ces cris : Vive monseigneur de Guise !)

LA DUCHESSE.

Il n'est pas besoin de leur demander qui vive! ce sont des amis.

(Les cris s'approchent de plus en plus. On frappe à la porte de l'hôtel.)

GUISE.

Mayneville, allez donc voir ce qu'ils viennent chercher ici à l'heure qu'il est.

(Mayneville sort.)

BRISSAC, à la fenêtre, et s'adressant au portier.

Eh bien! Mathurin, qu'est-ce que tu attends

pour ouvrir? N'entends-tu pas comme on frappe?
De quoi as-tu peur?

D'ESPIGNAC.

Il n'est pas des plus braves, le pauvre garçon.
Quand je suis entré tantôt avec mes cavaliers, j'ai
cru qu'il allait tomber à la renverse.

BRISSAC, toujours à la fenêtre, et se retournant vers le Duc.

Ce sont des hommes d'armes, monseigneur: ils
portent l'habit de la garde bourgeoise.

GUISE, à part.

Sans doute quelque tour de maître Bussy. Je
m'y attendais...

BRISSAC, fermant la fenêtre.

Voilà Mayneville qui revient.

LA DUCHESSE, courant ouvrir la porte à Mayneville.

Eh bien! monsieur de Mayneville, qu'est-ce
qu'ils veulent?

MAYNEVILLE, au Duc.

Monseigneur, c'est la compagnie de la place de
Grève et celle du marché Neuf qui viennent vous
demander le mot du guet.

GUISE.

A moi?

MAYNEVILLE.

Oui, monseigneur, ils disent qu'ils ne veulent
le recevoir que de vous : ils ont refusé celui que
le maréchal de Biron leur a envoyé selon la coutume.

LA DUCHESSE.

Allons, vive Dieu ! ma bonne étoile ne m'abandonne pas ; mais pour le coup, voilà qui vaut mieux que les cinq cents doublons.

D'ESPIGNAC.

Certes voilà des bourgeois bien honnêtes. C'est une manière de vous souhaiter la bienvenue, monseigneur.

LA DUCHESSE.

Mais à quoi pensez-vous, Henri ? vous ne descendez pas vers ces braves gens ?

GUISE, distrait.

Rien ne presse, ce me semble.

LA DUCHESSE.

Comment, rien ne presse ? (bas.) vous voulez donc qu'ils se défient de vous ? Prenez garde, Henri.

GUISE, à demi-voix.

Ma chère amie, ne vous donnez pas tant de peine. Croyez-vous donc que je sache assez peu mon métier de capitaine pour refuser le mot d'ordre à des soldats qui le demandent ?

(Il sort, suivi de Mayneville.)

LA DUCHESSE.

En vérité, d'Espignac, je ne comprends pas mon frère : il est d'une froideur...!

(Elle se dirige avec d'Espignac vers la fenêtre ; l'ambassadeur et Brissac restent devant la cheminée.)

Le voilà cependant au milieu d'eux : allons, courage, il ne s'y prend pas mal.—Ah ! les braves gens que ces bourgeois ! C'est bien bon signe de les voir en si belle disposition à dix heures du soir : ils n'ont pas besoin du soleil pour se monter la tête. —Mais que va dire de cette visite le frère pénitent ?

D'ESPIGNAC.

Il m'est avis qu'il va se ruiner en cierges.

LA DUCHESSE.

Ah ! quand il ferait fondre toute la cire du royaume en l'honneur de la bonne Vierge, il ne ferait pas que son mot du guet ait été accepté ce soir. La ville est à nous, n'est-ce pas d'Espignac ?

(Elle se rapproche de la cheminée et dit à l'ambassadeur.)

Je suis sûre que monsieur l'ambassadeur est au moins aussi content que moi de tout ce qui se passe ?

L'AMBASSADEUR.

Ah ! madame...oui, madame... c'est un grand bonheur pour moi... et pour la sainte église catholique.

(La Duchesse et d'Espignac retournent devant la croisée.)

LA DUCHESSE.

C'est, je crois, maître Bussy , notre procureur, que j'aperçois là-bas ? il est partout, ce petit homme. — Mais voyez donc comme ils ont bonne mine tous ces bourgeois ! d'honneur, j'en suis folle.

D'ESPIGNAC.

Ces pauvres diables ne se doutent guère de leur bonne fortune.

LA DUCHESSE.

Allez les en instruire, si vous voulez : ajoutez même que s'il le faut je les embrasserai tous les uns après les autres.

D'ESPIGNAC.

Miséricorde ! vous n'êtes pas difficile : je n'en dirais pas autant de leurs femmes.

LA DUCHESSE, riant.

Seigneur-Dieu ! je le crois bien, mon cher ; un archevêque !...

(Les bourgeois crient de nouveau : vive Guise ! vive monseigneur de Guise !)

D'ESPIGNAC.

Voilà la conférence terminée ; dites adieu à vos chers bourgeois.

(Entre Guise.)

GUISE, à la Duchesse.

Eh bien ! vous voilà contente, Madame.

LA DUCHESSE.

Madame, dites-vous ? est-ce sérieusement ?

GUISE.

Comme vous le voudrez.

LA DUCHESSE, lui faisant la révérence.

Eh bien ! Sire, je vous en remercie.

L'AMBASSADEUR, à d'Espignac.

Ne dit-elle pas, *Sire ?*

D'ESPIGNAC.

Oui, monseigneur ; plaisanteries de famille ;
c'est une manière de dire, *mon frère*, en Lorraine.

LA DUCHESSE.

Je ne suis pas curieuse, mon cher Henri, mais
si vous pouviez, sans indiscrétion, nous faire connaître ce fameux mot du guet ?

GUISE.

Trois noms de ville.

LA DUCHESSE.

Je les devine : Rome, Nancy, Paris.

D'ESPIGNAC.

Il y en a pour tous les goûts.

L'AMBASSADEUR, à d'Espignac.

Et Madrid ? pourquoi n'avoir pàs dit Madrid ?

D'ESPIGNAC.

C'est sous-entendu, monsieur l'ambassadeur.

(Guise prend à part d'Espignac, la Duchesse s'approche d'eux ; l'ambassadeur reste devant la cheminée avec Mayneville et autres.)

GUISE, à d'Espignac.

Je viens de faire un grand pas ; me voilà hors
de la ligne que je m'étais tracée, et dans la né-
cessité de tout précipiter ; à mon avis c'est un malheur, mais les événemens sont plus forts que moi.

LA DUCHESSE.

Dieu soit loué et vous aussi, mon cher Henri !
Je tremblais de vous voir marcher à pas de tortue,
et j'en mourais déjà d'impatience.

GUISE.

Et toi, d'Espignac, que dis-tu du nouveau plan ?

D'ESPIGNAC.

Pour mon compte je ne serai pas fâché que mon ami d'Épernon soit pendu quelques jours plus tôt.

GUISE.

Tu ne doutes donc pas du succès?

D'ESPIGNAC.

J'en suis aussi sûr que de ma haine pour ce chien de d'Épernon.

GUISE.

Il faut pourtant ne rien négliger : nous passe-rons la journée de demain à recruter des amis.

D'ESPIGNAC.

Vous en trouverez, soyez tranquille.

GUISE.

Surtout ne rien laisser au hasard.

D'ESPIGNAC.

Avec des cartes comme les vôtres, croyez-moi, monseigneur, on peut jouer jeu sur table; c'est une partie gagnée.

LA DUCHESSE.

Partie gagnée, c'est bien dit. Mes chers petits ciseaux, vous ne tarderez pas à faire votre besogne.

UN VALET, ouvrant la porte du salon et annonçant.

Monsieur le comte de Villequier !

(Entre Villequier.)

LA DUCHESSE.

Vous venez à belle heure, monsieur de Villequier.

VILLEQUIER.

Je viens peut-être encore trop tôt, madame,
car je n'apporte pas de bonnes nouvelles.

(Tout le monde s'approche de Villequier et écoute avec attention.)

GUISE.

Et quelles nouvelles ?

VILLEQUIER.

Le Roi, malgré mes prières, vient de donner ordre à toutes les troupes cantonnées dans les faubourgs d'entrer demain dans la ville à la pointe
du jour.

GUISE, sans montrer d'émotion.

Que veut-il donc en faire ?

VILLEQUIER.

On l'a si bien endoctriné, qu'il a dessein quand la
ville toute entière sera comme emprisonnée par ses
soldats, de saisir les principaux bourgeois et de
s'assurer de votre personne, monseigneur ; vous
devinez sans peine ce qu'il compte faire d'eux et
de vous. Votre situation m'a semblé si périlleuse
que je suis venu en toute hâte vous en avertir.

GUISE.

Grand merci, mon cher Villequier : mais que dois-je faire, à votre avis ?

VILLEQUIER.

Quand on n'est pas en état de faire face à l'orage, on doit, je crois, chercher les moyens de s'en mettre à l'abri ; à votre place, monseigneur, je prendrais le parti de m'éloigner de la ville, ne fût-ce que de deux lieues.

LA DUCHESSE.

Y pensez-vous, Villequier ? quitter la ville !

VILLEQUIER.

Oui madame, mieux vaut la quitter avec l'espoir d'y rentrer, qu'y rester pour n'en plus sortir.

(Guise paraît réfléchir et ne pas écouter ce que disent sa sœur et Villequier.)

LA DUCHESSE.

Mais c'est nous déshonorer : vous ne le sentez pas ?

VILLEQUIER.

Quel déshonneur y a-t-il à éviter un ennemi qu'on est dans l'impossibilité de vaincre ?

LA DUCHESSE.

Je croyais que vous compreniez mieux nos intérêts. Il paraît que vous n'êtes plus de nos amis, monsieur de Villequier ?

VILLEQUIER.

Et pourquoi, madame ?

LA DUCHESSE.

Parce que ce n'est pas de bonne foi que vous nous donnez ce conseil. Je gage même qu'il ne vient pas de vous... avouez-le-moi, vous sortez de l'hôtel de Soissons?

VILLEQUIER

Madame, j'arrive du Louvre en droiture; mes porteurs vous le diront.

LA DUCHESSE.

En ce cas, la vieille bohémienne y était; c'est elle...

GUISE, l'interrompant.

Peu importe qui a donné le conseil : fût-ce notre saint père le Pape, nous ne le suivrions pas.

LA DUCHESSE.

A la bonne heure : voilà répondre !

GUISE.

Je ne me sens criminel ni d'actions ni de pensées, le Roi ne m'a pas interdit le séjour de sa ville, je ne vois pas pourquoi j'irais prendre la fuite. Mon cher Villequier, je me fie en ma bonne cause et en mes amis, car, soit dit entre nous, j'ai assez d'amis pour faire une contenance respectable. Je n'attaquerai personne, mais s'il faut nous défendre, les épées lorraines montreront ce qu'elles valent.

VILLEQUIER.

Que pourra votre courage, monseigneur? vous serez un contre vingt.

GUISE.

Demandez à ces messieurs (montrant Brissac, Mayne-ville et les autres) s'ils ont jamais compté leurs ennemis ? D'ailleurs, je n'aime pas les garnisons nombreuses ; il ne me faut que de bonnes murailles, et celles de l'hôtel sont de taille à se moquer du boulet ; n'est-il pas vrai, Brissac ?

VILLEQUIER.

Mais, monseigneur, vous allez mettre la ville à feu et à sang.

GUISE.

Ce n'est pas moi, c'est le Roi qui doit y regarder à deux fois. Qu'il nous laisse en repos, nous n'allumerons pas seulement une mèche de mousquet.

VILLEQUIER.

Le Roi est tellement irrité que je ne puis répondre...

GUISE, brusquement.

Eh bien ! monsieur, le sang versé retombera sur lui.

VILLEQUIER.

Je ne demande pas mieux, monseigneur, car quoi qu'en dise madame la Duchesse, je suis encore de vos amis. Si j'avais pu croire que vous fussiez aussi bien sur vos gardes, je ne me serais pas avisé d'ouvrir un semblable avis ; Dieu m'est témoin que je vous aurais vu partir avec le plus grand regret.

LA DUCHESSE.

En vérité, vous comptez par cet acte de contri-
tion rentrer en grace auprès de moi ; mais il est
trop tard ; c'est guerre à mort entre nous.

VILLEQUIER.

Si vous êtes impitoyable pour le comte de Villequier, n'aurez-vous pas quelque indulgence pour le
gouverneur de Paris et le secrétaire-d'état ?

LA DUCHESSE, souriant.

Ce ne serait pas impossible ; et même, si selon
votre louable coutume, vous vouliez passer demain
matin à l'hôtel Montpensier, j'aurais des conditions
de paix à vous offrir qui vous plairont peut-être.

VILLEQUIER.

J'allais, madame, vous en demander la per-
mission. (Il lui baise la main. — A l'ambassadeur :) Monsieur
l'ambassadeur vient du même côté que moi, ce me
semble ?

L'AMBASSADEUR.

Oui, monsieur le comte, je passe devant votre
arsenal.

VILLEQUIER.

Eh bien ! si vous le permettez, je profiterai de vos
flambeaux.

GUISE, à l'ambassadeur.

Adieu, monsieur l'ambassadeur ; si nous ne sommes pas bloqués demain, nous vous reverrons, j'espère.

LA DUCHESSE.

Ayez soin que votre porte soit bien fermée, car vous n'êtes pas en beaucoup meilleure odeur que nous, et vos doublons pourraient donner des tentations.

L'AMBASSADEUR.

Oh ! j'ai mes hallebardiers...

LA DUCHESSE, riant.

Si vous avez vos hallebardiers, c'est une autre chose.

(*Elle lui donne sa main à baiser. Villequier et l'ambassadeur sortent.*)

GUISE, se promenant de long en large.

Quitter la ville ! quelle folie ! je n'y pouvais pas songer. — Un seul pas en arrière au point où j'en suis, et tout est perdu pour moi. Tout ou rien, le sort en est jeté. — Mayneville, vous allez descendre au jardin, et faire ouvrir des meurtrières tout le long des murs ; tâchez que cela se fasse sans bruit. (*à Bois-Dauphin et à Chamois.*) Vous, messieurs, faites porter dans les deux pavillons qui donnent sur la rue ces quatre fauconneaux qui sont dans les caves, et revenez ensuite, j'ai d'autres ordres à vous donner. — Quant à vous, Brissac, à cheval, mon ami, à cheval sur-le-champ. Et Saint-Paul, où est-il ?

BRISSAC.

Je l'ai vu tout à l'heure traverser la cour. Il est dans l'hôtel.

GUISE.

Bon ; faites brider son cheval, il faut qu'il parte en même temps que vous. Il ira dire à d'Aumale de se trouver ici demain à la pointe du jour avec ses lansquenets. Vous savez où est d'Aumale ? à la Villette, chez les pères cordeliers. Et vous, mon cher, allez au-devant de ces trois régimens qui ont dû quitter Soissons ce matin. Qu'ils viennent à toute bride ; je les veux après demain soir à la porte Saint-Denis.

(Brissac sort.)

Demain six mille hommes dans la ville ! Je n'aurais pas cru que cet imbécille eût le courage de les faire entrer. Villequier nous a mal servis : il aurait pu l'empêcher de se décider. — Mais rien n'est encore perdu. Je tiendrai deux jours facilement ; dans deux jours mes régimens sont aux portes : on parlementera, et je demanderai les états généraux. — De toute façon c'était là où j'en voulais venir : sans les états généraux pas de déchéance en règle : oui , il me fallait absolument les états généraux : eh ! bien, les moyens changent , mais le résultat sera le même. (se tournant vers sa sœur et d'Espignac.)En vérité, je commence à n'être pas fâché qu'il fasse entrer ses suisses.

LA DUCHESSE.

Moi, ces suisses me désolent, non pas que j'en aie grand' peur, mais c'est que , grace à eux , vous voilà revenu à la défensive, et nous en aurons pour des siècles.

GUISE.

Ne voudriez-vous pas qu'avec mes deux ou trois cents hommes j'allasse me mesurer corps à corps avec six mille soldats armés jusqu'aux dents ? ne parlez donc pas à l'étourdie, ma chère.

LA DUCHESSE.

Mais vous ne me comprenez pas : ce n'est pas demain que je vous propose d'attaquer, c'est cette nuit.

GUISE.

Cette nuit ?

LA DUCHESSE.

Oui, vous n'avez besoin que des cinq ou six heures qui nous restent pour mener à fin tous vos projets.

GUISE.

Mais tout le monde dort à l'heure qu'il est.

LA DUCHESSE.

Je me charge d'éveiller nos amis : dans un quart-d'heure le tocsin de toutes les paroisses sera en branle, et si vous avez bonne volonté, dans deux heures vous aurez fait place nette au Louvre.

GUISE.

Peste ! comme vous y allez ! Et les suisses, qu'en faites-vous ?

LA DUCHESSE.

Ils trouveront les portes fermées, et des bouches
à feu sur les remparts.

GUISE.

Et comment justifierez-vous votre échauffourée?
car encore vous faut-il une excuse.

LA DUCHESSE.

Voilà qui est bien difficile! Le peuple a surpris
des assassins envoyés du Louvre, et, dans sa fureur, il s'est porté aux dernières extrémités. Vous
aurez tenté vainement de le calmer...

GUISE.

A merveille! vous avez réponse à tout ; votre
plan est admirable; il n'y a qu'un malheur, c'est
qu'il faudrait être fou pour l'exécuter.

LA DUCHESSE.

Folie tant qu'il vous plaira, mais si Dieu m'avait
fait la grace de me donner à porter cette épée qui
pend à votre côté et votre beau nom de Guise, je
la voudrais faire cette folie. Vous avez du courage, mon cher Duc, mais ce n'est pas assez, il faut
encore de l'audace. Savez-vous qu'à votre place
votre père n'aurait pas balancé?

GUISE, vivement.

Mon père?.. je vous en remercie pour lui, vous
faites honneur à sa prudence. (d'un ton moqueur.) d'Es-

pignac, comment trouves-tu les plans de campagne de la Duchesse?

D'ESPIGNAC

Très poétiques, monseigneur, c'est une Iliade : mais je suis forcé d'avouer qu'on peut trouver une politique plus profonde et plus sage.

LA DUCHESSE.

Ma politique vaut bien la vôtre : mes idées de femme valent bien vos profondes idées. Avec vos états généraux vous ferez de belle besogne ! puissent-ils ne pas vous jouer quelque mauvais tour, mon cher Henri, je le dis à regret, mais voici votre horoscope : la manie de tout calculer vous empêchera de jamais agir à propos : vous voudrez attraper tout le monde, et vous serez pris dans vos propres filets : vous...

GUISE.

Épargnez-moi le reste, ma chère, et calmez-vous, de grace : vous voilà toute rouge.

LA DUCHESSE.

Que voulez-vous? je ne suis pas maîtresse de moi quand je pense que vous gâtez ainsi à plaisir votre fortune : vous étiez si bien fait pour être roi !

GUISE.

Ah ! voilà le grand mot prononcé : c'est ce maudit nom de roi qui vous fait tourner la tête. Pour

moi, je tiens moins au nom qu'à la chose : je ne
suis pas un enfant pour me prendre à des mots
comme à des hochets.

LA DUCHESSE.

Adieu, mon cher Henri, n'en dites pas davantage, vous ne me convertiriez pas ; et même, dût
votre gravité s'en offenser, je vous souhaite de redevenir enfant comme moi, afin de prendre un
peu plus d'amour pour cette couronne, qui n'est
pas un hochet, quoi que vous en disiez. Adieu.

GUISE.

Adieu.

LA DUCHESSE.

N'oubliez pas à votre réveil de m'envoyer vos
instructions.

GUISE.

Ce sera mon premier soin , ma chère.

(La Duchesse sort)

Quelle tête légère ! Je ne l'ai jamais vue aussi folle
que ce soir. Elle voudrait faire marcher les affaires
d'état comme elle mène ses amans ; et puis s'en
venir me dire que mon père... mon père...

D'ESPIGNAC.

Monseigneur ne veut-il pas prendre quelques
instans de repos ? onze heures sont déjà sonnées.

GUISE.

Oui, je vais me jeter sur mon lit. Mais viens

avec moi, d'Espignac. J'ai envie que tu ailles au Louvre : il faut savoir ce qui s'y passe. Je ne me fie jamais complètement à ce que dit Villequier.

D'ESPIGNAC.

La commission n'est pas des plus gracieuses. Mais je suis prêt, monseigneur.

GUISE.

Eh bien ! suis-moi : nous allons concerter ton ambassade.

(Ils sortent.)

FIN DE LA TROISIÈME SCÈNE.

Scène iv.

LUNDI 9 MAI, 11 HEURES DU SOIR.

Le cimetière des Innocens.
La lune brille de temps en temps au travers des nuages.
Plusieurs compagnies de gardes bourgeoises sont rangées dans
l'intérieur du cimetière, le mousquet sur l'épaule [1].

(Delarue, concierge du cimetière, est debout devant la porte. Perrin,
facteur de la halle aux draps, traverse la place, et s'approche de lui.)

PERRIN.

Bonsoir, voisin.

DELARUE.

Bonsoir, maître Perrin.

PERRIN.

Comment va la pituite?

DELARUE.

Pas mal.

(1) Pour comprendre ce que font là ces compagnies bourgeoises, voyez ce que le maréchal de Biron dit au roi à la fin
de la seconde scène, pag. 124.

PERRIN.

Ainsi, vous allez venir faire un tour avec moi?

DELARUE.

Non pas, s'il vous plaît: je suis de faction.

PERRIN.

En ce cas, bonne nuit, voisin.

DELARUE.

Où allez-vous donc, père Perrin?

PERRIN.

Remplir ma bourse.

DELARUE.

Ouais! et comment?

PERRIN.

Comment? Vous comprenez bien que tout ce qui sent la huguenoterie de loin ou de près s'en va déloger d'ici à demain, et il y a de bons coups à faire sur leurs meubles.

DELARUE.

Peste! il a raison le père Perrin.

PERRIN.

Il faut se dépêcher, parce qu'ils sont peut-être déjà en marché avec ces coquins de juifs de la place Maubert; et puis, si demain on pille, nous n'en aurons rien, nous autres : au lieu que nous pouvons profiter de cette nuit pour transporter le meilleur dans nos maisons.

DELARUE.

Il a raison, père Perrin. Attendez, je vais

éveiller mon petit Thomas pour garder la porte.

PERRIN.

Écoutez donc, compère : vous savez bien ce conseiller aux aides, qui demeure au coin de la rue du Chaume ?

DELARUE.

Oui, monsieur Saint-Gilles.

PERRIN.

Il a de fameux rideaux de damas rouge, n'est-il pas vrai ? et des matelas et des édredons à l'avenant : eh bien ! je gage avoir tout cela pour douze pistoles au plus.

DELARUE.

En vérité? Quel chien de métier d'être huguenot !

PERRIN.

Ça leur vient bien.

DELARUE.

C'est vrai, tête-Dieu ! pourquoi sont-ils si entêtés ? — Vous savez bien ces deux petites Foucault, nos voisines, dont le père a été jeté à l'eau il y a deux ans ?

PERRIN.

Oui ; eh bien ?

DELARUE.

Quand elles ont vu entrer monsieur de Guise, elles sont devenues jaunes comme citron. Pauvres enfans ! elles se croyaient déjà mortes.

PERRIN.

Où sont-elles allé ?

DELARUE.

Écoutez, n'en dites rien, père Perrin : je les ai cachées dans mon grenier.

PERRIN.

Comment ! là-haut ? Prenez garde, voisin, vous vous ferez de mauvaises affaires. Heureusement que votre femme est en couche, car on le saurait déjà à Saint-Gervais.

DELARUE.

Parbleu ! si ma femme pouvait marcher, croyez-vous que j'y aurais seulement pensé ?

(Entre Comte l'échevin.)

COMTE.

Allons, Delarue, voici venir la dernière compagnie : ouvre la grande porte. Dépêche-toi.

PERRIN, à Delarue.

Adieu, camarade ; je n'ai pas le temps de vous attendre.

DELARUE, ouvrant la porte.

Allez toujours, je vous rejoins au coin de la rue aux Fers.

(La compagnie commence à entrer dans le cimetière. Riolle le capitaine s'arrête à causer avec Comte l'échevin.)

UN DES BOURGEOIS, faisant un faux pas sur une tombe.

Mille diables! on se casse les jambes contre ces taupinières.

UN CAPORAL.

Quelle infamie de nous faire fouler aux pieds les os de nos vieux parens!

UN AUTRE BOURGEOIS.

Camarade, comprenez-vous pourquoi l'on nous conduit ici?

ROLAND LE LIGUEUR, second capitaine.

Nous sommes bien bons d'avoir laissé là nos lits et nos maisons à l'heure qu'il est. On ne sonnait pas au feu, qu'avions-nous besoin de nous déranger?

COMTE, bas à Riolle.

Voilà tout le monde entré, fermons la porte.

ROLAND, à sa compagnie.

Eh bien! voyez donc, il met les verroux.

PLUSIEURS VOIX.

Holà! qu'est-ce que vous faites? voulez-vous nous mettre en cage?

COMTE.

Messieurs, l'intention du Roi est que vous restiez dans ce poste pour défendre sa ville contre les entreprises des factieux et des traîtres.

ROLAND.

Il n'y a de traître que toi, vieil hypocrite.

COMTE.

Qu'est-ce qui m'insulte ici?

ROLAND.

C'est moi, Roland, qui n'ai pas peur de toi.

COMTE.

Qu'est-ce que je vous ai fait?

ROLAND.

Tu sais bien ce que je te veux dire : prends garde à toi.

COMTE.

Mais dites ce qu'on vous a fait?

ROLAND.

Tu as trahi tes amis, misérable!

QUELQUES VOIX.

A bas le traître! à bas!

RIOLLE LE CAPITAINE.

Silence! je vais faire arrêter ceux qui crient.

(Comte l'échevin ouvre le guichet et s'échappe.)

ROLAND.

Le poltron! le voilà qui va faire son métier d'espion.

UN BOURGEOIS.

Morbleu! a-t-on dessein de nous faire coucher ici? La nuit commence à n'être pas trop chaude.

ROLAND.

Et l'odeur qu'on respire n'est pas délicieuse.

(On entend de l'autre côté du mur le son d'une trompe.)

UN BOURGEOIS.

Écoutons, écoutons ce que va nous dire le crieur.

LE CRIEUR PUBLIC, d'une voix lente et enrouée.

« De par le Roi, le grand prévôt et monseigneur de Guise...

ROLAND.

Ah! ça, est-il fou ce vieux chat-huant? Qu'a de commun monseigneur de Guise avec son grand prévôt?

LE CRIEUR.

« ... Commandement à tous bourgeois qui cachent en leurs maisons des étrangers et autres gens suspects de les faire vider sur l'heure; sinon, qu'ils s'attendent à y être contraints par la force. »

(Il sonne de la trompe et s'éloigne.)

ROLAND.

Belle finesse, ma foi! vont-ils pas nous dire que c'est monseigneur de Guise qui nous chante cette antienne-là!

UN BOURGEOIS.

C'est une trahison!

TOUS.

Trahison! trahison!

ROLAND.

Savez-vous, mes amis, que pendant que nous sommes ici à faire le pied de grue, les garnemens du Louvre sont à fouiller nos maisons sous prétexte de chercher les étrangers? Gare à nos filles et à notre argent !

UN BOURGEOIS.

Retournons chacun chez nous.

TOUS.

Bien dit : allons-nous-en.

RIOLLE.

Silence ! silence ! le Roi vous a mis à ce poste, vous devez y rester.

ROLAND.

Nous n'avons d'autre poste à garder que nos maisons. Allons, capitaine, ouvrez-nous les portes.

RIOLLE.

Je n'ai pas les clés.

ROLAND.

J'ai vu Comte les lui remettre en s'échappant.

RIOLLE.

Mon devoir est de ne pas vous céder.

PLUSIEURS VOIX.

Laisse là ton devoir, ou tu n'es qu'un hérétique.

ROLAND.

Il y a déjà long-temps que je le tiens suspect en fait de religion : il paraît que je ne me trompais guère.

UNE VOIX, à l'autre bout du cimetière.

Son père était cordonnier du roi de Navarre.

TOUS.

A bas le béarnais ! à bas le huguenot !

UNE AUTRE VOIX.

C'est lui qui chausse le d'Épernon !

TOUS.

A bas le huguenot ! à bas le traître !

(Roland s'approche de Riolle, et le renverse d'un coup de crosse d'arquebuse, puis il se met à frapper à coups redoublés dans la porte ; tous ses voisins suivent son exemple, et en peu d'instans le guichet vole en éclats, Roland s'élance dans la rue, mais il se trouve face à face avec d'O, qui, à la tête de quelques soldats du guet, vient faire une ronde. Roland et ceux qui le suivent s'arrêtent un instant.)

D'O.

Où allez-vous, messieurs ? Pourquoi enfoncer cette porte ? Le Roi veut que vous restiez dans ce cimetière.

ROLAND.

Le Roi peut le vouloir, mais nous, seigneur cavalier, nous aimons mieux passer la nuit dans nos lits qu'ici à la belle étoile. Or, comme la volonté du Roi n'a dans ce moment à son service que six arquebuses, et que la nôtre en a plus de six cents, vous aurez la prudence de nous laisser passer.

(En achevant il écarte légèrement d'O qui se range pour lui faire place. En un instant tous les bourgeois sont hors du cimetière, et se répandent de tous côtés. Riolle, se relevant avec peine, s'approche de d'O, qui lui dit :)

Comment, mon cher capitaine, vous n'avez pas pu les arrêter ?

RIOLLE.

Et ne voyez-vous pas qu'ils m'ont passé sur le corps ? j'en suis tout meurtri.

D'O.

Voilà un commencement qui n'est pas de bon augure ; heureusement les suisses vont entrer bientôt et mettre tout le monde à la raison.

RIOLLE, se frottant les mains.

Vivent les suisses ! morbleu ! j'aurai plaisir à prendre ma revanche sur cette canaille.

(Ils sortent.)

FIN DE LA QUATRIÈME SCÈNE.

Scène v.

LUNDI 9 MAI, MINUIT.

L'hôtel de la reine-mère (hôtel de Soissons, aujourd'hui la halle au blé.)

Un vaste appartement au rez-de-chaussée. A droite, deux fenêtres et une porte conduisant au jardin ; à gauche, des tableaux parmi lesquels on remarque les portraits des aïeux de la reine et ceux de ses enfans ; dans le milieu de la chambre, une grande table couverte d'un tapis noir ; sur la table, une foule d'instrumens astronomiques et de livres d'astrologie.

———

(La reine assise devant la table, la tête appuyée sur sa main, semble prête à se laisser aller au sommeil.)

LA REINE.

Quelle journée fatigante ! et Villequier ne revient pas ! quand donc pourrai-je prendre un moment de repos ? (elle se lève et ouvre une fenêtre.) Impossible de découvrir une seule étoile ; ces maudits nuages ne se dissiperont pas !.. Le ciel était si pur au coucher du soleil ! (elle appelle.) Bianca !

BIANCA, première cameriera.

Votre Majesté n'a-t-elle pas appelé?

LA REINE.

Quelle heure est-il?

BIANCA.

L'horloge de Saint-Eustache vient de sonner minuit.

LA REINE.

Voici bientôt le moment... (elle essaie encore d'observer les étoiles.) Je ne vois rien. — Zarlino est-il à la tour [1]?

BIANCA.

Je viens de l'y voir monter.

LA REINE.

Allez lui dire qu'il ne perde pas de vue ces deux petites étoiles que je lui ai fait observer hier : elles ne vont pas tarder à se coucher, et peut-être il pourra les voir, car le ciel n'est pas très chargé à l'horizon.

(Bianca sort.)

(La reine se met à feuilleter un livre d'astrologie, mais peu à peu sa tête s'appesantit et elle laisse le livre se fermer.)

Je n'en puis plus : la veille m'accable ; le moindre travail me tue... Et pourtant voici l'heure de la conjonction des quatre signes ; Zarlino n'y comprendra rien, il faut absolument... (elle reprend le livre et appelle une seconde cameriera) Camilla !

(1) Cette tour existe encore, adossée à la rotonde de la halle au blé.

CAMILLA.

Que demande Votre Majesté?

LA REINE.

Ma chère Camilla, va me chercher la liqueur de notre vieil arabe, on a dû la faire chauffer [1].

(Camilla sort. La reine ouvrant son grand livre:)

Voilà bien l'étoile de ce cher enfant : si elle peut s'introduire dans ce triangle fatal, ils auront beau faire, il les éclipsera tous... mais c'est demain le grand jour.

(Entre Camilla portant un gobelet plein de café.)

Merci, ma chère Camilla, attends un peu, tu vas remporter le gobelet. (elle boit tout d'un trait.) Dis-moi, Camilla, te sens-tu la tête lourde et brûlante comme moi?

CAMILLA.

Ne vous étonnez pas, madame, tout le monde est mal à l'aise aujourd'hui ; le temps est si bizarre.

LA REINE.

Tu veux me flatter, Camilla : va, si j'avais ton âge, je sais bien que je ne souffrirais pas.

(Camilla sort.)

(1) C'est probablement du café que demande Catherine : depuis 1545 le café était à la mode à Constantinople ; en Italie on commençait à le connaître ; mais en France c'était encore une liqueur mystérieuse : l'usage n'en devint public qu'au milieu du dix-septième siècle.

Si j'avais seulement dix ans de moins... Mais la liqueur fait son effet : me voilà ranimée. Qu'importe si c'est une force factice, je serai toujours maîtresse de ma tête et de mon corps pour quelques instans. (elle se lève.) Si Villequier tarde encore seulement un quart-d'heure, j'y veux aller moi-même... Ce maudit Guise ! il faut qu'il parte, il faut qu'il aille se faire battre par le Béarnais, se faire tuer s'il est possible... Oui, tué, c'est son destin... (elle s'approche de son livre.) Le voilà... il tombe dans Saturne ; c'est bien clair. Et quant à ce chien de Béarnais, dès qu'il ne nous sera plus utile à rien, fut-il Satan lui-même, on saura bien s'en débarrasser [1].

(Elle s'arrête devant le portrait du marquis de Pont, son petit-fils.)

Ce n'est que pour toi, mon cher enfant, que ta pauvre grand'mère se donne tant de tourmens. Mais ne crains rien, nous te verrons au Louvre : il faudra bien que ton oncle te laisse sa couronne, quand son Béarnais ne sera plus ; je vivrai encore assez pour te la mettre sur la tête.

(Entre Villequier par la porte du jardin.)

Eh bien ! Villequier, partira-t-il ?

____

(1) Il était pourtant son gendre ; mais elle l'aimait si fort, qu'elle disait parfois : Eût-il épousé mes trois filles, je le donnerais au diable !

VILLEQUIER.

Madame, il faut renoncer à vos plans; il ne partira pas.

LA REINE.

Il ne partira pas?

VILLEQUIER.

Mon Dieu! non. J'ai perdu ma peine; il fait le rodomont et se dit assez fort pour se défendre. Sans doute il a aussi quelques régimens dans les faubourgs. Attendons-nous à voir demain une furieuse mêlée.

LA REINE.

Mais nous ne devons pas souffrir... mon cher Villequier...

VILLEQUIER.

Oh! vous aurez beau faire, on se battra demain dans la ville, et Dieu sait qui restera maître du terrain.

LA REINE.

En vérité, vous m'étonnez de parler de ces choses-là aussi froidement! songez-vous aux conséquences?

VILLEQUIER.

Sans doute.

LA REINE,

Elles sont terribles.

VILLEQUIER.

Oui, je l'avoue, mais je n'y peux rien.

LA REINE.

Ainsi vous laisserez le Roi écraser le Duc et réduire la ligue au néant, pour que votre bien-aimé d'Épernon s'en revienne vous mettre tous à la porte comme des laquais ?

VILLEQUIER.

Certes, je n'en ai nulle envie.

LA REINE.

Eh bien ! alors, ce sera le Guizard qui s'installera au Louvre, et vous lui verrez engraisser tous ses porcs de Lorraine sans qu'il vous tombe seulement une miette dans la bouche.

VILLEQUIER.

Voilà qui n'est pas mieux de mon goût.

LA REINE, vivement.

Il faudra bien pourtant que l'un des deux terrasse l'autre si une fois ils se prennent corps à corps. Une seule goutte de sang versée demain, et tout est perdu.

VILLEQUIER, d'un air d'importance.

Il me semble que Votre Majesté me fait ordinairement l'honneur de compter davantage sur mes ressources.

LA REINE, d'une voix plus douce.

Asseyez-vous donc, Villequier ; auriez-vous quelque idée ?

VILLEQUIER.

Vous pensez bien, madame, que j'ai déjà pris mes précautions.

LA REINE.

Voyons, qu'avez-vous fait?

VILLEQUIER.

J'ai persuadé au roi qu'il devait rester sur la défensive.

LA REINE.

Bien.

VILLEQUIER.

De son côté, monsieur le Duc n'attaquera pas ; nous avons donc tout le temps de prévenir un éclat et de les séparer.

LA REINE.

Mais ces troupes qui vont entrer demain ?...

VILLEQUIER.

N'ayez pas peur...

LA REINE.

Auriez-vous par hasard moyen de les disposer de telle sorte...

VILLEQUIER.

Point d'inquiétude, je vous prie : j'ai là-dessus des idées... Par exemple, si nous concentrons les forces autour du Louvre, le roi sera à l'abri de tout danger, et si d'un autre côté les postes éloignés sont mal garnis, il ne pourra rien entreprendre ; qu'en dites-vous ?

LA REINE.

Je comprends, ce n'est pas mal. — Il vaudrait pourtant mieux qu'il partît ! Mais puisqu'on ne peut l'y forcer... Allons, c'est convenu, je m'en fie à vous. (*Villequier se prépare à sortir.*) Vous partez déjà, Villequier ?

VILLEQUIER.

Non pas pour aller dormir, je vous jure, mais j'ai tant d'ordres à donner ! — A propos, que me conseillez-vous de faire de ce lieutenant Poulain dont je vous ai parlé hier ? Je l'ai vu sortir du palais à la nuit tombante, et l'envie m'avait pris de l'envoyer faire un plongeon dans la Seine ; qu'en pensez-vous ?

LA REINE.

Non, laissez-le vivre, ce pauvre diable; il n'a pas grand crédit sur le roi, à ce que je pense, et il l'empêche de s'endormir; ce n'est pas mal.

VILLEQUIER.

Eh bien ! soit.

LA REINE.

Demain matin je vous attends.

VILLEQUIER.

Au sortir de l'hôtel Montpensier je vous apporte les nouvelles de la nuit.

(Il sort.)

LA REINE.

Il ne partira pas ! est-ce bien sûr ? — Ce Villequier est si maladroit à force de mettre de l'adresse
partout : il aura débité ses grandes phrases miel-
leuses qui ne vont pas au fait... et puis qui sait ?
Il fait les yeux doux à cette petite folle de Montpensier qui se moque de lui. — On n'a de bon serviteur que soi-même. Allons, je vais tout arranger.
(elle appelle.) Camilla !

(Entre Camilla.)

Fais approcher ma chaise ici devant la porte du
jardin.

CAMILLA.

Combien madame veut-elle de flambeaux ?

LA REINE.

Point de flambeaux. — Je lui ferai peur : je le
menacerai de me tourner contre lui. — Si je voulais ! il serait écrasé comme un pauvre insecte. —
Oui, mais le d'Épernon qu'il faudrait subir, et le
roi de Navarre... non, non, jamais... (elle appelle.)
Bianca ?

(Entre Bianca.)

Vous allez monter à la tour ; Zarlino vous dira tout
ce qu'il aura vu, et vous l'écrirez pour ne pas l'oublier.

CAMILLA, rentrant par la porte du jardin.

Voici la chaise de Sa Majesté.

12.

LA REINE.

Ma mante noire, mon masque. — Mesdames, vous m'attendrez, je serai de retour avant une heure. — Oh! que ma tête est douloureuse! n'importe, il faut aller.

(Elle monte dans sa chaise et sort.)

BIANCA.

Où va-t-elle à pareille heure?

CAMILLA.

Qu'elle aille au sabbat, si elle veut, voir ses compères les sorciers, je ne m'en soucie guère. Mais si j'avais su qu'elle sortît, j'aurais dit à Angelo de venir.

BIANCA.

Vous êtes bien bonne, ma chère, de vous gêner : si j'avais encore mon petit Sciluppi que ces damnés de huguenots m'ont tué à Coutras, je lui donnerais audience tous les soirs. Notre vieille n'y prend pas garde : elle en a tant fait dans son temps !

CAMILLA.

Par malheur, il est trop tard pour le faire avertir.

BIANCA.

Dites-moi, Camilla, vous souvient-il comme il était beau ce pauvre Sciluppi?

CAMILLA.

Oui, pas mal. — Mais moi je n'aime pas les blonds.

BIANCA.

Quelle folie, ma chère, de se faire de pareilles idées : il faut aimer tout ce qui est beau. Moi j'aime les blonds... sans préjudice des bruns.

CAMILLA.

On s'en aperçoit bien.

BIANCA.

Et comment, s'il vous plait ?

CAMILLA.

A la manière dont vous parle le seigneur Davila.

BIANCA.

Moi ? je ne l'écoute pas.

CAMILLA.

On jurerait pourtant que vous mourez d'envie d'aller recevoir votre tribut quotidien de galanterie. Il parle bien, le docte écuyer.

BIANCA.

Vous trouvez ?

CAMILLA.

Savez-vous qu'il est là-haut sur la terrasse avec le petit Guglielmo ?

BIANCA.

Vous l'avez vu ?

CAMILLA.

Oui, allons, montons, je vous laisserai bien à

votre aise. Guglielmo m'amusera avec ses contes ;
Angelo m'a dit qu'il n'en était pas jaloux.

BIANCA.

Mais la reine m'a chargée de monter à la tour.

CAMILLA.

Êtes-vous folle ? vous iriez perdre le souffle à
grimper ces dix étages. Laissez-moi faire, je me
charge de votre rapport sur les étoiles.

(Elles sortent.)

FIN DE LA SCÈNE CINQUIÈME.

Scène vi.

JEUDI 12 MAI[1], 6 HEURES DU MATIN.

L'intérieur de l'église Saint-Gervais ; les cloches sonnent matines.
On entend dans le lointain un roulement de tambour.

Les portes de l'église sont ouvertes ; quelques hommes et un grand
nombre de femmes sont déjà rassemblés sous le porche et dans la
nef. Roland, appuyé contre un pilier, cause à voix basse avec le
bedeau.

(Entre la Chapelle-Marteau, d'un air préoccupé et sans prendre d'eau bénite.)

ROLAND, allant au devant de lui.

Soyez le bienvenu, camarade.

MARTEAU, sans l'apercevoir.

Que me veut-on ? —Ah ! c'est vous, maître Roland ? à la bonne heure on vous trouve, vous.

(1) Nous sautons à pieds joints le mardi et le mercredi,
parce que ces deux journées ne seraient, pour ainsi dire, que
des contre-épreuves de celle que nous venons de voir. Le
Roi ne fit pas entrer ses troupes le mardi matin ; les ligueurs
ne firent point d'attaque le mercredi ; la reine-mère continua
les pourparlers sans rien obtenir ; de telle sorte que le mercredi

ROLAND.

Ah ça ! que signifie ce tambour ?

MARTEAU.

Vous le savez bien.

ROLAND.

Les suisses, n'est-ce pas ?

MARTEAU.

Mon Dieu, oui ; voilà deux heures que la porte Saint-Honoré nous les vomit, ces suppôts de Satan ; c'est une légion qui n'en finit pas : la queue en était encore dans le faubourg, que la tête était à la Grève. Ma foi, mon pauvre Roland, autant vaudrait pour nous entendre notre cloche des morts que cet infernal tambour.

ROLAND.

Il faut voir pourtant : qui sait ce qu'ils vont en faire de leurs suisses ?

MARTEAU.

Tout est vu, morbleu ! nous avons été trahis, ven-

soir à minuit, les choses en étaient exactement au même point que le lundi, aussi bien au Louvre qu'à l'hôtel de Guise, à l'hôtel de Soissons et dans le cabaret de Sanchez. Il eût été fastidieux de voir les mêmes scènes se répéter presque mot pour mot : voilà pourquoi nous nous sommes permis de supposer qu'il n'avait jamais existé de mardi 10 et de mercredi 11 mai 1588, et que jeudi était le lendemain de lundi.

(Cette note ne s'adresse qu'aux personnes rigoureuses qui savent les dates.)

dus à ces chiens de politiques. On dit que Crillon occupe déjà le Marché-Neuf, du Gast le Petit-Pont, un autre la place Maubert ; il n'y a plus de remède, la ville est à eux.

CRUCÉ, qui vient d'entrer et qui a entendu ces derniers mots.

Jésus-Maria ! C'est ce que nous verrons.

MARTEAU.

Ah ! c'est vous, père Crucé, vous êtes bien heureux d'être toujours content.

CRUCÉ.

Pourquoi diable, ne serais-je pas content ? est-ce que ces tambourineurs vous font peur par hasard ?

MARTEAU.

Je les aimerais mieux dans leur faubourg qu'ici.

CRUCÉ.

Parbleu ! moi aussi ; mais puisque nous les tenons, il n'y a qu'à leur serrer la gorge.

MARTEAU.

C'est eux qui nous tiennent, tudieu !

CRUCÉ.

Pas sûr.

MARTEAU.

Tous nos gens se cachent comme des taupes, vous voyez bien qu'il n'y a que des femmes ici.

CRUCÉ.

Les hommes vont venir.

MARTEAU.

Et ce misérable Guizard qui fait le poltron ! il ne veut pas seulement nous donner un de ses gens.

ROLAND.

En vérité?

MARTEAU.

Ne vous l'avais-je pas prédit ? depuis deux heures Bussy le prêche et le harangue sur tous les tons, mais il y perdra son latin.

CRUCÉ.

Jésus-Maria ! nous nous passerons bien de lui ! il n'y a pas de duc qui tienne, la Sainte-Union doit triompher, morbleu ! c'est écrit là-haut. Laissez-moi faire, je cours à l'Université, dans un quart-d'heure tout mon monde est en armes, et nous verrons qui sera maître de la place Maubert, à la fin de la journée.

MARTEAU.

Si vous pouvez la prendre à vous tout seul, à la bonne heure, père Crucé, mais s'il vous faut seulement deux camarades, n'y comptez pas : les plus braves ont caché leurs mousquets dans leurs paillasses.

CRUCÉ.

Vive-Dieu ! je sais les moyens de les faire marcher !

ROLAND.

C'est bien, mon père Crucé, essayez toujours,
de notre côté nous ne nous endormirons pas.

CRUCÉ.

Adieu, vous aurez de mes nouvelles.

(Il sort.)

ROLAND.

Ah ça! Marteau ! où diable sont donc les autres ?

MARTEAU.

Ne m'en parlez pas. Je viens de chez Hottman,
il n'a pas répondu : je gage qu'il est renfermé dans
sa cave avec ses tonnes de doublons. Compan se
cache chez son beau-père, Poulain a disparu ; mille tonnerres ! que voulez-vous que nous fassions ?
Et par-dessus le marché, cette peste de Guizard !
Je suis sûr qu'il s'est arrangé avec la cour.

ROLAND.

Sa visite au Louvre ne signifiait rien de bon.

MARTEAU.

Oui, il y a du trafic là-dedans : tous ces Lorrains n'ont pas plus de cœur que des Juifs.

(Entre la mère Sénault, femme des halles, les cheveux en désordre, les
yeux tout en larmes, elle s'écrie :)

Miséricorde ! miséricorde ! nous sommes perdus !

MARTEAU.

Qu'avez-vous, ma commère ? qu'est-ce qu'on vous
a fait ?

LA MÈRE SÉNAULT.

Ils vont nous massacrer.

(On se rassemble autour de la mère Sénault, elle répond à Marteau :)

Ils m'ont battue, ils m'ont volée, ces scélérats d'habits rouges, qui se disaient chargés de visiter notre maison pour en chasser deux braves Espagnols que nous logeons. Ils ne les ont pas trouvés, voyez-vous, et c'est pour se venger qu'ils sont tombés sur moi : ils m'ont rouée de coups : regardez plutôt.

PLUSIEURS FEMMES.

Les scélérats !

LA MÈRE SÉNAULT.

Mais ce n'est pas tout : ils m'ont dit en s'en allant qu'avant qu'il fût ce soir ils en feraient autant à toutes les femmes des catholiques ?

TOUTES LES FEMMES.

Miséricorde ! les démons !

(Entre une autre femme des halles, qui s'écrie :)

Savez-vous ce qu'ils disent ces chiens de soldats qui passent là-bas le long de l'eau ? ils nous commandent de mettre des draps blancs à nos lits, parce qu'ils comptent y coucher ce soir.

(Murmures, agitation dans l'église : la même femme continue :)

Ils ont porté la main à mes poches en me conseillant de les tenir plus pleines, et leur grand flandrin d'officier ne m'a-t-il pas demandé si j'avais de jolies filles?

LA MÈRE SÉNAULT.

Oui-dà! on vous leur en donnera.

(Entrent deux ou trois boutiquiers tout courans.)

CHICOT, marchand mercier.

Holà! camarades, vous savez bien ce petit André, le tailleur d'habit, ils viennent de lui casser la jambe d'un revers de hallebarde!

PLUSIEURS VOIX.

Les vilains monstres!

(De tous côtés arrivent des hommes du port, des portefaix, des écoliers et des gens des halles.)

UN ÉCOLIER.

Écoutez donc, mes amis; ce damné de Crillon s'en va là-bas, disant tout haut que ceux qui oseront sortir de leur maison avec épée ou mousquet, il les fera pendre au bout d'une pique, la tête en bas.

UN BOUTIQUIER.

C'est ce qu'il faudra voir, morbleu!

UN MARINIER.

Par Saint-Nicolas! si nous allions chercher nos mousquets, ils ne feraient pas tant les fiers!

L'ÉCOLIER.

Bien dit! il n'y a qu'à s'armer, allons.

PLUSIEURS VOIX.

Oui, oui, nos mousquets!

MARTEAU, à Roland.

Camarade, les voilà qui se mettent en haleine ;
si nous tâchions d'en profiter ?

ROLAND.

Un petit sermon ferait-il de l'effet ?

MARTEAU.

Oui, je le crois ; où est Lincestre ?

ROLAND.

A la sacristie : je vais lui mettre son surplis et
le faire monter en chaire.

(Roland sort.)

MARTEAU.

Chauffons le feu, corbleu !

(La foule augmente : de tous côtés se forment de petits groupes. Chacun
raconte ce qu'il vient de voir : grande rumeur dans l'église : quelques-uns
parlent et crient à haute voix ; le père Sanchez sortant de la foule s'approche
de Marteau.)

SANCHEZ.

Ah ! vous aviez bien raison, monsieur Marteau, où se cacher maintenant ?

MARTEAU.

Comment, se cacher, imbécille ? il n'y a pas de
danger. — Qu'as-tu dans ta bourse ?

SANCHEZ.

Elle n'est pas mal garnie. Le neveu de monsieur
l'ambassadeur vient de m'apporter cinquante pistoles, et je voulais vous demander...

MARTEAU.

Ventrebleu ! va-t'en me les semer à pleines

mains comme de l'orge; fais attention surtout aux marchands de vin de la Cité. Six doublons par tonneau vide qu'ils te fourniront. Allons, te dépêcheras-tu?

SANCHEZ.

Certainement, monsieur Marteau, j'y vais. — Les cabaretiers de la Cité, n'est-ce pas? les tonneaux vides...

MARTEAU.

Oui, et n'aie pas peur, je te réponds de ta peau.

(Sanchez sort.)

ROLAND, sortant de la sacristie.

Silence, silence, mes amis, monsieur le curé va monter en chaire.

(Grand silence, Lincestre monte gravement en chaire.)

LINCESTRE.

In nomine Patris, et Filii, et Spiritus sancti.

Tout l'auditoire répond :

Amen.

LINCESTRE.

Mes chers frères, voici notre texte : Percutiam pastorem et dispergentur oves, oves, id est lupi, mes chers frères, car c'est d'un pasteur de loups que nous allons parler. L'ancien Hérode disait....

(On entend un roulement de tambour sous le porche. Lincestre s'interrompt, et tous les yeux se portent vers le côté d'où vient le bruit. Un officier suisse, à la tête de quinze ou vingt hommes, entre dans l'église et s'arrête devant la chaire. Murmure de surprise dans tout l'auditoire.)

LA MÈRE SÉNAULT, à demi-voix.

Eh bien ! qu'est-ce qu'ils veulent ceux-là ? ne vont-ils pas nous empêcher de prier Dieu ?

MARTEAU, bas à Roland.

Camarade, voilà ce que je craignais.

L'OFFICIER, après avoir rangé en ordre ses soldats.

De par le Roi, monsieur le curé, vous allez nous suivre : quitte à vous purger ensuite devant qui de droit du crime de rébellion dont vous êtes accusé.

(Deux hallebardiers s'élancent dans la chaire pour saisir Lincestre. Grand tumulte.)

PLUSIEURS VOIX.

Chiens d'hérétiques ! race de Satan ! votre roi n'a pas le droit de nous enlever notre curé.

UNE FEMME DES HALLES.

Voyez donc ces deux démons incarnés ! Holà ! ne mettez pas la main sur monsieur le curé, ne lui enlevez pas un cheveu à la tête, ou nous vous arracherons les yeux.

(L'officier et ses gens sont serrés de près. Un soldat veut repousser la Chapelle-Marteau, mais celui-ci le frappe rudement, le renverse et lui arrache sa hallebarde. Les autres soldats viennent au secours de leur camarade ; Marteau est soutenu par les siens ; le combat s'engage ; grands cris, tumulte général. Mais tout à coup on voit paraître à la porte de l'église quelques soldats du guet, et à leur tête Villequier.)

VILLEQUIER, à haute voix.

Arrêtez ! arrêtez !

(Il demande du geste à être entendu. Le calme se rétablit peu à peu.)

VILLEQUIER, s'adressant à l'officier suisse.

Monsieur, que signifie ce scandale? si je ne me trompe, c'est vous qui en êtes l'auteur. Et de quel droit, je vous prie, vous introduire en armes dans ce lieu saint pour troubler les cérémonies religieuses et profaner le service de Dieu?

L'OFFICIER.

Je suis chargé par monsieur de Biron d'arrêter le curé de cette paroisse. Voici l'ordre du maréchal.

VILLEQUIER.

En voici un du Roi qui le révoque. (Il lui présente un papier.) Veuillez donc, monsieur, sortir sur-le-champ avec vos hommes, et laisser ces gens en paix. Allez rejoindre votre compagnie, et souvenez-vous que Sa Majesté ne vous a fait descendre des faubourgs que pour réprimer les excès, et non pour en commettre.

L'OFFICIER, à part.

Der Teufel! beau plaisir de servir un roi qui tourne à tous les vents! (à ses soldats.) Allons, mes camarades, il faut obéir.

UN SOLDAT.

Capitaine, si nous cédons le pas à ces chiens enragés, ils ne tarderont pas à nous marcher sur le ventre.

L'OFFICIER.

Que veux-tu, mon garçon ?

(Ils sortent.)

VILLEQUIER, à Lincestre.

Monsieur le curé, vous voyez que le Roi n'a que des idées de paix et de clémence, je n'ai pas besoin de vous inviter à suivre son exemple. Il attend de vous et de vos ouailles obéissance et modération ; en récompense il vous protégera contre vos ennemis. Les soldats qu'il a fait entrer dans la ville n'ont pas d'autre destination.

(Villequier sort ; aussitôt le silence qui régnait dans l'église est interrompu par ces cris poussés de tous côtés :)

Vive Dieu ! les voilà tous partis.

MARTEAU.

Sainte mère de Dieu, soyez bénie ! Si le Guizard nous trahit, maître Villequier ne nous abandonne pas.

ROLAND.

Il y a de l'espoir, camarade.

MARTEAU.

Ma foi ! s'ils n'ont appelé leurs soldats que pour les planter en haie le long des murailles, les bras croisés, comme des statues, nous serions bien fous d'en avoir peur.

ROLAND.

Morbleu ! la peur et les coups seront pour eux.

MARTEAU.

Silence ! l'ami Lincestre veut nous dire quelque chose ; laissons-le faire.

ROLAND.

Ses joues commencent à se ranimer un peu ; mais le pauvre poltron était plus pâle qu'un trépassé quand ces deux grands lurons le tenaient à la gorge.

LINCESTRE, d'une voix encore émue, et après avoir feuilleté son bréviaire.

Domine, eduxisti ab insurgentibus in me animam meam, et de viris sanguinum salvasti me ! Te Deum laudamus, et exaltamus fortitudinem tuam !

TOUS.

Alleluia !

LINCESTRE.

Tanquàm ad latronem, cum gladiis et fustibus iruerunt in me, at fortis fortium extendit dextram suam, et disperguntur iniqui. Te Deum laudamus, et exaltamus fortitudinem tuam !

TOUS.

Alleluia !

LINCESTRE.

Te Deum laudamus !... Ce n'est pas tout de louer Dieu, mes frères, dans des jours comme celui-ci ! N'allez pas croire que vous en serez quitte pour des alleluia; le bon Dieu n'a que faire de vos louanges; il en a là-haut plus qu'il n'en veut. C'est de vos bras qu'il a besoin ! sa maison a été profanée, ne faut-il pas qu'elle soit lavée ? Si vous ne lui donnez du sang, comment voulez-vous qu'il fasse ? Du sang d'hérétiques, du sang de politiques, du sang d'athéistes, du sang de démons, voilà les louanges qu'il vous demande, mes frères ; voilà le *Te Deum* qu'il faut lui chanter ! et ne perdez pas de temps, car Dieu n'aurait qu'à croire que vous regardez à deux fois pour remplir ses commandemens, vous seriez tous damnés. Quand Dieu dit à son peuple : Égorge-moi ces Philistins , si son peuple n'obéit pas sur-le-champ, Dieu a bientôt dit aux Philistins : Délivrez-moi de ces mauvais serviteurs, pendez-les, noyez-les jusqu'au dernier. Déjà, mes frères, vous le savez, les gibets sont préparés....

(Murmures , agitation.)

UNE FEMME DES HALLES , à demi-voix.

Oui, c'est vrai, il y en a plus de cinq cents dans les caves de la maison de ville.

UNE AUTRE FEMME.

Tu les as vus ?

LA PREMIÈRE FEMME.

C'est la mère à Sénault qui me l'a dit.

LINCESTRE.

Eh bien ! mes chers frères, attendrez-vous qu'on vous lie les pieds et les mains, et qu'on vous traîne en grève ! Avez-vous envie de servir de tapisserie à leurs gibets ?

UN MARINIER, haut.

Non pas, morbleu ! Allons, Béguin, viens-t-en chez Marcel, il a des mousquets...

BÉGUIN.

Parbleu ! viens-t-en chez moi, c'est plus près ; je te prêterai ma petite arquebuse.

LE MARINIER.

As-tu de la poudre ?

MARTEAU , s'approchant d'eux.

Il y en a chez l'ambassadeur, mes amis, vous savez le chemin...

PLUSIEURS VOIX.

Allons, allons, nos mousquetons, nos halle-bardes...

LINCESTRE.

Un instant, mes frères... souvenez-vous bien de ce que je vais vous dire : Percutiam pastorem luporum, et dispergentur lupi. Vous entendez, mes frères ; ce n'est rien de tuer, pour plaire à Dieu, il faut savoir choisir.... Voyez la bienheureuse Judith, le saint Aod, le grand Éléazar, qu'ont-ils fait ? Percutiam pastorem.... Eh bien ! mes frères, il nous faut un Aod, une Judith, un Éléazar : n'y en a-t-il pas entre vous qui diront comme eux : Percutiam pastorem, percutiam nostrum antechristum, monstrum, scortum, prostibulum idest ce VILAIN HÉRODES [1], qui n'est ni homme, ni femme, faux capucin, concierge du Louvre, engraisseur de petits chiens, bateleur d'églises, pénitent de mascarade...

(*L'agitation et le tumulte vont croissant et couvrent la voix de Lincestre.*)

UN BOUCHER, à un écolier.

C'est le Valois qu'il veut dire, n'est-ce pas?

L'ÉCOLIER.

Oui, père Louchart, prépare ton couperet.

PLUSIEURS VOIX.

Allons! allons ! au Valois! aux huguenots! aux politiques !

(*Tumulte toujours croissant*)

LINCESTRE, prenant son goupillon et aspergeant l'assemblée d'eau bénite.

Allez, mes frères , allez, benedicat vos omnipotens Deus, Pater et Filius et Spiritus sanctus.

TOUS.

Amen. Vive Dieu ! vive la messe ! vive la Sainte-Union ! aux armes !

(1) Ces deux mots *vilain Hérodes*, sont l'anagramme de ceux-ci: *Henri de Valois*. Lincestre n'a pas besoin d'expliquer cette gentillesse à ses auditeurs, parce que c'est peut-être la vingtième fois qu'il la répète : il élève seulement un peu la voix, et l'auditoire comprend.

(Lincestre descend de sa chaire, et le peuple, dans une grande effervescence, sort en foule de l'église.)

MARTEAU , à Roland.

Bénédiction du ciel! c'est de l'huile bouillante que notre canaille!

(Entre un écolier tout courant.)

L'ÉCOLIER.

N'est-ce pas vous qu'on appelle le sieur Marteau?

MARTEAU.

C'est moi, mon garçon.

L'ÉCOLIER.

Le capitaine Crucé vous fait savoir qu'il est maître de la rue et du carrefour Saint-Severin , et que dans peu il compte déboucher sur la place Maubert.

MARTEAU.

Le vieux compère! comme il tient sa parole! Allons, Roland, à l'ouvrage, il faut en faire autant.

(Ils vont pour sortir. Entre Bussy en grande hâte.)

BUSSY.

Un instant, mes amis , écoutez.

MARTEAU.

C'est vous , Bussy? Eh bien ! votre Duc?

BUSSY.

Il s'est enfin décidé.

MARTEAU.

En vérité , il monte à cheval?

BUSSY.

Non, pas lui ; un peu de prudence le retient
encore, mais il nous donne ses officiers : Saint-
Paul, Brissac, et nombre de cavaliers sortent en
ce moment de l'hôtel.

MARTEAU.

Bravo : vous savez ce qu'a fait Crucé?

BUSSY.

Parbleu ! sans cela je n'aurais rien obtenu.

MARTEAU.

Allons, allons, à toute bride. Je cours au Châtelet.

ROLAND.

Moi, aux Innocens, la place m'est heureuse.

BUSSY.

Et moi, chez la Duchesse. Adieu.

(Ils sortent.)

FIN DE LA SCÈNE SIXIÈME.

Scène vij.

JEUDI 12 MAI, 8 HEURES DU MATIN.

L'intérieur d'un cabaret, au coin du Petit-Pont, en face du petit Châtelet.

Une large fenêtre laisse voir tout ce qui se passe au dehors.

On aperçoit une compagnie bourgeoise rangée en bataille sous les murs du Châtelet.

———

(Le cabaretier, et Louise, sa fille, sont occupés à nettoyer la boutique, à disposer la table , le buffet, etc.)

LOUISE.

Mon père , dites-moi donc où votre monsieur Sanchez prendra tout cet argent qu'il vous a promis ?

LE CABARETIER.

Ce ne sont pas nos affaires , mon enfant : pourvu que ses doublons soient de bon poids et de bon aloi, c'est tout ce qu'il nous faut.

LOUISE.

Je voudrais pourtant savoir d'où il les tient :

car s'ils lui venaient de mauvaise source, je vous conseillerais bien de ne pas les prendre, mon père.

LE CABARETIER.

Pourquoi cela, s'il vous plaît?

LOUISE.

Parce que feu ma mère disait toujours que l'argent mal acquis ne profitait à personne.

LE CABARETIER.

Votre mère radotait : c'était sa sœur la huguenote qui lui contait tous ces fagots.

LOUISE.

Vous avez beau dire, mon père, si la pauvre femme était encore de ce monde, vous n'auriez pas fait le marché de ce matin : car il y a quelque chose de louche là-dedans.

LE CABARETIER.

Taisez-vous, mademoiselle ; mêlez-vous de ce qui vous regarde. Essuyez cette table, rincez ces gobelets, coupez ce jambon par tranches : voici bientôt l'heure du déjeûner. Ces messieurs vont arriver. — Souvenez-vous surtout que les bons morceaux et le bon vin ne sont que pour ceux qui portent le chapelet et la petite croix blanche : ce sont les instructions du père Sanchez : il faut s'y conformer. Allons, allons, un peu plus vite... Mais voici notre vieil ami.

(Entre le père Guillaume, huissier du palais.)

Bonjour, père Guillaume : vous êtes bien matinal aujourd'hui : est-ce que vous n'auriez pas d'audience, par hasard ?

GUILLAUME

Ne m'en parlez pas : je crois qu'ils ont tous la tête à l'envers ! procureurs, avocats, conseillers, présidens, les voilà qui laissent là leurs basoches, leurs robes et leurs dossiers pour courir je ne sais où, au risque de se faire assommer au milieu des mousquets et des hallebardes. Je n'ai point encore vu pareille bagarre ! Ce matin, selon la coutume, j'ai ouvert la grand'salle, et appelé l'audience, mais personne n'a répondu. Concevez-vous cela, voisin ? personne à l'audience ! Ma foi ! au bout d'une heure, ennuyé de ne voir et de n'entendre que moi, j'ai refermé les portes, et m'en suis venu causer une minute avec vous.

LE CABARETIER.

C'est l'arrivée de ces maudits suisses dans la ville qui trouble ainsi toutes les cervelles.

GUILLAUME.

Vraiment oui, voisin : on se serait bien passé de leur présence. Certes je suis bon serviteur du Roi, car c'est lui qui me paye, et je souhaite de tout mon cœur qu'il reste le plus fort ; mais je n'approuve pas que pour arrêter une vingtaine de mauvais sujets, il mette la ville en danger d'être sac-

cagée, qu'il expose la vie de tous les honnêtes bourgeois, et qu'il rende le Châtelet désert.

LE CABARETIER.

Père Guillaume, je vous quitte un moment : il
faut que je descende à ma cave pour en sortir quelques futailles que j'ai promis de livrer.

(Il sort.)

GUILLAUME.

Parbleu ! je me consolerai bien auprès de la fille.
Ma jolie petite Louise, vous êtes tous les jours plus
fraîche et plus agaçante : que ne devenez-vous aussi
plus complaisante !

(Il veut l'embrasser.)

LOUISE.

Finissez donc, père Guillaume : est-ce qu'on
embrasse les filles quand on a les cheveux blancs ?

GUILLAUME.

A tout âge, mon enfant ; et même on fait mieux
encore...

LOUISE.

Voulez-vous bien vous taire.

(Entre Alphonse d'Ornano et Pithou, capitaine de la compagnie rangée
sous le Châtelet.)

ORNANO.

Ma belle enfant, laissez là votre vieil amoureux,
et versez-nous à boire.

(Ils s'asseyent devant une table.)

Eh ! bien, capitaine, répondez-vous de votre

compagnie? Conserverez-vous le Châtelet à Sa Majesté?

PITHOU.

Hélas! monsieur le colonel, les gens que je commande ne m'ont pas l'air bien dévoués. Il y en a peut-être plus de la moitié que je connais pour francs ligueurs, et le reste ne vaut guère mieux. Que n'avez-vous amené une compagnie des gardes ou au moins quelques centaines de Suisses? Le Châtelet valait la peine qu'on s'en assurât, et gardé comme le voilà, il sera au premier qui voudra le prendre.

ORNANO.

Vous avez raison, mon cher Pithou ; je ne sais quel mauvais génie a veillé à la distribution des troupes, mais elles sont placées partout où on n'en a que faire. Les environs du Louvre en sont encombrés, tandis qu'ici et dans tous les postes un peu éloignés il n'y a personne. C'est Villequier, dit-on, qui a fait adopter au Roi ce beau plan[1] ! Ce maudit Villequier nous perdra tous et le Roi avec nous.

PITHOU.

A propos, que dois-je faire de l'ordre qu'il vient de me communiquer ?

____

(1) Voyez dans la scène V ce que Villequier dit à Catherine à ce sujet, page 177.

ORNANO.

Quel ordre ?

PITHOU.

L'ordre de ne pas tirer un coup de feu, quand même on en tirerait sur nous.

ORNANO.

Est-il possible ! c'est une indigne trahison.

PITHOU.

Ne vaudrait-il pas mieux avoir laissé nos mousquetons pendus au croc ?

ORNANO.

Désobéissez, capitaine : je prends tout sur moi. Cet infernal Villequier ! par où a-t-il passé, s'il vous plaît ?

PITHOU.

Il a gagné le Marché-Neuf, puis sans doute les Innocens et la Grève. Il était en tournée pour communiquer à toutes les compagnies ce beau mot d'ordre. Ah ! croyez-moi, colonel, cette journée sera triste et fatale aux honnêtes gens. Voilà, par malheur, le soleil qui perce les nuages, c'est un ennemi de plus contre nous : dans ce pays-ci, je ne connais qu'un remède aux séditions, c'est la pluie.

(Ils se lèvent de table.)

ORNANO.

Adieu, mon cher Pithou, reprenez courage. Je cours au Louvre, et, s'il est possible, nous ferons

révoquer les pouvoirs de Villequier, et vous recevrez des renforts.

PITHOU.

Adieu, colonel.

ORNANO sort. LOUISE, qui était sur le seuil de la porte, rentre en
s'écriant d'un air tout effrayé :)

Ah! bon Dieu! qu'est-ce que veulent ces furieux!
C'est comme une bande de taureaux échappés qui
descend de la place Maubert.

UN BOURGEOIS, caporal de la compagnie.

Capitaine, accourez : voilà les ligueurs de l'université qui vont tomber sur nous ; si vous ne venez,
tous nos gens vont se débander.

(Pithou s'élance hors du cabaret en criant : aux armes ! mes amis. On
aperçoit dans la compagnie une grande agitation : personne n'a l'air de
faire attention aux ordres de Pithou.)

GUILLAUME, resté seul avec Louise.

Pauvre capitaine, il y perdra sa peine et sa voix :
ses soldats n'ont plus d'oreilles : à sa place, je tour-
nerais prudemment les talons.

LOUISE.

Ah! comme ces écoliers ont l'air méchant! et ces
moines, que leurs yeux sont féroces! Fi! leurs robes
sont toutes tachées de sang!

GUILLAUME.

Ma petite Louise , ne ferions - nous pas mieux
de monter dans la chambre de votre père ? je crains

qu'ici nous ne recevions quelques éclaboussures.

LOUISE.

Oh! le vieux poltron! moi je veux voir comment tout cela va finir.

(Le Petit Pont et la place du Châtelet sont tout à coup remplis par une populace en armes : la compagnie bourgeoise se disperse : les uns se joignent aux ligueurs, les autres prennent la fuite. Les ligueurs pénètrent sans résistance dans le Châtelet.)

CRUCÉ, entrant dans le cabaret, suivi d'une foule d'écoliers, de mariniers, de bouchers et d'autres gens du peuple.

Par la Sainte-Messe! camarades, nous prenons les forteresses comme on avale un verre de vin. Allons, la fille, donnez à boire à tous ces braves gens. (il s'assied.) Morbleu! un peu de repos ne fait pas de mal : voici bientôt trois heures que je suis à l'ouvrage. (apercevant Guillaume.) Mais quel est donc ce vieux hibou tout noir qui suit cette jeune fille comme son ombre? le connaissez-vous, camarades? —Holà! compère, approche. Qui es-tu? tu m'as la mine d'un politique : où est ton chapelet? voyons. — Serais-tu huguenot, par hasard?

GUILLAUME.

Mon Dieu! monsieur, regardez donc, les voilà qui embrassent cette pauvre petite Louise.

CRUCÉ.

Laisse-les faire, imbécille, et réponds : es-tu huguenot?

GUILLAUME.

Moi, monsieur, je suis huissier du palais.

CRUCÉ.

Encore une réponse comme celle-là, et tu peux recommander ton ame à Dieu ; la rivière n'est pas loin, tu vas y faire un plongeon.

GUILLAUME.

Mon bon monsieur, prenez pitié de moi; je ne suis pas huguenot, je suis bon catholique.

CRUCÉ.

Les bons catholiques ne restent pas les bras croisés aujourd'hui. — Tu vas nous suivre.

GUILLAUME.

Vous suivre ? et pourquoi faire ?

CRUCÉ.

Pour te battre contre les hérétiques.

GUILLAUME.

Me battre, moi? grand Dieu !

CRUCÉ.

Oui, te battre : tiens, voilà ton mousquet.

GUILLAUME.

Mais j'ai soixante-dix ans passés.

CRUCÉ.

Comment! tu cours après les filles, et les hugue-nots te feraient peur ?

GUILLAUME.

Au nom du ciel !

CRUCÉ.

Allons, tais-toi.

(Les écoliers entourent Guillaume et se moquent de lui. Crucé, buvant un verre de vin, se dit à lui-même :)

Jesus Maria ! je suis bien bon ! Il y a seize ans, je n'en faisais ni une ni deux pour expédier cette espèce de canaille en pourpoint noir. — Ah ça ! mon ami Crucé, ne t'avise pas de faire le politique...

(Entrent Marteau, Brissac, Chamois, et quelques autres officiers du duc de Guise.)

MARTEAU.

Comment, camarades ! vous perdez le temps à boire, quand nous avons encore des ennemis à débusquer.

CRUCÉ, bas à La Chapelle, en lui montrant du doigt Brissac et les autres.

Ces messieurs sont donc des nôtres, maintenant ?

MARTEAU.

Oui, ne dites rien : ce n'est pas le moment de leur faire la moue.

CRUCÉ.

Allons, camarades, nous boirons ce soir : en avant !

(Ils sortent.)

LOUISE.

Ce pauvre père Guillaume ! ils vont le faire mourir de peur. Ah ! les vilaines gens ! comme ils m'ont chiffonné ma fraise ! ils ne sont restés qu'une minute, et voilà plus de trente gobelets brisés ; bien heureuse encore d'en être quitte à si bon marché !

(Elle sort.)

FIN DE LA SCÈNE SEPTIÈME.

Scène viij.

JEUDI 12 MAI, 9 HEURES DU MATIN.

La chambre à coucher de la reine, au Louvre.

———

(La Reine, assise devant une fenêtre ouverte qui a vue sur la Seine et sur le petit jardin appelé jardin de la Reine, est occupée à broder une tapisserie. La duchesse d'Uzès, sa première dame d'honneur, est debout à son côté; une seconde dame d'honneur arrose les fleurs qui garnissent le balcon.)

MADAME D'UZÈS.

Ces fleurs sont encore sans parfum et sans couleurs, mais voilà un soleil qui leur donnera bientôt tous leurs charmes.

LA SECONDE DAME D'HONNEUR.

La journée sera magnifique.

LA REINE.

Plaise à Dieu qu'elle ne soit troublée par aucun malheur !

14.

LA SECONDE DAME D'HONNEUR.

D'où vient à Votre Majesté cette triste pensée?

LA REINE.

Je ne sais ; mon ame est pleine de trouble : mon sommeil a été agité ; j'avais sans cesse devant les yeux des malheureux qu'on égorgeait ; j'entendais leurs gémissemens et les cris féroces des assassins; j'ai même cru distinguer à plusieurs reprises le son monotone et lugubre du tambour.

MADAME D'UZÈS.

Ne vous effrayez pas , madame , toute la ville a entendu le bruit du tambour , comme Votre Majesté.

LA REINE.

Que s'est-il donc passé cette nuit?

MADAME D'UZÈS.

Les suisses et les compagnies des gardes sont entrés dans la ville par la porte Saint-Honoré.

LA REINE.

En vérité ! ah bon Dieu ! ne me condamnez pas à voir cet horrible rêve se réaliser ! — Mesdames, je sens le besoin pour me tranquilliser d'implorer la protection du Seigneur. — Laissez là cet arrosoir , ma chère Agathe , et prenez mon missel. — Asseyez-vous ici , vous nous lirez le second psaume, *Miserere meï...*

(On frappe légèrement à la porte.)

Mais qui vient nous interrompre?...

(Entre le Roi.)

LE ROI.

Pardonnez-moi, madame, si je me présente à pareille heure dans vos appartemens, mais je n'ai pu résister à l'envie de vous apprendre une nouvelle qui me comble de joie. Vous l'écouterez peut-être avec quelque plaisir, bien qu'un certain personnage de vos parens n'ait pas lieu de s'en applaudir.

(Il se penche sur le dossier du fauteuil de la Reine, d'un air à moitié affectueux, à moitié moqueur.)

LA REINE.

Sire, comment ne pas me réjouir de ce qui vous cause de la joie?

LE ROI.

Eh bien! vous saurez que, grace à de sages précautions et à d'habiles manœuvres, nous avons fait échouer au port les desseins qui amenaient en cette ville votre cousin de Guise, et que, pour cette fois du moins, il n'est pas encore roi de France.

LA REINE.

Serait-il possible, grand Dieu! qu'il eût jamais conçu le dessein de le devenir?

LE ROI.

Comment, vous en doutez? mais la chose est publique.

LA REINE.

En ce cas, que Dieu l'en punisse.

LE ROI.

Amen de toute mon ame, et même, pour plus de sûreté, je pourrai bien me permettre d'exécuter par provision le jugement de Dieu.

LA REINE.

Comment, Sire?

LE ROI, s'asseyant auprès de la Reine.

Ne m'entendez-vous pas? — Je suis vraiment fâché qu'il soit votre cousin.

LA REINE.

Quelle sera donc sa punition?

LE ROI.

Moins douce que je ne voudrais; nous pourrions bien porter son deuil...

LA REINE.

Ah! grand Dieu! que dites-vous là.

LE ROI, d'un air moqueur.

Vous m'aviez promis de vous en réjouir...

(Il se lève et regarde l'horloge.)

Déjà si tard?

(Il va dans le fond de la chambre où est l'horloge, et ouvre l'armoire pour voir si elle est en bon état; pendant ce temps entre la reine-mère, qui, sans apercevoir le Roi, s'approche de la Reine, la baise au front, et s'assied à côté d'elle.)

CATHERINE.

Vous me voyez dans de vives inquiétudes, ma

fille; vous savez l'imprudence qu'on a fait commettre au Roi.

LE ROI, s'approchant à grands pas.

Qu'est-il donc arrivé?

CATHERINE.

Ah! vous êtes ici, mon fils, je vous cherche depuis une heure, et je commençais à croire que vous me refusiez votre porte.

LE ROI.

Et pourquoi, s'il vous plaît?

CATHERINE.

Vous avez si fidèlement tenu votre promesse, que vous pourriez bien trouver ma visite incommode.

LE ROI.

Moi? pas du tout; mais dites, vous savez donc ce qui se passe.

CATHERINE.

Oui, je sais que la ville est encombrée de soldats, et que les pauvres habitans se demandent pour quel crime on veut les châtier.

LE ROI.

Ah! que vous me faites plaisir! ils tremblent donc un peu ces chers bourgeois! (à demi voix.) C'est à leur tour!

CATHERINE.

Beau plaisir que de faire peur à des bourgeois!

LE ROI, *se frottant les mains.*

Et le Guizard! je voudrais voir quelle grimace...

CATHERINE.

Parlons sérieusement, mon fils : que comptez-vous faire de ces soldats?

LE ROI.

Moi? rien ; j'ai voulu seulement qu'ils fissent connaissance avec mes chers Parisiens : ils s'ennuyaient dans les faubourgs, ces braves suisses.

CATHERINE.

Henri, votre gaîté me désole : vous cachez quelque dessein.

LE ROI.

Il n'y aurait pas grand mal, après tout.

CATHERINE.

Comment! vous mettriez de sang-froid votre ville au pillage?

LE ROI.

Dieu m'en garde, ma bonne mère : je voudrais que Villequier fût là, il vous rassurerait; je lui ai donné ce matin la consigne la plus pacifique : tous ces pauvres soldats que vous calomniez ne brûleront pas plus de poudre qu'à une parade.

CATHERINE.

Mais alors pourquoi les avoir fait entrer?

LE ROI.

Pourquoi? pour dormir plus tranquille dans

mon Louvre. On ne craint ni loups, ni voleurs, avec six mille bons chiens de garde.

(Il jette les yeux sur l'horloge, puis s'approche de la Reine et considère sa tapisserie.)

Ma chère Louise, vos doigts font des chefs-d'œuvre! quel est ce chevalier la lance au poing? n'est-ce pas le sire Guesclin ?

LA REINE.

C'est lui-même, je suis charmée que vous le reconnaissiez.

LE ROI.

Brave homme ! il n'était pas beau ; mais, pour Dieu ! ce n'était pas de la graine de Guizards.

(Il joue avec son chapelet et porte de temps en temps les yeux sur l'horloge.)

Votre horloge va-t-elle bien , madame d'Uzès ?

MADAME D'UZÈS.

Avec le soleil, Sire.

CATHERINE.

Pourquoi tenez-vous tant à savoir l'heure qu'il est ?

LE ROI.

Oh ! rien... Je voudrais qu'on vînt me dire où en sont les choses... Ce n'est pas que je sois inquiet.... Voilà pourtant dix heures...

LA REINE.

Qu'est-ce que j'entends ?

CATHERINE.

C'est la cloche de Notre-Dame.

LA REINE.

Je reconnais aussi celle de Saint-André... Ah bon Dieu ! on sonne à toutes les paroisses...

CATHERINE.

C'est le tocsin !

LE ROI, vivement.

Le tocsin...

CATHERINE, à la fenêtre et se penchant sur le balcon.

Écoutez : je crois entendre une grande rumeur là-bas, du côté de la Grève.

LA REINE.

Oui, vous avez raison ; seigneur Dieu ! qu'est-ce que cela signifie ?

LE ROI

Vous voilà toute tremblante... de quoi avez-vous peur ? ce n'est rien : vous savez bien qu'il est impossible qu'il y ait du danger... mais morbleu, pourquoi ne vient-il personne ? Holà ! du Halde.

(Entre d'Elbenne.)

Ah ! c'est vous, d'Elbenne : Eh bien ! arrivez donc. Quelle nouvelle ? Que veulent dire ces cloches ?

D'ELBENNE.

Sire, il paraît que du côté de l'université les écoliers et les bourgeois ont l'air de vouloir résister, mais vos soldats en auront bientôt fait justice.

LE ROI.

Comment ! de la résistance... je ne m'attendais pas...

D'ELBENNE.

Il était pourtant probable que les plus mutins en feraient la folie... après tout, ce n'est qu'un feu de paille...

LE ROI.

En attendant, tout cela est fort inquiétant.

D'ELBENNE.

Que craignez-vous, Sire? vos soldats n'ont-ils pas du cœur, de bonnes armes, des munitions?..

LE ROI.

C'est bel et bon : mais je ne comptais pas livrer bataille : ne m'avait-on pas dit que je jouais à coup sûr?

D'ELBENNE.

Quand ils auront vu tomber deux ou trois de leurs camarades ils ne tarderont pas à s'aller cacher dans leurs boutiques.

CATHERINE, poussant un soupir affecté.

Jesus-Maria ! que de calamités pour ces pauvres gens !

D'ELBENNE.

Que voulez-vous, madame ? ils l'auront bien cherché.

LE ROI, élevant la voix.

Monsieur d'Elbenne, savez-vous que vous avez

pris sur vous une terrible responsabilité en me faisant introduire ces troupes dans la ville.

D'ELBENNE.

Comment, Sire, n'est-ce pas vous-même..?

CATHERINE.

Ah! monsieur l'abbé, qu'avez-vous fait?

D'ELBENNE.

Eh! quoi, madame, vous vouliez que...

CATHERINE.

Compromettre la sûreté du roi, la vie de tous
les honnêtes gens!

D'ELBENNE.

Mais, encore un coup, madame...

(Entre le maréchal de Biron, l'habit en désordre, le visage animé.)

BIRON, des papiers à la main et prenant une plume sur le secrétaire de
la Reine.

Sire, pas un moment à perdre; je vous en supplie, prenez cette plume et signez.

(Le Roi voyant Biron dans cet état d'agitation, devient pâle, et reste immobile
sans rien répondre.)

D'ELBENNE.

Qu'y a-t-il donc, monsieur de Biron?

BIRON.

Il faut faire diligence, ou tout est perdu.

D'ELBENNE.

Comment?

BIRON.

Je ne réponds plus de la ville, si d'ici à une heure tout n'a changé de face.

LE ROI.

Vous ne répondez plus de la ville! Miséricorde! mais où est le danger? on nous attaque donc?

BIRON.

Comment vous ne savez pas?... La place Maubert vient d'être enlevée...

LE ROI.

La place Maubert!..

(Il s'appuie sur le dossier d'un fauteuil.)

BIRON.

Ils sont descendus de l'Université trois ou quatre mille...

LE ROI.

En armes ?

BIRON.

Armés de toutes pièces, et conduits par un démon incarné nommé Crucé; ça été l'affaire d'un instant, il n'y avait pas un seul soldat dans la place.

D'ELBENNE.

Comment, maréchal, pas un soldat dans la place Maubert!

BIRON.

Je n'y peux rien. Tous mes ordres ont été méconnus, toutes mes dispositions changées. J'avais demandé trois cents hommes pour le grand Châtelet on en a envoyé trente ; cinq cents pour le Marché Neuf, il n'y en a pas une cinquantaine ; et ici au pied du Louvre, où ils n'ont que faire, j'en trouve plus de trois mille !

LE ROI, s'asseyant.

La place Maubert ! mais les voilà maîtres de tout le quartier Saint-Germain, et si les Châtelets ne les arrêtent pas, malédiction ! ils vont passer l'eau !

BIRON.

Sire, nous avons encore une heure : signez, faites qu'on m'obéisse, et je réponds de tout.

LE ROI.

La place Maubert ! c'est un rêve, en vérité c'est un rêve ; j'ai pourtant six mille hommes dans la ville... Écoutez... Oh ! les maudites cloches ! je ne me tirerai jamais de là... Sainte mère de Dieu !

D'ELBENNE.

Sire, hâtez-vous de signer les pouvoirs que demande le maréchal.

BIRON.

Mes aides-de-camp sont là, prêts à les porter à tous les commandans.

(Le Roi prend la plume et signe.)

D'ELBENNE.

Dites-moi, maréchal, qui a été assez hardi pour contremander vos ordres ?

BIRON.

Vous le demandez? quel autre voulez-vous que
monsieur le gouverneur?

D'ELBENNE.

J'en était sûr... quelle insigne trahison! (à Catherine.) Eh bien! madame, est-ce moi qui ai com-
promis la sûreté du roi?..

LE ROI, après avoir signé.

Tenez, Biron; puisse-t-il être encore temps!

BIRON.

Sire, vous me permettrez d'emmener avec moi
ces trois compagnies de hallebardiers qui sont rangées dans la seconde cour.

LE ROI.

Non pas, s'il vous plaît; laissez-moi mes hallebardiers.

BIRON.

Ils sont inutiles ici, et nécessaires à la Grève ou
au Châtelet.

LE ROI.

Je n'en ai pas déjà trop; morbleu, c'est bien le
moment de me dégarnir!

(Entre Alphonse Ornano le visage tout couvert de sueur.)

ORNANO.

Je vous cherche partout, maréchal; Sire, les
deux Châtelets sont pris.

LE ROI se levant.

Les deux Châtelets!

ORNANO.

Notre canaille n'a pas eu besoin de donner l'assaut : les ponts étaient baissés et les portes ouvertes; tout était disposé pour la recevoir.

LE ROI.

Et de quel côté se portent-ils maintenant?

ORNANO.

De tous les côtés; ils sont partout : dans toutes les rues on tend les chaînes ; et de cinquante en cinquante pas s'élève une barricade : déjà la rue Saint-Honoré en est obstruée; il y en aura tout à l'heure jusque devant les fossés du Louvre.

LE ROI.

Devant les fossés, mon cher Alphonse?

ORNANO.

C'est une affreuse trahison ! On a si bien divisé et parsemé vos pauvres soldats de çà et de là, que bientôt ils ne pourront pas plus bouger que des perroquets en cage.

LE ROI.

Mais que faire, que devenir, mes amis?

D'ELBENNE.

Avant tout, vous devez mander monsieur de Villequier pour le mettre hors d'état de continuer ses indignes menées.

ALPHONSE.

Vous avez bien raison; si dès ce matin Sa Majesté l'avait mis sous les verroux, nous aurions marché sur le ventre à tous ces cuistres de bourgeois! Maudit chien couchant! il a beau être gros comme un tonneau, il a arpenté la ville dans tous les sens : c'est lui qui est cause de tout ce qui arrive. Sire, empêchez-le de vous trahir encore.

LE ROI.

Ah! s'il était ici, je vous promets que...

D'ELBENNE.

Eh bien! Sire, voulez-vous que j'envoye du Halde ?

LE ROI.

Ce n'est pas là ce qui presse le plus ; avisons d'abord à...

D'ELBENNE.

Pardonnez-moi, Sire, rien n'est plus important. (Il appelle.) Du Halde !

(Entre du Halde.)

Le Roi vous prie de faire chercher monsieur de Villequier par la ville, et de lui commander de se rendre ici.

DU HALDE.

Monsieur de Villequier vient d'entrer au château : le voici lui-même.

(Entre Villequier.)

ORNANO.

Vous arrivez à point, monsieur le gouverneur, le Roi vous faisait mander.

VILLEQUIER.

Sa Majesté a-t-elle des ordres à me donner ?

LE ROI, d'un ton boudeur.

Il s'agit bien d'ordres! nos affaires sont en beau train !

VILLEQUIER.

Rien n'est désespéré, Sire, tout se calmera.

LE ROI.

En attendant, les deux Châtelets ne sont plus à nous.

VILLEQUIER.

Est-il possible ?

D'ELBENNE.

Ne faites donc pas tant l'étonné, monsieur, quand vous-même avez prêté l'épaule à ceux qui s'en sont emparés.

VILLEQUIER.

Qui, moi? vous êtes en délire, monsieur l'abbé.

D'ELBENNE.

On connaît les ordres que vous avez donnés aux compagnies.

VILLEQUIER.

Qui s'avise de fronder les ordres du roi ?

(Il va pour tirer des papiers de son pourpoint.)

LE ROI, l'arrêtant.

Bon, c'est bon ; au lieu de vous quereller, aidez-moi à prendre un parti.

VILLEQUIER.

Vous me permettrez pourtant, Sire, de confondre l'imposture.

LE ROI.

Point d'injures, monsieur, je vous prie; retenez votre langue. — Alphonse, ouvrez votre avis : le temps presse.

ORNANO.

Sire, il faut payer de votre personne, il faut vous montrer au peuple.

LE ROI.

Eh bien! oui, j'y pensais...

ORNANO.

Montez à cheval, Sire, et venez sur l'heure avec nous droit à l'hôtel de Guise; nous avons encore assez de pieux et de madriers pour en faire tomber les portes.

LE ROI.

Vraiment! vous croyez qu'il serait encore temps de surprendre ce cher cousin entre ses murailles, et de l'enfumer comme un renard dans son terrier? cette idée me sourit.

ORNANO.

Je vous réponds qu'il est encore dans son hôtel à attendre de quel côté le vent finira par souffler.

LE ROI.

Eh bien! à cheval, par la mort-Dieu! à cheval...

Allons visiter mon cousin... Qu'en dites-vous,
ma mère ?

CATHERINE.

Je n'ai pas d'avis, mon cher fils.

LE ROI.

Dites, je vous prie.

CATHERINE.

Si j'étais votre ministre, je parlerais peut-être
comme ces messieurs, mais je suis votre mère...

LE ROI.

Eh bien?

CATHERINE.

Un crime est si vite commis !

LE ROI.

Un crime ?

CATHERINE.

On peut si facilement... un coup de mousquet...

LE ROI.

Oh ! craintes de femmes... Ce n'est pas la première fois que je verrai le feu ; et après tout, si le
malheur le voulait... Ce n'est pas cependant que si
ma présence doit laisser les choses dans l'état où
elles sont, je ferais mieux de ne pas quitter mon
Louvre. Qu'en pensez-vous, messieurs?

ORNANO.

Sire, montez à cheval, je vous réponds de tout.

LE ROI.

Mais s'ils osent me braver en face, voilà ma dignité compromise , et ma position cent fois pire qu'auparavant.

ORNANO.

S'ils osent vous refuser passage , nos épées vous ouvriront un chemin. Mais il n'en sera pas besoin.

LE ROI.

Je n'en crois rien : vous ne les connaissez pas : ces feuillantins et ces clercs de la basoche sont d'un entêtement... Non, décidément, je ne monterai pas à cheval, ce serait une grande faute.

BIRON.

Mais au moins, Sire , envoyez en votre place les compagnies qui sont de trop ici. Assurons-nous des postes qui nous restent.

LE ROI.

Maréchal, le premier de tous les postes est le lieu où je suis.

BIRON.

Mais du moins la Bastille, Sire...

LE ROI.

Oh ! oui , la Bastille.

BIRON.

Avec ses canons, vous pouvez tenir la ville en respect.

LE ROI.

Très bien : nous les prendrions entre deux feux ces chers bourgeois. Testu n'est pas homme à nous trahir, ce me semble.

BIRON.

J'y vais aller moi-même pour m'assurer de lui.

LE ROI.

A merveille! mon cher maréchal, allez. — Avec la Bastille, je suis encore tranquille. (à Ornano.) N'est-ce pas, colonel?

ORNANO.

Mais n'oubliez pas votre régiment de Picardie, Sire; il faut envoyer au-devant de lui pour lui faire presser le pas.

LE ROI.

Oui, par-Dieu! le régiment de Picardie... il a dû passer hier à Pontoise.

ORNANO.

Ventrebleu! s'il pouvait arriver ce soir, je me ferais fort de prendre avant la nuit une bonne revanche sur cette race damnée d'écoliers, de moines et de vieilles femmes.

LE ROI.

J'y enverrai du Halde; je vais aussi faire mander monsieur de Harlay, c'est une bonne tête, un brave homme...(élevant la voix.) Mais il n'est pas nécessaire qu'on sache si bien ce que nous devons faire. Il y a ici des oreilles de trop. Suivez-moi, messieurs.

(Le Roi sort, et après lui, Biron, Ornano et d'Elbeuf. La Reine et ses dames d'honneur demeurent auprès de la croisée: Catherine et Villequier vont s'asseoir du côté opposé.)

CATHERINE.

Écoutez , Villequier : le roi est aux abois ;
si nous ne venons franchement à son secours, il
est perdu. Ce ne sont ni les fanfaronnades de monsieur le colonel, ni les hypocrisies de l'abbé qui
peuvent le sauver ; il n'a que vous et moi, Villequier, pour le tirer de ce mauvais pas ; parlez-moi
donc sincèrement, comptiez-vous que les choses
prendraient cette tournure ?

VILLEQUIER.

D'honneur ! tous mes calculs ont été déjoués.

CATHERINE.

Eh bien ! les miens aussi.

VILLEQUIER.

Je croyais que monsieur le Duc n'aspirait qu'à
la lieutenance, et je l'aurais aidé de bien bon cœur ;
mais il m'a l'air de vouloir aller plus haut, et ce
n'est plus mon compte : autant vaudrait le d'É-
pernon.

CATHERINE.

Il faut l'aller trouver chacun de notre côté : il
aime les pourparlers ; nous lui dirons que le Roi
demande à transiger, nous l'amuserons par quelque belle promesse... Qu'il fasse suspendre l'attaque pendant deux ou trois heures, le Roi peut encore
se sauver.

VILLEQUIER.

Croyez-vous qu'il entende de cette oreille-là ?

CATHERINE.

Il n'est pas homme à prendre le parti extrême,
quand il se présente un tiers parti. Il doit commencer à avoir peur de sa propre audace. — Madame
d'Uzès, voulez-vous faire appeler mes porteurs ?
—Ne perdez pas de temps, Villequier, il est encore
à son hôtel.

(Villequier sort.)

CATHERINE, s'approchant de la reine.

Ma fille, votre cousin de Guise nous cause bien
des chagrins !

LA REINE, les yeux en larmes.

A qui le dites-vous, madame? qui en souffre
plus que moi ?

CATHERINE.

Adieu, ma fille.

(Elle sort.)

LA REINE, s'essuyant les yeux.

Mesdames, il ne faut pas que toutes ces disgraces
nous détournent du service de Dieu. Monsieur
l'aumônier nous attend pour dire la sainte-messe.
—Agathe, prenez mes heures.

(La Reine sort, suivie de ses deux dames d'honneur.)

FIN DE LA HUITIÈME SCÈNE.

Scène ix.

JEUDI 12 MAI, MIDI.

La place de Grève.

————

(Deux compagnies de suisses sont rangées sous les fenêtres de la maison de
Ville. La place est pleine, jusqu'au bord de l'eau, d'une foule immense de
bourgeois, d'écoliers, de mariniers et de moines presque tous armés. Ils
tendent de fortes chaînes à dix pas des suisses, et entassent derrière les
chaînes de gros tonneaux pleins de terre, des solives et des meubles brisés.
Les cloches de la maison de Ville, celles de Notre-Dame et de toutes les paroisses des environs sonnent le tocsin.)

UN MARINIER.

Allons vite ; un peu de fumier par ici.

UN BOURGEOIS.

Des pavés, apportez-moi des pavés.—Du sable ,
maintenant.

UN AUTRE BOURGEOIS.

Voilà qui va bien, quand ils enfonceront celle-
là , il fera beau.

FRÈRE EUSTACHE, moine feuillantin.

Courage ! courage ! mes amis , hâtons-nous.

UN VIEUX BOURGEOIS.

Ventre-bleu! vous êtes bien patiens! de notre temps toute cette canaille aurait déjà été exterminée trois fois.

UN BOUCHER.

Soyez tranquille, père Étienne, ils n'y gagneront rien pour attendre. J'ai promis à ma femme de lui rapporter ce soir trois têtes de ce bétail hérétique, et je tiendrai parole.

UN MARINIER.

Moi, pour ma part, je veux la demi-douzaine.

FRÈRE EUSTACHE.

Bien, mes enfans, courage!

(Entrent La Chapelle-Marteau, Brissac et autres ligueurs.)

MARTEAU.

Tête-Dieu! camarades, vous n'êtes guère avancés de ce côté! toutes les places de la cité sont déjà balayées, et la vôtre est encore encombrée de cette vermine en habits rouges! Allons, serrez vos rangs : chargez vos mousquets : vous n'aurez pas grand'peine, ils sont plus d'à-moitié morts de peur.

FRÈRE EUSTACHE.

Bien dit, maître Marteau.(Aux femmes qui sont aux fenêtres.) Allons, mes commères, faites votre devoir : une bonne grêle de pavés sur cette race de démons, et quand les pavés vous manqueront, montez sur vos toits, il y a des tuiles assez pour les enterrer vifs. Vous, enfans, aidez vos mères.

(Les ligueurs s'apprêtent à l'attaque, et approchent de plus en plus leurs
barricades.)

UN CAPORAL SUISSE.

Capitaine, les voilà qui sont à dix pas de nous :
si nous les laissons toujours approcher, nous ne
pourrons bientôt plus respirer.

L'OFFICIER.

Que voulez-vous ! je n'ai pas d'ordre pour attaquer.

LE CAPORAL.

Capitaine, ils vont nous tomber dessus ; allez-
vous nous laisser tordre le col comme à des poulets?

L'OFFICIER.

Attendez, s'ils avancent encore je commanderai
le feu.

LE CAPORAL.

Der Teufel ! on nous a donc pris pour des man-
nequins de paille? si nous avions des mousquets
c'était pour nous en servir.

L'OFFICIER.

Je vois venir un aide-de-camp de monsieur de
Biron... mais ils ne le laisseront pas passer.

MARTEAU, à l'aide-de-camp.

Crois-tu, beau sire, qu'on va t'ouvrir la porte
sans que tu nous montres ton passeport? Parle,
qu'est-ce qui t'envoie?

L'AIDE-DE-CAMP.

De par le Roi, faites-moi passage.

MARTEAU.

Ah! c'est le Roi que tu sers! eh bien! de par Dieu, camarades, assommez-le.

(Sept ou huit ligueurs tombent sur l'aide-de-camp et le renversent. Celui-ci en tombant décharge son pistolet contre un boucher, qui tombe à son tour grièvement blessé. Aussitôt on crie de toutes parts :)

Vengeance! vengeance! en avant!

(Les ligueurs se précipitent sur les suisses en poussant de grands cris : ceux-ci font mine de résister et tirent quelques coups de mousquets, mais ils sont bientôt acculés contre les murs de la maison de Ville et hors d'état de se défendre. Les balles, les pavés, les tuiles pleuvent sur eux.)

LES SUISSES.

Miséricorde! miséricorde!

FRÈRE EUSTACHE ET TOUS LES MOINES.

Non, pas de quartier. Tuez, tuez!

LES SUISSES, faisant le signe de la croix.

Bons français! bons chrétiens! miséricorde! nous aussi, bons chrétiens comme vous!

FRÈRE EUSTACHE.

Ne les écoutez pas! tuez toujours!

UNE FEMME, à sa fenêtre, au coin de la rue du Mouton.

Allons, Sénault, bon courage! — Mais prends donc garde, en voilà un qui s'échappe derrière ton dos.

SÉNAULT, se retournant et apercevant le caporal qui s'enfuit.

Halte-là, mon écrevisse!

(Il le met en joue, le coup part et le caporal tombe blessé.)

LE CAPORAL, poussant un cri.

Aye! que Dieu te le rende! chienne de femme,

maudite furie, vieille vipère! aye! aye! mein
Gott! mon pauvre sang... ayez pitié de moi!

LES SUISSES.

Grace! grace! miséricorde!

BRISSAC, aux ligueurs.

Camarades, un moment de repos.

FRÈRE EUSTACHE.

Non, point de pitié; tuez! tuez!

BRISSAC.

Suspendons un instant, vous dis-je; voici le capitaine Saint-Paul qui vient de ce côté, sans doute
il nous apporte des ordres.

(Entre Saint-Paul.)

SAINT-PAUL, à haute voix.

Holà! les amis, au nom de monseigneur de
Guise, faites grace à ces pauvres diables! leur sang
n'est plus bon à rien. Nous sommes maîtres par
toute la ville.

FRÈRE EUSTACHE.

Non, non, point de grace! vous vous perdez,
mes frères, si vous les laissez échapper. Dieu veut
leur sang.

SAINT-PAUL.

Veux-tu bien te taire, toi : nous n'avons plus
que faire de tes sermons. (aux bourgeois.) Allons, camarades, ouvrez cette chaîne et laissez passer les
prisonniers. (aux suisses.) Ah ça! vous avez entendu.

vous autres, le duc de Guise vous accorde quartier. Allons, éteignez-moi vos mèches, mettez l'arme bas, et qu'on me suive.

LE CAPORAL, blessé.

Il ne pouvait pas arriver un instant plus tôt! Der Teufel! la maudite femme!

(Les suisses se mettent en marche, la tête nue, le mousquet sous le bras. Saint-Paul, Brissac, et quelques autres se placent à leur tête ; ils sont suivis d'une foule immense de ligueurs qui s'en vont poussant des cris de joie, riant et chantant.)

FRÈRE EUSTACHE, à quelques écoliers de Sorbonne.

Eh bien! qu'est-ce que vous faites là? Suivez-les donc aussi, mes amis ; et si l'occasion se présente, ayez soin qu'on ne les épargne pas.

(Les écoliers sortent.)

Ah! ah! ces guizards veulent se donner des airs de clémence, sans s'inquiéter si c'est à nos dépens. Les voilà déjà qui s'avisent de nous imposer silence. Par la sainte croix! nous verrons si la poire ne sera que pour eux! nous verrons... Courons à l'Université.

(En se dirigeant vers la rivière, il passe près de l'endroit où le caporal est tombé.)

LE CAPORAL, le saisissant fortement par sa soutane.

Un moment, vilain corbeau! Ne cours pas si vite.

FRÈRE EUSTACHE, s'efforçant de se dégager.

Lâche-moi, chien d'hérétique, et rends ton ame à Dieu, si tu en as une.

LE CAPORAL.

Il faut d'abord que je te dise un mot.

FRÈRE EUSTACHE.

Lâche-moi, lâche-moi.

LE CAPORAL.

Tu vois bien tous ces pauvres habits rouges, étendus là-bas sur le pavé...

FRÈRE EUSTACHE.

Lâche-moi !...

LE CAPORAL, le secouant par la soutane.

Il faut que je les venge... Chacun son tour, entends-tu !...

FRÈRE EUSTACHE.

Holà! à moi! au secours! au secours!—Personne ne répond, ils sont tous partis.—(Il cherche à se dégager.) Le coquin, quelle force il conserve encore!

(Pendant ces paroles, le caporal tend le bras gauche pour atteindre un pistolet qu'il voit à deux pas de lui sur le pavé.)

LE CAPORAL.

Il faut que tu sentes comme il est doux de recevoir dans les reins un bon morceau de plomb... Aye! mein Gott!

(Il saisit le pistolet, et en secoue la mèche pour la rallumer.)

FRÈRE EUSTACHE d'une voix tremblante.

Oh! le monstre d'enfer! mon Dieu! mon bon Dieu! ayez pitié de moi! tirez-moi de ses griffes.

(La soutane de frère Eustache se déchire, il s'échappe des mains du caporal, et dit en s'enfuyant :)

Vive Dieu! je suis sauvé.

LES BARRICADES,

LE CAPORAL.

Pas pour long-temps, maudit Satan.

(Il l'ajuste, le pistolet part, frère Eustache tombe roide mort.)

En voilà toujours un de moins. —A mon tour,
maintenant.

(Il se laisse tomber à la renverse et meurt.)

FIN DE LA NEUVIÈME SCÈNE.

Scène x.

JEUDI 12 MAI, 1 HEURE APRÈS MIDI.

La scène est au carrefour de la barrière des Sergens. Une compagnie d'arquebusiers du Roi occupe l'entrée de la rue du Coq. Alphonse d'Ornano s'entretient à voix basse avec le capitaine.

Vis-à-vis, à l'entrée de la rue de Grenelle, une forte barricade ; au coin de la rue de Grenelle, un cabaret ; autour du cabaret, et derrière la barricade, un grand nombre de bourgeois en armes, de femmes des halles, d'écoliers et de moines.

(La reine-mère, dans sa chaise, est arrêtée devant la barricade ; ses écuyers demandent le passage par la rue de Grenelle.)

UN BOURGEOIS.

Vous ne passerez pas.

UN AUTRE BOURGEOIS.

Qu'ils aillent demander le mot du guet à monsieur le Duc.

TOUT LE PEUPLE.

Non, non, ne la laissez pas passer.

UNE FEMME DES HALLES.

Va-t-en d'ici, maudite vermine, commère de Satan.

UN DES ÉCUYERS DE LA REINE.

Au nom du Roi, je vous somme d'ouvrir le passage.

(Éclats de rire.)

UN MOINE.

Nous nous en moquons de ton roi; va lui dire de te faire passer, s'il peut.

L'ÉCUYER.

Prenez garde, n'insultez pas le nom du Roi.

LA FEMME DES HALLES.

Foin de ton roi, et de toi aussi, vieille sorcière!

LE BOURGEOIS.

Qui sait où elle irait si on la laissait passer? elle a peut-être quelque diablerie en train. Il m'est avis que nous l'enfermions dans le cabaret.

UN ÉCOLIER.

Attention! voici le Duc.

(On aperçoit le duc de Guise qui s'avance par la rue Saint-Honoré.)

LA FEMME DES HALLES, à l'écuyer.

Tiens, regarde bien, en voilà un qui est plus roi que ton chien de Valois.

(Elle crie de toutes ses forces.)

Vive monseigneur de Guise!

UNE GROSSE COMMÈRE.

Vive notre cher balafré!

TOUS.

Vive monseigneur de Guise !

(Entre Guise, l'épée dans le fourreau, et une simple baguette à la main ;
il est suivi de Bois-Dauphin, et de plusieurs autres gentilshommes lorrains.)

GUISE.

C'est bien, mes amis, c'est bien.

UN BOURGEOIS.

Vive notre sauveur !

UN MOINE.

Vive le pilier de l'église!

TOUS.

Vive monseigneur de Guise!

GUISE.

C'est bien... C'est trop, mes amis ; criez aussi
vive le Roi.

TOUS.

Vive monseigneur de Guise !

CATHERINE, sortant de sa chaise, et s'approchant du Duc.

Je vois avec plaisir, seigneur Duc, que vous
avez quelque crédit sur ces gens-là : vous serez plus
heureux que moi, vous obtiendrez mon passage.

GUISE.

Quoi ! madame, ils ont osé...

CATHERINE.

Sans compter tous les propos qu'il m'a fallu endurer.. Si vous n'étiez venu, je crois qu'ils allaient
me faire passer la nuit dans ce cabaret.

16.

GUISE.

Hélas! c'est une journée déplorable! mais avouez, madame, que le Roi a bien des reproches à se faire.

CATHERINE.

Et vous, monsieur, ne vous en faites-vous point?

GUISE.

Moi, madame? si vous saviez combien je suis étranger à tout ce qui se passe! Le feu s'est allumé de lui-même; quand tous ces pauvres diables se sont vus menacés d'être pendus ou égorgés, eux et leurs femmes, avaient-ils besoin de quelqu'un pour leur donner l'idée de saisir leurs mousquets?

CATHERINE.

Eh bien! si vous n'avez rien fait pour allumer le feu, essayez au moins de l'éteindre. (à demi voix.) Dites-moi, monsieur le Duc, le Roi peut-il compter que vous fassiez quelque chose pour son service?

GUISE.

S'il était en mon pouvoir de rétablir la bonne harmonie entre Sa Majesté et ses sujets, je m'estimerais le plus heureux des hommes.

CATHERINE.

Vous le pouvez, monsieur le Duc.— Avez-vous vu monsieur de Villequier?

GUISE.

Oui, madame; c'est lui qui m'a appris combien les choses étaient envenimées : sans sa visite, je serais encore à mon hôtel.

CATHERINE, baissant la voix.

Il vous aura dit qu'on attend au Louvre que vous fassiez connaître vos conditions?

GUISE.

C'est moi, madame, qui dois demander à Sa Majesté de me faire connaître les siennes; j'enverrai d'Espignac à cet effet; et mes prétentions sont si modestes que je ne doute pas du bon succès de sa mission.

CATHERINE.

Dieu vous entende! que je vous sais bon gré de votre modération, monsieur le Duc! en voyant vos amis, je ne me flattais pas de vous trouver si sage.

BOIS-DAUPHIN, au duc de Guise.

Monseigneur, voici Brissac et Saint-Paul à la tête des suisses qu'ils ont tirés de la place de Grève et du cimetière des Saints-Innocents.

GUISE, à Catherine.

J'espère, madame, que ma bonne volonté ne vous sera pas suspecte. En même temps que vous entendez mes promesses, vous en voyez les effets. Voici des soldats du Roi que le peuple aurait massacrés infailliblement : j'ai été assez heureux pour obtenir leur merci.

(Les suisses défilent deux à deux devant le duc, l'arme renversée, les enseignes roulées, le tambour sur le dos et les mèches éteintes. En passant devant le duc ils ôtent leurs chapeaux. Brissac et Saint-Paul s'avancent vers le duc : Saint-Paul tient en main une simple houssine en place d'épée.)

SAINT PAUL.

Monseigneur, que voulez-vous que nous fassions de ces beaux soldats de paille ? est-ce que leurs armes et leurs habits ne seront pas pour nous ?

GUISE, à demi voix.

Non pas, s'il vous plaît ; ce n'est pas jour de butin : vous allez les conduire dans les faubourgs ; vous, Brissac, vous resterez. (aux officiers suisses.) Messieurs, vous servez des maîtres imprudens, mais heureusement vous avez affaire à des ennemis généreux. Je suis plein de joie de vous avoir rendu service. On aurait le droit d'exiger de vous la remise de vos armes, mais on s'en fie à votre foi ; le peuple est assuré que vous ne vous en servirez plus contre lui. Allez, messieurs ; le capitaine Saint-Paul va vous ouvrir la porte Saint-Honoré et vous reconduire dans les faubourgs : plût à Dieu que vous n'en fussiez jamais sortis !

UN MOINE, derrière la barricade.

Par la sainte-croix ! je ne les y laisserais pas rentrer.

UN BOURGEOIS, au moine.

De quoi te mêles-tu ? monsieur le Duc sait bien ce qu'il fait.

(Les suisses continuent à défiler devant le duc. Pendant ce temps, un homme enveloppé d'un grand manteau, et le chapeau rabattu sur le visage , s'approche de la reine-mère et lui dit précipitamment à voix basse :)

Madame , si vous aimez le moins du monde le Roi

votre fils, faites-lui savoir que ce soir à la nuit tombante trois compagnies, suivies d'une bande de feuillantins et d'écoliers, doivent sortir de la ville pour bloquer le Louvre par dehors. Le Roi saura ce qu'il doit faire, mais j'ai bien peur qu'ils ne réussissent à le cloîtrer. C'est le dernier avis que je pourrai lui donner, je vais sortir de la ville où je ne suis plus en sûreté. — Vous lui direz que c'est le lieutenant Poulain qui vous a parlé.

CATHERINE.

Ce soir, dites-vous ?

POULAIN.

Ce soir, ou demain matin : ils hésitent encore.

(Il va pour sortir du même côté que les suisses.)

LA CHAPELLE-MARTEAU, sortant du cabaret et l'arrêtant par le bras.

Où allez-vous si vite, maître Poulain ? qu'est-ce que vous venez de conter à l'oreille de cette damnée de bohémienne ?

POULAIN.

Moi... rien... ne me serrez pas le bras si fort.

MARTEAU.

Mais levez donc un peu ce chapeau... regardez-moi en face... Allons, je vois qu'ils ne se sont pas trompés : on vous prend sur le fait, mon compère.

POULAIN, cherchant à se dégager.

Laissez-moi.

MARTEAU.

Un instant , il faut payer vos dettes auparavant ; nous avons de l'arriéré à solder. Holà! camarades , prenez vos bâtons , voilà des épaules que
je vous recommande.

(Une troupe d'écoliers, de femmes et de moines s'élancent de la barricade et
se saisissent de Poulain.)

POULAIN.

Au secours ! à moi ! au secours !

GUISE.

Eh bien ! que vont-ils faire à cet homme ? Brissac,
tirez-le de leurs mains.

BRISSAC.

Allons , paix ; laissez là ce pauvre diable. (à un
écolier.) Que t'a-t-il fait , pour le traiter ainsi ?

L'ÉCOLIER , à Marteau.

Qu'est-ce qu'il a fait , monsieur Marteau ?

MARTEAU.

Frappe toujours , mon garçon , chaque coup te
comptera pour ton paradis.

BRISSAC.

Monsieur Marteau, c'est à vous que je le demande maintenant, pourquoi maltraiter cet homme ?

MARTEAU.

Pour lui apprendre à être moins bavard et à ne
plus faire commerce des secrets qu'on lui confie.
— Courage, mes amis, frappez ferme.

POULAIN.

Aye ! au secours ! monseigneur, au secours !

GUISE, se retournant aux cris de Poulain.

Eh bien ! Brissac, vous ne m'avez donc pas en—
tendu ?

BRISSAC.

J'y perds ma peine, monseigneur : voilà monsieur Marteau qui ne veut pas lâcher prise.

GUISE.

Mes amis, que signifie cet acharnement ? n'avez-
vous pas honte de frapper un homme sans défense ?
quel mal peut-il vous faire ?

MARTEAU.

Il a failli plus de vingt fois nous envoyer tous à
la Grève. C'est un traître, c'est un espion du Valois.

GUISE.

N'importe, il faut lui faire grace comme aux suis-
ses. (il prend lui-même Poulain par le bras.) Allons, sauvez-vous,
bonhomme.

(Poulain s'échappe des mains des écoliers et va se mêler aux suisses. —
Guise au peuple :)

Souvenez-vous que nous ne voulons pas qu'une
seule goutte de sang soit répandue : ce serait gâter
votre cause.

(Il retourne vers la reine-mère.)

MARTEAU, murmurant à demi voix.

Nous ne voulons pas..! voilà un singulier langage! — Vous êtes bien bons, vous autres, de vous laisser faire la loi.

(Il rentre dans le cabaret, suivi de deux ou trois autres)

GUISE, à Catherine.

Vous paraissez émue, madame?

CATHERINE.

Oui... cette scène était si effrayante... ce pauvre homme...

GUISE.

Vous voulez sans doute vous rendre à votre hôtel..? je vais faire ouvrir un passage.

CATHERINE

Je vous remercie, ce n'est pas la peine, j'aime mieux retourner au Louvre.

GUISE.

Non pas, madame, si vous le permettez. Il ne faut jamais avoir l'air de leur céder. Si vous voulez que je puisse être utile à Sa Majesté, laissez-moi leur apprendre à m'obéir.

CATHERINE.

Eh bien ! soit. (à part) Il faut pourtant que je trouve moyen d'avertir le Roi.

(Elle monte dans sa chaise en donnant la main au Duc. Celui-ci fait un signe et l'on pratique au travers de la barricade un passage de la largeur de la chaise. Catherine, assise dans sa chaise, dit au Duc :)

Nous comptons sur vous, monsieur le Duc : voici

un échantillon qui me donne bon espoir : j'apprendrai sans doute bientôt que les barricades tout entières sont tombées à votre voix.

(Le duc lui fait un profond salut : elle sort.)

GUISE, à Brissac.

Ah! ça, Brissac, je vous laisse ici, le poste en vaut la peine : ayez soin qu'ils n'abandonnent pas la barricade, faites-leur serrer les rangs et ajouter encore quelques tonneaux. Pas de négligence, morbleu! voici là vis-à-vis monsieur d'Ornano qui en aurait bientôt profité. Quand la nuit viendra, de crainte de surprise, allumez de grands feux. Mon cher Brissac, c'est ici un des trous du terrier, prenez bien garde que la bête n'échappe.

BRISSAC.

Monseigneur peut se fier en moi. Je voudrais seulement que quelqu'un se chargeât d'aller dire au Valois que j'ai enfin trouvé mon élément, et que si je ne suis bon ni sur terre ni sur mer, je vaux au moins quelque chose sur le pavé [1].

GUISE.

Patience, mon cher ami ; la duchesse le lui dira

(1) Le Roi avait refusé à Brissac la charge d'amiral, en disant: « il ne vaut ni sur terre ni sur mer, » parce qu'on prétendait que Brissac aurait pu montrer plus de courage à la bataille des Açores, où la flotte de Philippe Strozzi fut défaite par le marquis de Sainte-Croix. (DAUBIGNÉ.)

à l'oreille en lui coupant les cheveux. Adieu.

(Guise sort.)

BRISSAC.

Eh bien! camarades, n'entrez donc pas tous dans ce cabaret, vous allez dégarnir la barricade. (aux écoliers.) Venez par ici, vous autres. (aux bourgeois.) Vous, il faut vous ranger de ce côté-là. Allumez donc vos mèches... si vous restez ainsi pêle-mêle, vous tirerez les uns sur les autres.

MARTEAU.

Monsieur le colonel, tous ces discours-là sont bons pour vos lansquenets; nous qui ne sommes pas des soldats, nous n'avons pas besoin qu'on nous commande.

BRISSAC.

Si vous n'observez pas la discipline, vous vous laisserez surprendre.

MARTEAU.

Nous avons bien fait nos affaires ce matin sans vous et sans votre discipline, nous voulons finir comme nous avons commencé.

(Il aperçoit le père Guillaume, l'huissier du palais, un mousquet sur l'épaule et au milieu d'une bande d'écoliers.)

Mais qu'est-ce que je vois? comment c'est toi, vieux sournois de huguenot !

UN ÉCOLIER.

Il est donc huguenot ?

UN MOINE.

Ma foi, le Duc n'est plus là, nous allons nous divertir.

MARTEAU.

Celui-là paiera pour l'autre : c'est encore un valet du Louvre, un cafard, un espion.

GUILLAUME.

Grace ! grace ! monsieur le maître aux comptes, pourquoi voulez-vous qu'on m'assomme ? je ne vous parlerai jamais des cinquante pistoles que vous m'avez empruntées à la Saint-Michel.

MARTEAU.

Tu en as menti, vieux cuistre, je ne te dois pas un liard.

GUILLAUME.

Soit : mais pourquoi voulez-vous qu'on m'assomme ? je vous promets de vous garder *gratis* votre robe et votre bonnet, item, vous me devez bientôt quinze mois.

MARTEAU.

Veux-tu te taire ? Allons, camarades, cassez-lui les os.

GUILLAUME.

Écoutez, monsieur Marteau, écoutez, nous ne dirons plus un mot de tous les dîners à la buvette...

MARTEAU, le jetant par terre d'un coup de pied.

Tiens, voilà pour tes dîners... Allons, courage,

chacun un coup de bâton sur ses vieilles épaules de bois, il nous dira quel bien ça fait.

GUILLAUME.

Aye ! aye ! au secours !

BRISSAC.

Monsieur Marteau, je vous en supplie... je vous demande sa grace.

MARTEAU.

Monsieur le comte, si vous voulez commander l'exercice, allez chercher vos lansquenets, nous autres nous n'aimons pas les ordres.

GUILLAUME.

Miséricorde ! aye ! aye ! au secours !

(Entre un écolier et un moine, tout courant.)

L'ÉCOLIER.

Holà ! les amis, qu'est-ce que vous faites là plantés comme des grues derrière ces vieux tonneaux ? il faut venir de l'autre côté de l'eau, c'est là qu'il y a de bons coups à faire. Voilà tous les huguenots qui décampent des prés Saint-Germain : les gueux ! si nous n'y prenons garde, ils vont emporter leur argent.

MARTEAU.

Bravo ! aux huguenots, morbleu ! aux huguenots : ça vaut encore mieux que d'assommer ce vieux hibou.

UN BOURGEOIS.

Mais qu'est-ce qui gardera la barricade?

UN ÉCOLIER.

Elle se gardera bien toute seule.

MARTEAU.

Restez, si vous voulez, moi j'y vas.

LES ÉCOLIERS, LES MOINES, LES FEMMES ET QUELQUES BOURGEOIS.

Nous vous suivons, père Marteau.

BRISSAC, à Marteau.

Donnez au moins le bon exemple, monsieur; vous voulez donc que les hallebardiers du Roi se saisissent de la barricade? Aidez-moi à les retenir.

MARTEAU.

Est-ce que j'ai des ordres à recevoir de vous?

BRISSAC.

Sans doute, monsieur; je puis vous sommer au nom du Duc...

MARTEAU.

Au nom du Duc! que voulez-vous dire, mon cher monsieur l'officier, il n'y a ni Duc, ni Roi, qui nous fassent peur. Vous autres, gens de Lorraine, vous n'en voulez qu'à ce benêt de Valois; eh bien! gardez-le dans la souricière, c'est votre affaire: la nôtre, c'est d'aller dire adieu à ces damnés des prés Saint-Germain... Au nom du Duc!..

morbleu ! mes amis, au nom de Michel Marteau, mort aux huguenots !

(Il sort suivi d'une foule d'écoliers, de femmes, de moines et de bourgeois.)

UN BOURGEOIS, à son voisin.

Reste donc ici, Guichard ; ce Marteau est un fou qui ne veut pas de bien à monseigneur. Monsieur de Brissac a raison, il faut garder la barricade.

BRISSAC, à ceux qui sont restés.

Vous autres qui êtes plus raisonnables, serrez bien vos rangs, mes amis, et allumez vos mèches. Surtout, attention aux mouvemens de l'ennemi. — (à part.) Ah ! ça, il faut un peu se désaltérer ; mon pauvre gosier est tout en feu, j'ai tant crié après ces chiens de déserteurs. Ah ! bon Dieu ! bon Dieu ! quels mauvais soldats que la canaille !

(Il entre dans le cabaret.)

FIN DE LA DIXIÈME SCÈNE.

Scène xi.

JEUDI 12 MAI, 3 HEURES APRÈS MIDI.

La maison du président Brisson, quai de la Féraille.

La chambre à coucher du président; deux fenêtres donnant sur le quai.

(Madame Brisson la mère est assise devant un rouet, occupée à filer du lin ; sa belle-fille est à son côté ; son fils se promène à grands pas dans la chambre, d'un air soucieux [1].)

BRISSON, s'arrêtant devant sa mère.

Au nom du ciel, ma bonne mère, cachez-vous.

MADAME BRISSON LA MÈRE.

Non, mes enfans, non.

[1] Avant de lire cette scène, il est bon de ne pas oublier que le président Brisson était un homme prodigieusement savant et grand jurisconsulte, mais qui aimait à porter l'eau sur les deux épaules, ou, comme d'autres disent, à nager entre deux eaux. Sous sa robe de président, il était tout au Roi ; sous l'habit de colonel de son quartier, il prenait une petite

17

MADAME BRISSON.

Vous seriez si bien là-haut dans la chambre verte : on a visité vingt fois la maison de la cave au grenier, sans jamais en découvrir la porte. — Votre petite Adélaïde ira vous tenir compagnie.

MADAME BRISSON LA MÈRE, d'un ton sévère.

Pensez-vous, ma chère fille, que je craigne l'ennui ? ce que je crains, c'est d'offenser Dieu, qui ne veut pas qu'on le renie dans un jour comme celui-ci.

BRISSON.

Mais, ma mère, les plus zélés de vos amis ont écouté la prudence : les deux frères La Fare sont partis pour Meaux, madame Hachette a quitté sa maison...

MADAME BRISSON LA MÈRE.

Leur conscience le leur a permis sans doute ; mais moi, mon fils, vous savez bien que je suis ANCIENNE, que j'ai dit les prières publiques. Mes

---

allure *ligueuse*; il pratiquait le catholicisme, mais au fond du cœur il préférait le prêche à la messe, comme tous les gens savans à cette époque. Quant à sa mère, c'est la fleur du huguenotisme ; elle est de la vieille souche, pure luthérienne. Ordinairement elle habite Fontenay-le-Comte en Vendée ; mais depuis quelques jours elle est venue voir ses enfans. Madame Brisson la jeune n'a pas d'opinions bien arrêtées ; mais elle a reçu une éducation *politique*, c'est-à-dire royaliste.

devoirs sont plus rigoureux : Dieu me garde de cacher ma foi ! c'était bon il y a seize ans...

MADAME BRISSON.

Souffrez au moins que nous cachions votre Bible.

MADAME BRISSON LA MÈRE, avec vivacité,

Y pensez-vous ? ma Bible ! elle restera là sur mon rouet. Qu'est-ce qui soutiendra mon courage si vous m'enlevez la parole de vie ? (à demi-voix.) C'est bien assez qu'il faille me passer de ministre !

BRISSON, dans une grande agitation.

Mais... ma mère, vous ne savez pas quel danger... Nos gens n'ont eu qu'à bavarder...

MADAME BRISSON.

Les prés Saint-Germain sont à feu et à sang.

BRISSON.

Ce sera tout à l'heure notre tour... En vérité, ma mère, vous nous exposez tous.

MADAME BRISSON LA MÈRE, la voix émue.

Mon fils ! (elle se lève.) mon fils, si je vous suis à charge, dites-le-moi ; je vais descendre à la rue : je mourrai comme feu ma pauvre sœur : j'y suis toute préparée.

BRISSON, se rapprochant de sa mère et lui prenant la main.

Calmez-vous, ma bonne mère.

(On sonne à la porte de la rue.)

Ah ! mon Dieu ! ne sonne-t-on pas ?

MADAME BRISSON, à la fenêtre.

Ce n'est rien ; je ne vois personne sur le quai.

BRISSON.

Il faut pourtant savoir. (il appelle.) Mathieu !

(Entre Mathieu, valet-de-chambre.)

MADAME BRISSON.

Qui vient de sonner?

MATHIEU.

Le capitaine Roland et le petit Huet son lieutenant.

BRISSON.

Comment! pour la troisième fois?

MATHIEU.

Pour la cinquième, sauf votre respect, monsieur
le président. Ils disent qu'il faut absolument que
vous alliez les commander.

BRISSON, brusquement.

Que leur as-tu répondu?

MATHIEU.

Ce que madame m'a dit, monsieur le président,
que vous aviez la goutte.

BRISSON.

Bien... sont-ils partis ?

MATHIEU.

Oui, monsieur le président; mais pas contens,

je vous assure. Ils voulaient monter, et je gage qu'ils reviendront.

MADAME BRISSON.

Répondez-leur toujours de même, Mathieu.

MATHIEU.

Certainement, madame. Mais voyez-vous, ils finiront par me dire des sottises, s'ils ne me donnent pas quelque chose de mieux : car ils ne sont guère patiens, tous ces messieurs.

(Mathieu sort.)

BRISSON, à demi-voix.

Fatale position ! au diable le jour où je me suis laissé nommer colonel ! Je ne pourrai jamais me dispenser...

MADAME BRISSON la mère, d'une voix sèche.

J'espère bien, mon fils, que vous ne vous laisserez pas traîner en lesse comme un levrier.

MADAME BRISSON.

Mon bon ami, Dieu nous garde de vous voir mêlé parmi les ennemis du Roi !

MADAME BRISSON la mère.

Il s'agit bien de votre Roi, ma fille ! je m'en soucie comme d'une boîte à reliques.

MADAME BRISSON.

Cela ne prouve pas que ses serviteurs doivent le trahir.

MADAME BRISSON LA MERE.

Ils peuvent bien l'écorcher vif s'ils veulent, je n'en bougerai pas de mon rouet. Mais ce qui serait affreux, ce serait d'aller se mêler à ces hyènes en robe noire, et de les aider à massacrer les élus de Dieu, quand on a soi-même la vraie foi dans le cœur. C'est déjà bien assez d'aller à la messe, comme vous faites, mon fils. Mon Dieu! mon Dieu! que je plains votre pauvre conscience! — C'est cette maudite présidence, qui vous vaut tous ces tourmens!

(Entre Mathieu.)

MATHIEU.

Monsieur le président, voilà le capitaine Roland revenu.

BRISSON.

Le diable d'homme!

MATHIEU.

Monsieur le curé Lincestre est avec lui : ils veulent absolument monter.

BRISSON, vivement.

Lincestre! non, non. — Je vais descendre. — Ne les laissez pas monter. — Allez vite.

(Mathieu sort.)

Mais qu'y a-t-il donc sur le quai? bon Dieu! quel bruit!

(Grand bruit sur le quai.)

MADAME BRISSON , s'approchant de la fenêtre.

C'est un pauvre diable que l'on poursuit. — Le voyez-vous, enveloppé dans son manteau noir? — Comme il court, le malheureux ! — Ils vont l'atteindre.

(On entend les cris : au huguenot! à l'eau! à l'eau! à l'eau!)

BRISSON.

Me trompé-je?— Mon Dieu non ! c'est Nicole, ce bon Nicole, le frère de Pithou. — Eh bien! ma mère, cet exemple ne vous fait pas peur ? — Seigneur Dieu ! que fait-il ! il sonne à notre porte...

MADAME BRISSON LA MÈRE.

Faites ouvrir, ma fille.

BRISSON.

Un instant...

MADAME BRISSON LA MÈRE.

Voulez-vous qu'on l'égorge? le frère de votre ami ?

BRISSON.

Ils briseront la porte...

MADAME BRISSON LA MÈRE.

Ouvrez-la toujours...

BRISSON.

Je vais.... peut-être.... je vais tâcher.... je descends.

(Il sort.)

MADAME BRISSON , jetant un cri.

Miséricorde ! ils le tiennent ! il est perdu !

Le quai, devant la porte de la maison du président.

(Nicole Pithou est adossé contre la porte. — Autour de lui, trente ou quarante Mariniers, Écoliers, Moines et gens des halles, poussant de grands cris. — Un Écolier et deux jeunes Moines, Jacques Clément et frère Testu, le saisissent par la fraise et par le manteau.)

UN MOINE, du milieu de la foule.

Allons, mon petit Jaquot, serre ferme ! à la gorge, morbleu !

L'ÉCOLIER.

Y a-t-il quelqu'un qui le connaisse ?

PLUSIEURS VOIX.

Non , non ! — Si, si ! — Huguenot, huguenot !

JACQUES CLÉMENT.

A l'eau, vite à l'eau !

L'ÉCOLIER.

Es-tu huguenot ? parle.

PITHOU, d'une voix étouffée.

Laissez-mo i , miséricorde ! au secours !

FRÈRE TESTU.

Dis-nous ton *pater*, allons vite.

(Pithou ne répond rien.)

JACQUES CLÉMENT, à frère Testu.

Tu vois bien qu'il ne le sait pas.

FRÈRE TESTU.

Tes *litanies*, vieux chien, ou tu es mort.

PLUSIEURS VOIX.

Il ne les sait pas : à l'eau !

JACQUES CLÉMENT.

S'il n'est pas huguenot, tant pis ; pourquoi ne parle-t-il pas ?

L'ÉCOLIER.

Il n'y a qu'à lui ouvrir le ventre, nous verrons ce qu'il a mangé vendredi.

(Il le tire violemment par son pourpoint, et le jette à terre. — Un petit livre s'échappe du pourpoint et tombe sur le pavé.)

FRÈRE TESTU.

Ouais ! qu'est-ce qui lui tombe de l'estomac ?

JACQUES CLÉMENT, ramassant le petit livre.

Un Satan.

L'ÉCOLIER.

Un Satan en français.

(Il crache dessus et le foule aux pieds.)

PITHOU.

Misérable ! chien d'idolâtre ! mangeur d'hosties ! ne profane pas ma Sainte Bible.

L'ÉCOLIER.

Tiens, mange-la.

(Il la lui enfonce dans la bouche d'un coup de pied.)

JACQUES CLÉMENT.

Bon ! il faut le faire boire à présent ; vite à l'eau !

TOUS, *se précipitant sur Pithou.*

A l'eau ! à l'eau !

(Pithou se débat.)

L'ÉCOLIER.

Eh bien ! ne dirait-on pas qu'il veut ruer !

FRÈRE TESTU.

Liez-lui les jambes.

L'ÉCOLIER.

Avec quoi ?

JACQUES CLÉMENT.

Tiens, mon chapelet.

L'ÉCOLIER.

Bien. (*Il lui serre fortement les jambes.*) A présent, va-t-en nager avec les pierres !

(Pithou est lancé à la rivière.)

JACQUES CLÉMENT.

Il y est. — A d'autres ! les amis.

(Entre Crucé, le front tout en sueur, il est suivi d'une bande armée de piques et de mousquets.)

CRUCÉ.

Vive Dieu ! j'ai vu le plongeon ! c'est très bien, mon petit Clément, courage ! — La tête en bas, c'est ça même.

JACQUES CLÉMENT.

Eh bien ! père Crucé, vont-ils un peu chaudement aux prés Saint-Germain ?

CRUCÉ.

Non, mon enfant, niaiserie, bagatelle, papier

mâché, on ne tue pas. — Ce sac à vin de Marteau ne pense qu'à remplir ses poches. — Voler! morbleu! ce n'est plus ça! — Vous autres, mes petits, pas de ces bêtises, s'il vous plaît! — Est-ce que vous ne dites pas bonjour à monsieur le président? il y a du gibier chez lui. — Mais pas de plongeon, bien entendu: tous ces robins, à bonnets carrés, ça se réserve pour la potence. — Adieu, mes petits. — Je vais voir ce qu'ils ont fait à la Grève.

JACQUES CLÉMENT.

Adieu, père Crucé.

(Crucé sort.)

L'ÉCOLIER.

Camarades, carillonnons le président, morbleu!

(Il sonne à la porte, toute la bande pousse de grands cris.)

La chambre à coucher du président.

BRISSON, entrant précipitamment et tenant la porte entr'ouverte.

Un instant, monsieur le curé, un instant: seulement le temps d'endosser mon habit.

LINCESTRE, dans la chambre voisine.

Dépêchez-vous.

BRISSON, fermant la porte.

Mathieu! (apercevant sa mère qui vient à lui.) Vous êtes

encore là, ma mère.... — Mathieu, mon habit de colonel...

MADAME BRISSON la mère.

Ainsi vous y allez, Brisson !

BRISSON, dans une grande agitation.

Il n'y a pas d'autre moyen de nous sauver tous, et vous surtout, ma bonne mère. Monsieur le curé prend tout sur lui.

(Clameurs sur le quai.)

Vous entendez, je ne peux pas faire autrement.

(Mathieu lui endosse son habit.)

(A demi-voix.) Mais soyez tranquille, au premier carrefour je m'esquive et je reviens. Allons, vite, Mathieu...

MADAME BRISSON la mère, à sa fille.

Et vous le laissez partir, ma fille !...

MADAME BRISSON.

Mon bon ami, prenez bien garde, ne vous exposez pas...

LINCESTRE, entr'ouvrant la porte.

Monsieur le président, êtes-vous prêt?

BRISSON, courant refermer la porte.

Me voici monsieur, le curé.

(Les cris du dehors redoublent.)

Mon ceinturon, ma hallebarde, Mathieu. — Boutonne donc mon juste-au-corps. — C'est une fatalité, ma pauvre mère... Vous entendez !

MADAME BRISSON.

Feu votre oncle se serait fait hacher en morceaux, plutôt que de...

BRISSON.

Plus bas, ma mère, chut!

LINCESTRE, ouvrant la porte.

Monsieur le président...

BRISSON, à moitié habillé se précipite au devant de Lincestre et sort avec lui.

Allons, allons, monsieur le curé.

(Il ferme la porte derrière lui.)

MADAME BRISSON LA MÈRE.

Le voilà parti! Seigneur Dieu!

MADAME BRISSON.

Ils l'ont forcé, ma mère...

MADAME BRISSON LA MÈRE.

Forcé! un homme !... (elle regarde à la fenêtre.) Tenez, il marche à leur tête! il leur donne la main !...

MADAME BRISSON.

Pourvu qu'il ne lui arrive rien...

MADAME BRISSON LA MÈRE.

Allons prier Dieu pour lui. — Vous direz votre chapelet, si vous voulez, ma fille.

MADAME BRISSON.

Ma mère, vos prières seront les miennes.

MADAME BRISSON LA MÈRE.

Très bien. (elle va prendre sa bible sur son rouet.) Ce pauvre monsieur Nicole ! le voilà maintenant avec les élus ! excellent homme ! ce n'est pas qu'il était d'un entêtement pour son Calvin... Il n'y avait pas moyen de le faire reculer d'un pas. — La paix du ciel avec son ame ! — Venez ma fille.

MADAME BRISSON , donnant le bras à sa mère et essuyant ses yeux pleins de larmes.

Fatale journée !

(Elles sortent.)

FIN DE LA ONZIÈME SCÈNE.

Scène xij.

JEUDI 12 MAI, 7 HEURES DU SOIR.

La grande esplanade du Louvre, en face Saint-Germain-l'Auxerrois.

Le rempart est bordé d'une haie de soldats; de chaque côté du
pont-levis, deux petites tours rondes garnies de fauconneaux.

———

(Dans l'intérieur de l'esplanade, le Roi se promène avec d'Elbenne, d'Ornano, et d'Espignac [1]. Le Roi, une badine de baleine à la main, s'amuse à
tracer des figures sur le sable.)

D'ESPIGNAC.

Ainsi Votre Majesté...

D'ELBENNE.

Refuse.

———

(1) D'Espignac est venu proposer au Roi de reconnaître le
duc de Guise pour son héritier, et de le nommer lieutenant-
général du royaume, avec les mêmes pouvoirs dont le feu duc
François de Guise jouissait sous le règne de François II.

D'ESPIGNAC.

J'attendrai que cette réponse sorte de la bouche de Sa Majesté.

LE ROI.

En vérité, monsieur l'archevêque... ces messieurs ont raison... je ne suis ni assez vieux pour faire mon testament, ni assez jeune pour me mettre en tutelle.

D'ESPIGNAC.

Mais il ne s'agit point, Sire...

LE ROI.

Non, non, monsieur l'archevêque... à moins pourtant que mon cousin ne consente à partir.

D'ESPIGNAC.

Sire, vous oubliez que monsieur le Duc...

ORNANO, d'un ton brusque.

Eh bien! le Roi a répondu : qu'attend votre éminence ?

D'ESPIGNAC.

Je n'ai pas besoin de vos avertissemens, monsieur ; ne craignez point que je cherche à ébranler la volonté de Sa Majesté... je ne veux qu'exprimer mes regrets et ceux de monseigneur le Duc : ce lui sera un vif chagrin de voir ses loyaux services ainsi refusés ; mais, par bonheur pour Sa Majesté et pour le royaume, son ame est grande ; elle

saura oublier une injustice, et n'écouter que sa gé-
nérosité et son dévouement.

(Il fait de profonds saluts au Roi, et sort.)

D'ELBENNE.

Amen. Monsieur l'archevêque est bien habile;
mais la ruse était par trop grossière.

(Le Roi continue à tracer des dessins sur le sable, sans prêter attention.)

ORNANO.

Si Sa Majesté eût reconnu le duc pour son héritier, je crois que l'usufruit de l'héritage ne serait
pas resté long-temps entre ses mains.

D'ELBENNE.

Tous ces pourparlers me donnent bon espoir.
Il n'a pas encore pris son parti; il marche à petits
pas. Jesus-Maria! si le régiment de Picardie arrivait en ce moment, nous en aurions peut-être
encore bon marché. — Votre Majesté a-t-elle envoyé du Halde pour faire hâter sa marche ?

LE ROI, sortant de sa rêverie.

Est-ce à moi que vous parlez?

(On entend des cris du côté de la rivière.)

Sainte-Marie! qu'est-ce qu'ils veulent? D'Elbenne,
qu'y a-t-il donc par là?

D'ELBENNE.

Peut-être quelque pauvre huguenot qu'on jette
à la rivière.

18

LE ROI.

Ce n'est que ça, vous croyez?

(Les cris cessent.)

D'ELBENNE.

Je demandais à Votre Majesté si elle avait envoyé du Halde au devant du régiment de Picardie,
comme on en était convenu?

LE ROI, d'une voix faible.

Il est bien temps maintenant d'appeler des régimens!.. nous ferions de belle besogne! Tout est dit:
ils sont les plus forts ici... (élevant la voix.) il n'en sera
peut-être pas de même partout.

D'ELBENNE.

Ainsi Votre Majesté n'a point envoyé...

LE ROI, à moitié distrait.

Pardonnez-moi, mon cher abbé, mais on a dû
dire au colonel de faire halte. J'aurai besoin plus
tard du régiment.

(Ornano et l'abbé se regardent d'un air étonné : l'abbé porte le doigt à son
front comme pour dire à Ornano qu'il ne croit pas le Roi dans son bon sens.)

ORNANO.

Votre Majesté renoncera donc à son royaume
parce que quelques misérables bourgeois...

LE ROI.

Je ne renonce à rien.

ORNANO.

Sire, il n'y avait que le régiment pour rétablir
vos affaires. Il était même nécessaire pour la sûreté
de votre personne.

LE ROI.

Je chercherai ma sûreté ailleurs.

D'ELBENNE.

Comment, Sire?

LE ROI, s'arrêtant et prenant Ornano par la main.

Eh bien! oui, mes amis, on peut régner, ce me semble, à Orléans ou à Blois, tout aussi bien qu'à Paris. Il m'est en horreur, ce Paris: j'y étouffe; non que je sente la moindre crainte, mais c'est un spectacle si affreux, si dégoûtant! Ville déloyale! fi!... si jamais j'y rentre, j'aurai soin auparavant de la faire si bien balayer, qu'il n'y restera pas trace de cette infernale boue de ligueurs, guizards, espagnols...

(On entend de nouveau de grands cris du côté de la rivière.)

Entendez-vous? ne dirait-on pas des bêtes féroces... Décidément on ne peut pas vivre au milieu de pareilles gens.

D'ELBENNE.

Sire, un tel parti ne peut être pris qu'en désespoir de cause: tenez au moins jusqu'à l'extrémité.

LE ROI.

Non, non.

D'ELBENNE.

Comment! vous voudriez partir?

LE ROI.

Le plus tôt que je pourrai.

D'ELBENNE.

Mais, Sire, encore faut-il... (*apercevant monsieur de Harlay qui entre par la poterne.*) Heureusement, voici le président. Soyez le bienvenu, monsieur de Harlay; vous allez, je gage, réussir à dissuader Sa Majesté d'un funeste dessein. N'est-il pas vrai que ce serait une grande faute de quitter la ville en ce moment?

LE ROI, allant au devant de Harlay.

Mon cher président, ne vous donnez pas la peine d'ouvrir un avis là-dessus : je suis vraiment fâché qu'on vous ait fait venir, car la route ne doit pas être facile... au milieu de tous ces cris... entendez-vous?... c'est à faire frémir. Tout ce que vous me diriez, mon cher président, serait en pure perte, car mon parti est pris : je sais trop bien ce que m'a fait entendre la bonne Vierge, tantôt à vêpres... Dieu me garde de lui jamais désobéir en quoi que ce soit!.. Voici la dernière nuit que je passerai dans ce maudit Paris.... jusqu'au retour, bien entendu. — Adieu, Messieurs; priez Dieu et la sainte Vierge qu'ils me donnent un bon voyage. — Ornano, soyez tranquille, nous prendrons notre revanche. — Adieu, mon cher président, nous nous reverrons dans des jours meilleurs.

(Il rentre dans le palais en passant par le jardin de la Reine.)

D'ELBENNE.

Eh bien! monsieur le président, qu'en dites-vous?

HARLAY.

Vous me voyez confondu, monsieur le conseiller.

D'ELBENNE.

Nous autres qui vivons avec lui du matin au soir nous y sommes accoutumés.

HARLAY.

Me faire mander en toute hâte, et pourquoi? pour me dire qu'il n'a pas besoin de moi. C'était bien la peine de me donner tant de mal pour franchir ces maudites barricades.

D'ELBENNE.

Elles sont donc bien serrées et bien garnies de mousquets?

HARLAY.

Ne m'en parlez pas, j'en ai le cœur navré ; mais ce qui me désole le plus, ce sont les rencontres que j'ai faites au milieu des barricadeurs : devine-riez-vous qui m'a fait faire passage?

D'ELBENNE.

Non, qui?

HARLAY.

Un de nos amis, Brisson.

D'ELBENNE.

Le président Brisson?

HARLAY.

Lui-même, la hallebarde au poing, posté der-rière une barricade : je n'en croyais pas mes yeux. Si de tels serviteurs abandonnent Sa Majesté, mes-sieurs, c'en est fait de la monarchie. Pauvre pays !

D'ELBENNE.

Mais n'a-t-il pas été bien honteux en vous voyant?

HARLAY.

Il m'a dit qu'il était venu pour arrêter le désordre. Moi, je n'ai pas fait semblant de l'écouter et j'ai passé sans lui répondre.

(Les cris recommencent de l'autre côté de l'eau.)

D'ELBENNE.

Monsieur le président, dites-nous donc ce que signifient ces cris?

HARLAY.

Comment, vous ne savez pas? Les gens de la religion sont au pillage.

D'ELBENNE.

Je m'en doutais bien.

HARLAY.

Spectacle affreux! le beau-frère de de Thou a la jambe cassée; les neveux de Lafare ont été massacrés. Quel temps, messieurs, quelle journée! je n'en ai encore vu qu'une à lui comparer. Voilà pourtant où conduisent les folles dépenses, les impôts doublés et triplés!...

D'ELBENNE.

Et les conseillers, comme messire Villequier, n'est-il pas vrai, président?

HARLAY.

Oui, vous avez grand' raison : ce maître renard nous fait bien du mal.

D'ELBENNE.

Comprenez-vous rien à sa conduite? Au bout du compte, que veut-il? pour qui travaille-t-il?

HARLAY.

Peut-être pour le petit marquis [1], mais encore j'en doute fort : en tout ceci, croyez-moi, il a été dupe.

D'ELBENNE.

On m'a dit en effet qu'il se mordait les doigts.

HARLAY.

Il a été joué à l'hôtel de Soissons et à l'hôtel Montpensier. Malgré sa manie d'intriguer, il n'a pas la tête bien forte, et...

(Le jour commence à baisser, des feux s'allument dans toutes les rues voisines et de l'autre côté de l'eau.)

ORNANO.

Voyez donc ces feux, les gaillards sont sur le qui vive... Mais qu'est-ce que nous veut ce frocard?

(Davila, déguisé en feuillantin, paraît à la poterne.)

UN SOLDAT.

Colonel, faut-il laisser entrer ce frère? il demande à parler au Roi.

ORNANO.

Voyons, amenez-le. — Comment, c'est vous, seigneur écuyer, que diable veut dire cette mascarade?

(1) Le marquis de Pont.

DAVILA.

Ne vous moquez pas de mon froc, colonel, il a trompé les yeux de mon bon ami Brissac.

D'ELBENNE

Mais pourquoi tout ce mystère?

DAVILA.

D'abord parce qu'avec mes galons d'écuyer, j'aurais fort bien pu passer la nuit à demander passage devant la barricade; ensuite parce qu'il n'était pas bon que mon message fût mis au prône ce soir dans toutes les paroisses.

D'ELBENNE.

Qu'allez-vous donc nous apprendre?

DAVILA.

Le voici en deux mots : tant moines qu'écoliers et bourgeois, ils sont trois ou quatre mille qui se disposent à sortir de la ville et des faubourgs pour s'en venir bloquer votre Louvre. Tenez-vous donc pour avertis, messieurs; vous allez vous trouver pris entre le marteau et l'enclume.

ORNANO.

Peste! voilà qui devient sérieux.

D'ELBENNE.

Au diable la nouvelle!

ORNANO.

Un siége en règle et pas de munitions dans la place! Allons conter cela au maréchal, monsieur d'Elbenne.

D'ELBENNE.

Oui, mais n'en parlons pas au Roi, il serait capable de faire brider ses chevaux sur l'heure.

DAVILA.

Dame ! il n'aurait peut-être pas grand tort.

D'ELBENNE.

Vous croyez donc qu'ils vont se mettre en marche dès ce soir ?

DAVILA.

Peut-être bien. Cependant la partie paraît remise à demain.

D'ELBENNE.

Mais, j'oubliais… D'où tenez-vous tous ces détails ?

DAVILA.

De bonne source : le lieutenant Poulain a parlé à la reine…

D'ELBENNE.

Malédiction ! vous m'en direz tant… voilà qui change de thèse ! Mon cher écuyer, il faut que vous nous appreniez positivement le moment de leur départ.

DAVILA.

J'ai votre affaire. Le petit Angelo [1], le porte-queue de la Montpensier, va souper avec nous ce soir, et je sais le moyen de lui faire tout raconter par le menu.

D'ELBENNE.

Bon, vous viendrez nous avertir. Il sera tou-

(1) C'est ce petit Angelo qui possède les bonnes graces de mademoiselle Camilla. (Voyez la scène V, pag. 180.)

jours temps de faire partir le Roi quand nous saurons qu'ils ont passé les portes.

DAVILA.

Monsieur le conseiller, je vous baise les mains.

D'ELBENNE.

Nous comptons sur vous; n'oubliez pas.

(Davila sort.)

ORNANO.

Or ça, messieurs, allons nous concerter avec le maréchal.

D'ELBENNE.

Je le veux bien, rentrons.

(Ils vont pour rentrer au château.)

HARLAY, les retenant, leur dit d'un ton grave :

En vérité, messieurs, le roi avait bien raison quand il nous disait tout à l'heure : voici la dernière nuit que je passe en mon Paris. Nous aurons beau faire, il faudra qu'il cède son lit au guizard! bon Dieu! c'est grand'pitié quand le valet chasse le maître! Voilà toutes les règles de l'état bouleversées! quelle journée! le Roi chassé de sa ville!...

D'ELBENNE.

Prenons garde qu'il ne soit pris, car ce serait pis encore.

(Ils rentrent au château.)

FIN DE LA SCÈNE DOUZIÈME.

Scène xiij.

JEUDI 12 MAI, 8 HEURES DU SOIR.

L'hôtel de Guise.

Un grand vestibule.

Des hommes d'armes vont et viennent en tous sens. Un groupe de gentilshommes au fond du vestibule.

————

(Sur le devant, le duc de Guise assis ; d'Espignac et Saint-Paul debout.)

GUISE, à d'Espignac.

Tu dis donc qu'il refuse, d'Espignac?.. Eh bien ! soit. Maintenant je fais des vœux pour que son régiment de Picardie arrive : il me rendra service en nous attaquant.

SAINT-PAUL.

Par Notre-Dame de Nancy, monseigneur parle en vrai lorrain ! Tous ces freluquets de Picardie, je veux qu'en moins d'une heure nous les embrochions comme alouettes de Beauce, eux et leurs rosses.

GUISE, *se levant et s'approchant des gentilshommes.*

Messieurs, on ne se couchera pas : cette nuit a besoin de nous. Saint-Paul, vous allez commencer votre ronde. Prenez bien garde qu'ils n'abandonnent leurs barricades, surtout celles des environs du Louvre.

SAINT-PAUL.

Soyez tranquille, monseigneur, le premier que je verrai boire ou dormir fera connaissance avec ma houssine. Allons, messieurs, venez rendre visite à nos beaux soldats de boutiques. Salut, monseigneur.

(Il sort suivi de plusieurs gentilshommes.)

GUISE, *en retenant deux ou trois.*

Écoutez, Bois-Dauphin, qu'on n'oublie pas les distributions d'eau-de-vie et d'argent. (*à Chamois.*) On dit que le régiment de Picardie doit entrer cette nuit par la Porte-Neuve, il faut vous en informer : à la moindre alerte courez m'avertir. — En passant devant les écuries, dites qu'on tienne mes chevaux tout bridés.

(Chamois et les autres sortent.)

Eh bien ! d'Espignac, penses-tu vraiment que son régiment puisse arriver ?

D'ESPIGNAC.

Nous allons avoir des nouvelles, monseigneur : voici madame la Duchesse qui entre dans la cour.

GUISE.

La petite folle! j'espère qu'elle ne se plaindra plus.

(Entre la Duchesse.)

LA DUCHESSE.

A la fin je vous trouve, je vous vois, mon cher Henri ! c'est bien vous, toujours vous, n'est-il pas vrai ?

GUISE, souriant.

Si vous n'en croyez vos yeux, faites comme saint Thomas, ma mie.

LA DUCHESSE.

Je ferai mieux, je vous embrasserai. (elle l'embrasse.) Quelle journée bienheureuse, mon bon Henri !

D'ESPIGNAC.

Il en sera parlé long-temps dans le royaume et dans la chrétienté.

LA DUCHESSE.

Je n'aime guère à me vanter, mais je m'attribue pourtant une bonne part de la victoire.

GUISE.

On dit que vous avez fait des merveilles.

LA DUCHESSE.

O mon Dieu ! j'ai vidé mon coffre et voilà tout.

D'ESPIGNAC.

Madame ne vous dit pas qu'elle est allée elle-même éveiller les frères jacobins et feuillantins, voire même les pères cordeliers. Ces coquins de pères, quelles matines ils ont eues là ! que n'était-on cordelier, morbleu !...

LA DUCHESSE.

Trève, mon cher d'Espignac. Laissons là chacun le récit de nos prouesses, car la besogne n'est pas encore finie. (*elle s'assied.*) Écoutez, Henri, me voilà déjà bien contente, mais mon vrai bonheur ne commencera que lorsque vous m'aurez débarrassée du Valois.

GUISE.

Eh bien ! ma chère, vous n'aurez qu'une nuit à attendre ; demain à la pointe du jour nous le prenons en tête et en queue. Vous n'avez qu'à commander la cage, demain vous aurez l'oiseau.

LA DUCHESSE.

Demain, toujours demain ; vous êtes donc incorrigible, mon cher Duc ; dites-moi, de grace, pourquoi pas aujourd'hui ?

GUISE, s'asseyant auprès d'elle.

Quand il s'agira de meubler notre Louvre à neuf et de commander notre première fête de cour, je prendrai vos avis, ma belle.

LA DUCHESSE.

Ce n'est pas là répondre.—Dites-moi, pourquoi tarder encore jusqu'à demain ?

GUISE, *ouvrant la fenêtre et montrant à la Duchesse les donjons de la Bastille, éclairés par la lune.*

Voyez un peu, mon intrépide, voyez ces grandes tours noires, et comptez si vous pouvez, tous les fauconneaux, toutes les coulevrines dont elles sont tapissées; tout cela n'est point encore à nous. Une fusée partie du Louvre, et le feu s'allume. On nous écrase nous et tout le quartier Saint-Antoine; comprenez-vous maintenant? il est bien facile de donner des avis quand on n'est pas chargé de les exécuter.—Savez-vous qu'outre la Bastille, le Temple et l'Arsenal tiennent encore contre nous? Tant que ces postes importans me sont fermés, je ne puis user que de ruse. — *(il se promène en long et en large.)* Si le parlement était à moi, si je n'étais pas harcelé par les espagnols et par toute cette canaille stupide, les choses iraient grand train; je me moquerais des fauconneaux de messire Testu : mais je ne suis pas encore aussi à l'aise qu'on se l'imagine. Se faire roi ! de duc de Guise se faire roi de France ! tête-Dieu ! ce n'est pas petite chose. Quand tout le peuple serait pour moi, ne faut-il pas encore me faire accepter par les autres rois? — Vous ne voyez pas tout cela vous autres femmes qui ne regardez jamais que le moment présent : vous ne songez pas à ce maudit espagnol qui étend ses longs bras tout à l'entour de ce pays et qui m'étouffera du premier coup si je n'ai pour moi l'Angleterre et l'Italie, c'est-à-dire l'eau et le feu, le pape et les hérétiques. Vous ne songez pas...

(Entre Bussy.)

Eh bien! Bussy, quelle nouvelle? que dit Testu?

BUSSY.

Il fait la sourde oreille, monseigneur : il attend, il veut voir, il ne décide rien.

GUISE.

Peste! voilà qui nous retarde.

BUSSY.

La place est pleine de munitions : il tiendra, s'il veut, pendant un siècle.

GUISE.

Et vous n'avez pas pu seulement lui arracher une promesse?

BUSSY.

Le moment n'était pas favorable : il venait de recevoir une lettre du gouverneur qui lui ordonnait de tenir.

GUISE.

De Villequier, dites-vous? — Voyez donc quel homme!

LA DUCHESSE.

Le misérable!

BUSSY.

C'est la vieille commère qui l'a ensorcelé.

GUISE, à la duchesse.

Vous auriez dû vous assurer de lui, ma bonne amie; voilà une faute...

BUSSY.

Facile à réparer, monseigneur. Laissez-moi faire; demain il faut que les clés de la place soient dans votre poche. Quand je devrais y passer la nuit...

GUISE.

Pour prix de la conquête, le brevet de gouverneur vous attend.

BUSSY.

Je ne refuse jamais, monseigneur.

(Entre Bois-Dauphin.)

BOIS-DAUPHIN.

On crie *alarme* dans la rue Saint-Antoine, sans doute le régiment vient d'entrer.

GUISE.

Saint-Paul est-il parti?

BOIS-DAUPHIN.

Pas encore, monseigneur.

GUISE.

Dites-lui qu'il m'attende. Adieu, ma sœur; demain à votre réveil je vous défie de désirer quelque chose.

LA DUCHESSE.

Dieu vous entende, mon cher Henri. Adieu.

(Le Duc sort.)

BUSSY.

Ce doit être une fausse alerte, car je sais de

bonne part que le régiment a été arrêté au pont de Pontoise par une troupe de recollets et de fariniers.

LA DUCHESSE.

N'importe : il n'est pas mauvais que le cher Duc soit tenu en haleine; je tremble toujours qu'il ne s'endorme. Ah! ça, messieurs, je vous recommande en grace la sortie de demain.

BUSSY.

N'ayez pas peur, madame, je prendrais plutôt sur moi l'entreprise que de la laisser manquer.

D'ESPIGNAC.

Quoi qu'il puisse arriver, notre affaire est sûre; nous sommes roi très chrétien en dépit de tous les Valois, de tous les Béarnais passés, présens et futurs.

LA DUCHESSE.

Prenez garde avec vos belles espérances de laisser s'envoler cette chère couronne. Surtout je vous recommande mon frère. Force coups d'éperon, mon cher d'Espignac. — Voulez-vous me donner la main jusqu'à ma chaise ?

(D'Espignac lui baise la main, et l'accompagne.)

BUSSY.

Moi, je cours à la Bastille.

LA DUCHESSE.

Bon succès, monsieur Bussy.

(Ils sortent.)

FIN DE LA SCÈNE TREIZIÈME.

Scène xiv.

VENDREDI 13 MAI, 8 HEURES DU MATIN.

La chambre à coucher du Roi.

Dans le fond de la chambre, une porte conduisant à la salle du conseil. Les meubles et le lit sont encore en désordre.

———

(Le Roi à genoux sur son prie-dieu, devant un grand crucifix d'ivoire et deux petites madonnes de chaque côté.)

LE ROI.

O ! mon bon Dieu !..

(Quelques cris se font entendre dans la cour. — Le Roi se lève, regarde à la croisée, puis revient se mettre à genoux.)

Ce n'est rien... Je crois toujours qu'ils vont forcer les postes... O mon bon Dieu ! si vous n'avez pitié de moi, ils me tueront... (il fait le signe de la croix.) C'est bien affreux, la mort ! bonne mère de Dieu ! — Mais non, ils ne me tueront pas : ils n'oseront pas dans ce pays-ci... Pauvre reine Marie ! ils ont pourtant trouvé un bourreau pour la tuer ! (il se lève et se promène à pas lents.) Je vois bien leur dessein, ils veulent me

faire moine; moine... on dit que c'est humiliant.
Ah! mon Dieu, il me semble que je passerais aussi
bien ma vie au couvent qu'ici. (il s'arrête.) Oui , mais
prenons garde; une fois dans la trappe je n'en sor-
tirai plus ! ouais ! les coquins me feraient mourir
à petit feu ! ah ! morbleu, nous verrons si je serai
moine. (il regarde l'horloge) Huit heures, —— les chevaux
doivent être prêts —— il faut partir.

(Entrent d'Elbenne et Ornano.)

Vous voilà, mes amis , eh bien! où en sont nos
affaires ?

ORNANO.

Sire , je viens de commander vingt chevaux pour
escorter Votre Majesté; vous devez partir sur-le-
champ.

LE ROI.

Comment? Pourquoi sur-le-champ?

D'ELBENNE.

Nos enragés coquins viennent de sortir par la
porte Saint-Denis.

LE ROI.

Eh bien ?

ORNANO.

Ils sont plus de quatre mille.

LE ROI.

Mais qu'est-ce qu'ils veulent?

ORNANO.

Prendre le Louvre par derrière.

LE ROI.

Mon Louvre ? Que dites-vous là ?

D'ELBENNE.

Dans une heure ils seront aux Tuileries.

LE ROI.

Miséricorde ! ils y sont peut-être déjà. — (élevant la voix.) Messieurs, dites votre mea culpa, c'est vous qui m'avez conduit à ma perte. Que ne me laissiez-vous partir cette nuit ! Par la mort-Dieu ! c'est une infâme trahison.

ORNANO.

Sire, faites diligence et rien n'est perdu.

LE ROI.

Pour Dieu ! ne vous imaginez pas que je vais m'aller jeter comme un étourneau dans leurs filets.

ORNANO.

Sire, votre route est libre.

LE ROI.

Non, non, je ne pars plus. C'est hier qu'il fallait partir, aujourd'hui je dois rester.

ORNANO.

Qu'y gagnerez-vous ?

LE ROI.

De ne pas tomber dans leurs mains.

ORNANO.

Mais le Louvre ne peut tenir plus de huit jours.
— Ils vous prendront par famine.

LE ROI.

Huit jours c'est quelque chose...

D'ELBENNE.

Sire, nous en supplions Votre Majesté, ne renoncez pas à votre dernière voie de salut.

LE ROI, s'asseyant dans son fauteuil.

Non, messieurs, non... je suis trop mal à l'aise pour monter à cheval : une heure de galop me tuerait.

(Entre du Halde sortant de la salle du conseil.)

DU HALDE.

Sire, messieurs les conseillers sont assemblés et atten dentVotre Majesté.

LE ROI, se levant.

Au diable le conseil et les conseillers ! — J'ai bien besoin de leurs bavardages.

DU HALDE.

Sire, c'est d'après vos ordres qu'ils se sont réunis.

LE ROI.

Eh ! qu'importe ? renvoyez-les chacun chez eux... Mais non, non... d'Elbenne, allez leur dire que je suis à ma toilette et qu'ils me verront tout à l'heure.

(D'Elbenne sort.)

Alphonse, qui vous a dit qu'ils se portaient sur les Tuileries ?

ORNANO.

La nouvelle en arrive de l'hôtel de Soissons.

LE ROI.

Peste !

ORNANO.

La Reine vous conseillait de partir à toute bride.

LE ROI.

Vraiment ?

ORNANO.

Elle se disposait à aller chez monsieur de Guise pour l'amuser par de beaux discours et vous donner le temps d'échapper.

LE ROI, frappant du pied.

Il n'en est déjà plus temps. Mille damnations ! vous m'avez mis dans une belle passe.

(Entre Crillon.)

ORNANO.

Eh bien ! Crillon, qu'avez-vous vu ? où peuvent-ils être maintenant ?

CRILLON, brusquement.

A la porte Montmartre.

ORNANO.

Bon, ils en ont encore au moins pour une demi-heure, n'est-ce pas ?

CRILLON.

Dame ! je crois qu'oui...

ORNANO.

Sire, vous avez tout le temps...

CRILLON.

Mille tonnerres! Sa Majesté n'a qu'à parler! moi et mes chevaux nous leur aurons bientôt marché sur leventre.

LE ROI, d'un air distrait.

Non, non, mon cher Crillon, ce n'est pas là ce dont il s'agit.

CRILLON.

Morbleu! il s'agit de les empêcher d'entrer aux Tuileries.

LE ROI.

Non, mon ami, non...

CRILLON.

Comment, non? Mais je vous réponds que si une fois ils y établissent leurs chiennes de barricades le diable ne les en débusquerait pas : commandez, Sire...

LE ROI.

Non, non, pas pour le moment, mon camarade... A la porte Montmartre, dis-tu?... encore une demi-heure.. du Halde, faites avancer mes chevaux, ils doivent être bridés.

(Du Halde sort.)

CRILLON.

Ainsi, Votre Majesté va se mettre à notre tête. Vive Dieu! bonne nouvelle!

LE ROI.

Mon bon ami, c'est à Saint-Cloud que je veux aller.

CRILLON.

A Saint-Cloud?

LE ROI, à Ornano.

Alphonse, vous partirez avec moi.

CRILLON.

Comment, partir?

LE ROI.

Laisse faire, Crillon, tu viendras nous rejoindre tantôt.

CRILLON.

Vous rejoindre?...

ORNANO.

Mon cher Crillon, c'est le salut du Roi.

CRILLON.

Comment, et vous aussi, colonel?... Ventre-bleu! j'étouffe. Ces damnés de guizards vont-ils se moquer de nous! vous leur abandonnez votre Paris.

(Rentre du Halde.)

DU HALDE.

Sire, les chevaux sont prêts; la porte Neuve est ouverte : on vous attend.

LE ROI.

Allons, presto, presto, mes amis; mon équipage de campagne... mes éperons, du Halde!

(Rentre d'Elbenne.)

ORNANO, à d'Elbenne.

Sa Majesté s'est décidée, mon cher abbé.

D'ELBENNE.

Dieu soit loué !

LE ROI, à d'Elbenne.

Crillon me répond d'une demi-heure et j'en profite.

ORNANO.

Prenons garde que ces messieurs n'entendent ce qui se passe ici.

D'ELBENNE.

Je vais baisser la tapisserie pour amortir le bruit.

(Il baisse la tapisserie suspendue devant la porte du conseil.)

LE ROI, boutonnant son pourpoint.

Ah ! ça, Crillon, convenons de nos faits... je vais à Saint - Cloud et de là à Chartres... tu viendras m'y trouver avec tous tes chevaux , le plus tôt que tu pourras.

(Crillon ne répond rien.)

M'entends-tu , Crillon ?

CRILLON.

Oui, Sire, oui, j'entends.

LE ROI, bouclant son ceinturon.

Tu n'as pas l'air de bonne humeur, mon enfant?

CRILLON, à demi-voix.

Pas trop, non, pas trop.

LE ROI.

Il faut t'égayer, mon garçon.—Allons, du Halde, mes éperons... (à Crillon.) Ce n'est pas une fuite, je te jure, c'est une ruse, tu verras... une ruse de guerre.

DU HALDE, mettant les éperons au Roi.

Ah! qu'est-ce que je fais? je me suis trompé de pied.

LE ROI.

Qu'importe, c'est à merveille... je ne vais pas voir ma maîtresse.

DU HALDE.

Sire, voici votre fouet.

LE ROI.

Bon. Ouvrez ce petit tiroir, là à gauche, et donnez-moi ce qu'il y a dedans.

DU HALDE.

Le portrait de monsieur le...

LE ROI.

Oui... (il le met à son col.) Ah! mon Dieu! et ma petite Dame de Bon-Secours, j'allais l'oublier! elle est... prenez là dans cette cassette.

DU HALDE.

La voici.

LE ROI.

Bon. Attachez-la à mon chapelet. Mais je n'ai pas mes flacons... mes flacons, du Halde! dépêchez-vous.

DU HALDE.

Les voici, et vos gants de buffle, Sire.

LE ROI.

Donnez. Ouf! que j'ai chaud!... (à Crillon.) et tu me réponds que je pourrai passer, Crillon?

CRILLON, regardant l'horloge.

Vous avez encore un bon quart-d'heure.

LE ROI.

Tête-Dieu! ce n'est pas trop.

ORNANO.

Sire, j'entends les chevaux, descendons.

LE ROI.

Ah ça! mes amis, je vous charge de faire mes adieux à messieurs les Parisiens. Dites-leur bien que si jamais ils me revoient dans leur maudite ville, je n'y serai rentré que par la brèche; et surtout qu'ils tiennent leurs têtes à deux mains, car j'aurai bonne envie d'en décharger leurs épaules.

D'ELBENNE.

Sire, vos chevaux...

LE ROI.

Partons, partons... Crillon, c'est bien entendu... le chemin de Chartres... et vous aussi, du Halde. Allez, mes amis, n'ayez pas peur, nous nous vengerons; nous leur enverrons de nos nouvelles. Adieu! adieu.

D'ELBENNE.

Dans quelques heures nous serons auprès de Votre Majesté. Dieu vous accompagne, Sire.

(Le Roi sort avec Ornano.)

CRILLON.

Mille tonnerres ! voilà qui est beau pour un Roi !

D'ELBENNE.

Croyez - moi, Crillon, c'était le parti le plus sage.

CRILLON.

Il ne s'agissait pas de sagesse, monsieur l'abbé ; il fallait tomber à grands coups de dague sur tous ces coquins de moines et d'écoliers.

(On entend le bruit des chevaux.)

D'ELBENNE.

Ah ! les voilà partis, Dieu merci.

(Entre Villeroi, sortant de la salle du conseil.)

VILLEROI.

Eh bien ! monsieur d'Elbenne, Sa Majesté ne veut donc pas ouvrir le conseil ?... Mais où est le Roi, s'il vous plaît ?

D'ELBENNE.

Regardez à cette fenêtre...

VILLEROI.

Quoi ! là-bas, au grand galop !... Sa Majesté quitter la ville sans prendre avis, sans en avertir personne, sans dire où elle va !

D'ELBENNE.

Le rendez-vous est à Chartres, monsieur.

VILLEROI.

A Chartres? et vous irez, monsieur l'abbé?

D'ELBENNE.

Je vais faire mes paquets pour m'y rendre sur-le-champ. Serviteur, monsieur de Villeroi.

VILLEROI.

Serviteur, monsieur.

(D'Elbenne sort.)

Voilà qui est inoui.

(Villequier, d'O, le chancelier, et tous les autres conseillers sortent de la chambre du conseil.)

VILLEQUIER.

Eh bien! Villeroi, qu'est-ce qu'on nous apprend? le Roi parti, est-ce possible?

VILLEROI.

Regardez plutôt là-bas, le long de l'eau...

D'O, au chancelier.

A dire vrai, je crois qu'il n'a pas mal fait.

LE CHANCELIER.

Il devait au moins nous avertir. — Il est de ces égards... moi chancelier, me laisser sans ordres! enfin, où voulez-vous que je porte les sceaux?

DU HALDE.

Messieurs, le Roi vous attend à Chartres.

LE CHANCELIER.

Allons, soit...

(D'O lui dit quelques mots à l'oreille, ils sortent en se donnant le bras: tous les conseillers s'écoulent peu à peu: restent Villequier et Villeroi.)

VILLEROI.

Eh bien! monsieur le comte, que faut-il faire? irez-vous rejoindre le Roi?

VILLEQUIER.

Mais nous verrons cela ce soir, monsieur de Villeroi.

(Ils sortent.)

DU HALDE.

Allons, Crillon, ne restons pas là plantés comme deux statues: viens-t-en brider nos chevaux.

CRILLON.

Mille tonnerres! quelle poule mouillée! je creverais de honte si j'étais à sa place.

DU HALDE.

Que veux-tu, mon pauvre Crillon, il faut le prendre comme il est! son métier est de servir la messe aux feuillantins.

CRILLON.

Ils ont raison les autres de dire qu'il faut en faire un capucin. — Mieux vaut le Béarnais, ventrebleu! on ne recule pas toujours avec celui-là! Je crois vraiment qu'un petit tour en Saintonges me ferait du bien à la santé.

DU HALDE.

Pour moi, je ne me soucierais guère d'aller m'encanailler avec ces chiens d'hérétiques.

CRILLON.

Bah! les hérétiques quand ils se battent bien, sont des hommes comme les autres. Vois-tu, du Halde, je ne tiens pas plus qu'il ne faut à la messe, et sur ma parole...

DU HALDE.

Allons, allons, à cheval.

CRILLON.

Eh bien! oui, à cheval. — Mais corbleu! il faut que je me batte. Que ces petits basochiens s'avisent de nous refuser le passage, je vais vous les étriller tout mon saoul.

(Ils sortent.)

FIN DE LA QUATORZIÈME SCÈNE.

Scène XV et dernière.

VENDREDI 13 MAI, 9 HEURES DU MATIN.

Le jardin de l'hôtel de Guise.

A droite, un large perron conduisant au grand vestibule de l'hôtel ;
à gauche, des lilas en fleur, un banc de pierre.

———

(Le duc de Guise et d'Espignac sont assis sur le banc. — La chaise de la
duchesse de Montpensier paraît dans le vestibule. — Le duc se lève et va au
devant de sa sœur.)

LA DUCHESSE.

Eh bien ! sont-ils partis ?

GUISE.

Depuis deux heures.

LA DUCHESSE.

Dieu soit loué !

GUISE.

Ils doivent être à leur poste maintenant.

LA DUCHESSE.

Il y a long-temps qu'ils devraient y être.

20

GUISE.

Vous avez donc juré de n'être jamais contente?

LA DUCHESSE.

Que voulez-vous? j'ai tant de peur qu'il ne nous échappe : savez-vous qu'il vous mettrait dans un bel embarras s'il allait rejoindre son d'Épernon?

GUISE.

Grace au ciel, il n'est pas destiné à le revoir jamais.

LA DUCHESSE.

Et la Bastille?

GUISE.

Elle me donne toujours un peu de souci.

LA DUCHESSE.

Moi je n'en suis pas en peine. — Et les ambassadeurs?

GUISE.

Ils sont à nous. Votre bon ami l'espagnol doit venir ici ce matin pour se concerter avec moi, et quant à l'envoyé d'Angleterre, Brissac est allé lui faire mille protestations; nous l'aurons comme les autres, j'espère.

D'ESPIGNAC.

Monseigneur, j'aperçois Brissac; vous ne tarderez pas à avoir une réponse.

(Entre Brissac.)

GUISE.

Eh bien ! Brissac ?

BRISSAC.

La place est imprenable, monseigneur. —Il n'y
a ni complimens ni menaces qui puissent ébranler
ce maudit Anglais!

GUISE.

Et ma sauve-garde?

BRISSAC.

Il n'en veut point. Je ne me rappelle pas toutes
les belles phrases qu'il m'a débitées là-dessus dans
son patois inintelligible. Il prétend que s'il était à
Paris comme simple particulier, il viendrait vous
baiser les mains, monseigneur, pour vous rendre
grace de votre courtoisie, mais qu'étant ici au lieu
et place de la reine sa maîtresse, il ne veut et ne
peut recevoir sauve-garde que du Roi. [1]

---

(1) Brissac ne dit pas tout : voici le reste de la conférence
qu'il juge à propos de ne pas rapporter au duc. Après la réponse de l'ambassadeur, Brissac ayant entrepris de justifier à
ses yeux la conduite que monsieur de Guise avait tenue la veille,
l'ambassadeur répondit qu'il le voulait bien croire; « que cependant lui voulait-il dire librement que ce qui se passait à
Paris serait trouvé très étrange et très mauvais par tous les
princes de la chrétienté; que nul habit (fût-il royal) ne le
pourrait faire trouver beau, étant le simple devoir du sujet de
demeurer en l'obéissance de son souverain » Là-dessus,
Brissac s'avisa de prendre un ton menaçant : N'avez-vous pas
des armes? dit-il. —Si vous me le demandiez, répondit l'ambassadeur, comme à celui qui a été autrefois ami et familier de
monsieur de Cossé votre oncle, peut-être je vous le dirais; mais

GUISE.

Peu importe : quand il saura ce qui se passe au Louvre, il changera de discours.

D'ESPIGNAC.

Voici des visites, monseigneur.

(La chaise de la reine-mère et celle de l'ambassadeur d'Espagne s'arrêtent dans le vestibule.)

(Entrent la reine et l'ambassadeur ; la reine est suivie de Guglielmo et de Davila.)

CATHERINE.

N'êtes-vous pas lasse de me voir, monsieur le Duc ?

GUISE.

Comment ! madame, vous me faites injure ; pouvez-vous douter du plaisir... Veuillez vous asseoir sur ce banc; (elle s'assied.) et vous aussi, monsieur l'ambassadeur ; je vous en prie, ne restez pas debout.

(L'ambassadeur s'assied ; la duchesse, d'Espignac et Brissac s'entretiennent d'un autre côté.)

étant ce que je suis , je ne vous en dirai rien. — Prenez garde à vous, on viendra tantôt visiter céans , car on croit que vous en avez. — J'ai deux portes en ce logis, répliqua l'ambassadeur, je les ferai fermer et les défendrai tant que je pourrai , pour faire au moins paraître à tout le monde qu'on aura en ma personne violé le droit des gens. A cela, monsieur de Brissac d'un ton plus doux : Mais dites-moi en ami, je vous prie, avez-vous des armes ? — Puisque vous me le demandez en ami, dit l'ambassadeur, je vous le dirai en ami : si j'étais ici homme privé, j'en aurais ; mais y étant ambassadeur, je n'en ai point d'autres que le droit et la foi publique. (*Mém. de la Ligue.*)

CATHERINE.

Je viens tenter un dernier effort; répondez-moi
franchement, monsieur le Duc, jusqu'où avez-vous
dessein de pousser cette rébellion? que voulez-vous
faire du roi, au nom du ciel?

GUISE.

Madame, je crois vous l'avoir déjà dit, ce n'est
pas à moi qu'il faut faire cette question, mais à ceux
qui occupent les barricades à l'entour du Louvre.
Je ne voulais qu'une chose, me mettre à l'abri du
danger; je l'ai fait: maintenant je n'ai rien à démê-
ler dans tout ce qui se passe; j'ignore ce qui peut
arriver et m'en lave les mains.

CATHERINE.

J'ai pourtant reconnu vos gens et vos officiers
derrière les barricades.

GUISE.

Ils allaient sans doute pour réprimer le désordre.

CATHERINE.

Mes yeux ont cru voir tout le contraire. Mon
cher Duc, au nom de feu votre digne père, au
nom de notre saint cardinal, n'oubliez pas la modération: arrangez-vous avec le Roi.

GUISE.

Je ne demande pas mieux; mais vous savez,
madame, que le Roi a refusé.

CATHERINE.

Il sera plus raisonnable aujourd'hui... De grace,

faites quelque effort... Ne s'agit-il toujours que du testament et de la lieutenance?

CENTER CUISE.

GUISE.

Mais, madame... je voudrais...

CATHERINE.

Vous voudriez savoir si j'ai des pouvoirs, n'est-il pas vrai? eh bien! oui, mon cher Duc, le Roi m'a chargée de tout; voyons, terminons cette maudite affaire.

GUISE, après avoir fait signe à sa sœur de prendre à part l'ambassadeur.

Madame, ce n'est pas avec vous que je me déguise...

CATHERINE.

Je le sais, monsieur le Duc, je le sais.

GUISE.

Franchement donc, je ne puis consentir à rien si le Roi ne démet monsieur d'Épernon du gouvernement de Normandie.

CATHERINE.

Vous avez raison, monsieur le Duc, c'est pure justice... mais vous n'aviez pas parlé de cette condition hier.

GUISE.

Madame, depuis hier j'ai réfléchi...

CATHERINE.

Oh! cela n'empêchera rien. Le Roi entendra raison.

GUISE.

Je dois vous dire aussi que quant au testament...

(Entre Bussy.)

BUSSY.

Monseigneur! monseigneur! la Bastille...

GUISE, se levant et allant au-devant de Bussy.

Chut! eh bien?

BUSSY, bas.

Elle est à nous. Le chevalier Testu vous remettra les clefs demain matin, et, d'ici là, promesse de ne pas allumer une mèche: j'ai ses deux fils pour otages.

LA DUCHESSE, bas.

Bénédictions du ciel! vous êtes notre bon ange, mon cher monsieur Bussy.

L'AMBASSADEUR, bas à Catherine.

Qu'est-ce qu'ils disent donc de la Bastille? entendez-vous?

CATHERINE.

Je n'y comprends rien, monsieur l'ambassadeur. (au Duc qui se rapproche d'elle.) Vous me disiez donc que, quant au testament...

GUISE, d'un air distrait.

Moi, madame... qu'est-ce que je vous disais?...

CATHERINE.

La Bastille vous donnerait-elle des distractions, monsieur le Duc?

GUISE.

La Bastille, madame, comment?...

CATHERINE.

N'en parlons plus. Ne vouliez-vous pas dire que le testament devait être approuvé par le parlement?

GUISE.

Oui, madame, c'est cela ; le parlement et les états-généraux...

CATHERINE.

Et les états-généraux? mais il n'en était pas question hier.

GUISE.

Madame, j'ai réfléchi...

CATHERINE.

N'importe, je me charge de persuader le Roi. De ce moment, monseigneur, je vous salue héritier présomptif! Bon Dieu! que je serai contente de vous voir délivrer mon pauvre fils !

GUISE, à part.

Pas de nouvelles, morbleu ! il se fait tard. Cette femme m'ennuie. (haut.) Madame, je crains bien que tout mon crédit ne puisse...

CATHERINE.

Comment?

GUISE.

Le Roi court un grand danger.

CATHERINE.

Miséricorde ! vous m'effrayez.

GUISE.

Les catholiques ont tant de haine contre lui !

CATHERINE.

Mon Dieu ! que vont-ils lui faire ?

GUISE.

En tout cas, je vous réponds de ses jours.

CATHERINE.

De ses jours ?

GUISE.

Oui, madame.

CATHERINE.

Mais... sa couronne ?..

GUISE.

Madame, je vous le répète, les catholiques veulent bien du mal au Roi.

CATHERINE.

Comment, vous croyez...

GUISE.

Il serait peut-être prudent à lui de renoncer...

CATHERINE.

Santa-Maria ! une abdication ! quelle horreur !...
et vous vous jouez de moi à ce point, monsieur le
Duc ; vous feignez d'entrer en accommodement, et
vous... Mais d'où viennent ces cris ?

(On entend une grande rumeur dans la rue Saint-Antoine.)

GUISE.

Quels cris ?

CATHERINE.

Vous n'entendez pas ?

GUISE.

Pardonnez-moi, des cris de joie, ce me semble.

LA DUCHESSE, bas à d'Espignac et à Brissac.

C'est la nouvelle du Louvre qui met nos amis en bonne humeur.

(Entre Saint-Paul tout courant.)

GUISE.

Comment, c'est vous, Saint-Paul ? d'où venez-vous ?

SAINT-PAUL.

Du Louvre, monseigneur.

GUISE.

Eh bien ! quoi ?

SAINT-PAUL.

Bon débarras.

GUISE.

Comment ! qu'avez-vous fait ? morbleu !

SAINT-PAUL.

Rien, mais la place est vide.

GUISE.

Que voulez-vous dire ?

SAINT-PAUL.

Je veux dire qu'il est parti.

GUISE.

Parti ? qui ?

SAINT PAUL.

Celui que nous allions chercher.

LA DUCHESSE, à demi-voix.

Le Roi!

GUISE.

Mille damnations! je suis mort!

LA DUCHESSE, frappant du pied.

Je l'avais bien dit!

GUISE.

Mais êtes-vous sûr, Saint-Paul...

SAINT-PAUL.

Oh! je vous en réponds, il n'est pas loin de Saint-Cloud maintenant.

(Silence.)

GUISE, à Catherine.

Eh bien! madame, est-ce moi qui me jouais de Votre Majesté? tandis que vous m'amusez ici par de belles promesses, le Roi s'en va pour me perdre.

CATHERINE.

En vérité, monsieur le Duc, ce départ m'étonne autant que vous. Dieu sait si j'étais dans la confidence!

GUISE.

Quitter la ville, et pourquoi? que craignait-il?

CATHERINE, d'un air moqueur.

On lui aura fait peur... Que voulez-vous?...

Les catholiques ont tant de haine contre lui !

GUISE, brusquement.

Je vous répondais de ses jours.

CATHERINE.

Sans doute, monseigneur, mais tout le monde n'aime pas à être gardé à vue, et d'ailleurs, cette abdication...

(Guise, sans répondre à la Reine, s'approche de Saint-Paul, et lui dit quelques mots à voix basse; Saint-Paul lui répond :)

Je vous jure, monseigneur, qu'ils sont tous enchantés... on crie victoire dans toutes les rues : écoutez plutôt...

(On entend de grands cris derrière les murs du jardin.)

GUISE.

Au diable les imbécilles !

LA DUCHESSE, à d'Espignac.

Quelle faute ! mon cher d'Espignac, quelle faute ! avais-je tort, dites-moi ?

LE PEUPLE, derrière les murs.

Victoire ! vive monseigneur de Guise !

GUISE.

Veulent-ils se moquer de moi ? j'enrage !

LA DUCHESSE, à Brissac.

Vous paraissez consterné, monsieur le comte, il y a bien de quoi.

BRISSAC.

J'avoue que je ne m'attendais guère...

LA DUCHESSE.

J'en étais sûre, moi, mais j'ai beau parler... Ah ! mon Dieu ! mon Dieu !

(Un grand nombre d'hommes du peuple montent sur la crête des murs, battant des mains, agitant leurs chapeaux et leurs ceintures, et criant de toutes leurs forces :)

Vive notre sauveur ! vive monseigneur de Guise !

GUISE, bas.

Vous tairez-vous, canaille stupide !

UN BOUCHER, à cheval sur le mur.

Le porc a quitté sa bauge ! Vive Dieu et monseigneur !

GUISE, frappant du pied.

Je n'y tiens plus. — D'Espignac, il faut écrire sur-le-champ à tous les gouverneurs de villes et de provinces. Vous, Brissac, faites fermer les portes, triplez les patrouilles, mettez la ville en état de siége, mon ami.

(Les cris continuent.)

Où diable sera-t-il allé ? s'il rejoignait d'Epernon ? s'il s'unissait au Béarnais ? morbleu !

(Les cris continuent.)

Nous voilà de la besogne par-dessus la tête ! et quand je pense qu'un peu plus de diligence...

(Les cris redoublent.)

Les misérables ! ils me feront perdre la tête.

Allons, rentrons, venez, ma sœur; (à d'Espignac et à Brissac.) et vous aussi, messieurs.

LA DUCHESSE, à d'Espignac.

On me croira, j'espère, une autre fois.

(Le Duc, la Duchesse et d'Espignac rentrent dans le vestibule.)

CATHERINE, à l'ambassadeur.

Monsieur l'ambassadeur, le roi m'a remis tous ses pouvoirs : je suis chargé du gouvernement de la ville en son absence.

L'AMBASSADEUR.

Ainsi, madame, vous saviez donc...

CATHERINE.

C'est à moi que vous aurez la bonté d'adresser les communications de votre cour. Je me rends à mon hôtel, m'y suivez-vous ?

L'AMBASSADEUR.

A vos ordres, madame.

(Catherine et l'ambassadeur sortent)

SAINT-PAUL, à Bussy.

Tête-Dieu! mon compère, je n'y comprends goutte à leur maudite politique! Je croyais lui annoncer une bonne nouvelle, et il me reçoit comme un chien galeux.

BUSSY.

Bah! le Duc sera content ce soir. Il est un peu étourdi par ce départ; c'est l'affaire du premier moment. Il s'est trompé dans ses calculs , mais après tout il a réussi. Le gâteau n'en sera pas moins pour nous , mon capitaine.

(Ils sortent.)

GUGLIELMO, à Davila.

Or ça, illustrissime écuyer , parle-moi avec franchise : quel est à ton sens le plus fou en tout ceci, du Valois ou du Guizard ?

DAVILA.

Le Valois , sur ma parole , car la prime reste au Guizard.

GUGLIELMO.

Eh bien ! moi , poverino , c'est au Guizard que je passe mes grelots, car il a été fou deux fois, et le Valois une seule. Le Valois devait avoir le cœur de fermer la souricière quand le Guizard est venu s'y prendre. Il ne l'a pas fait , voilà sa seule folie. Tandis que le Guizard, je le tiens fou pour s'être mis dans la souricière , et doublement fou pour ne l'avoir pas fermée à temps quand le Valois s'y est trouvé pris à son tour.

DAVILA.

Soit , mais dis-moi , mon maître , comment crois-tu que finira cet imbroglio ?

GUGLIELMO.

Tu ne le devines pas déjà ?

DAVILA.

Non.

GUGLIELMO.

Eh bien ! je te le conterai ce soir sur la terrasse en prenant les sorbetti avec nos petites cameriere.

(Ils sortent et aident la Reine à monter dans sa chaise. Le peuple descend des murs, les cris cessent peu à peu.)

FIN DE LA QUINZIÈME ET DERNIÈRE SCÈNE.